Das Buch ist all denen gewidmet, die mal wieder patschnass auf der Regenseite der Krise stehen und statt politischer Unterstützung wohlfeile Verzichtsappelle zugerufen bekommen.

Maurice Höfgen

DER NEUE WIRTSCHAFTSKRIEG

Sanktionen als Waffe

Brumaire

Erste Auflage 2022
Originalausgabe

Brumaire Verlag, Erkelenzdamm 59/61, 10999 Berlin
www.brumaireverlag.de

Redigat: Carmen Giovanazzi
Coverillustration: Andy King
Gestaltung und Satz: Andy King, Andreas Faust
Schriftarten: Lyon von Kai Bernau, Wand von Andreas Faust
und Stefan Endress und Plain von François Rappo

Printed in Germany

ISBN: 978-3-948608-23-1

Inhalt

Vorwort
von Fabio De Masi

Liebe Leserin, lieber Leser,

der völkerrechtswidrige Krieg in der Ukraine hat Sanktionen im Energie- und Finanzsektor in den Mittelpunkt der öffentlichen Debatte gerückt. Der Erfolg der bisherigen Sanktionen ist an vielen Stellen zweifelhaft, gerade im Energiesektor. Warum etwa verdient Putin mit Öl, Gas und Kohle sogar mehr als vor dem Krieg? Warum liegt der Kurs des russischen Rubels heute höher als vor dem Überfall? Warum können russische Oligarchen weiterhin in Saus und Braus ihr Eliteleben führen, obwohl ihr Name auf der EU-Sanktionsliste steht?

Jahrelang haben sich zahlreiche Experten den Mund fusselig geredet, dass Deutschland ein Geldwäscheparadies ist. Dadurch wird nicht nur organisierte Kriminalität begünstigt, sondern auch die innere und äußere Sicherheit bedroht. Stichwort Terrorfinanzierung: Die Unterwanderung der Wirtschaft durch Clans, Mafia, Oligarchen und Scheichs wurde häufig mit einem Achselzucken hingenommen. Jetzt rächt sich etwa, dass wir kein echtes Immobilienregister haben, das im Unterschied zum Grundbuch die wahren wirtschaftlichen Eigentümer von Immobilien in Deutschland ausweist. Wenn man nicht weiß, was den Oligarchen gehört, lässt sich das Vermögen schlecht einfrieren. Auch der Besitz von Yachten oder teuren Kunstwerken in Zollfreilagern ist häufig ungeklärt.

Doch nicht nur Geldwäsche ist ein Thema. Bis vor kurzem noch wurde die gesamte elektronische Kommunikation der Bundesregierung (etwa die E-Mails der Minister und wahrscheinlich auch die des Bundeskanzlers), ihrer nachgeordneten Behörden sowie vieler Aufsichts- und Strafverfolgungsbehörden von einer Sicherheitsfirma verschlüsselt, deren Eigentümer mit kremlnahen Oligarchen bestens vernetzt ist. Die Rede ist von der Firma Virtual Solution und dem Eigentümer Nicolaus von Rintelen, der früher für den russischen Gaskonzern Novatek arbeitete.[1] Novatek wiederum gehört Leonid Michelson, einem der reichsten Russen mit gutem Draht zum Kreml. Michelson war laut Rintelen dessen Mentor. Damit aber nicht genug: Auch zum abgetauchten ehemaligen Wirecard-Manager Jan Marsalek und dessen Netzwerk inklusive Fluchthelfer soll von Rintelen Kontakte gepflegt haben. Diese Recherchen musste ich auf eigene Faust mit Journalisten führen. Im Bundestag griff keine andere Fraktion außer der Linken den Ball auf. Im Februar 2022 wurde die Sicherheitsfirma verkauft, von Rintelen ist bei der Regierung aus dem Geschäft. Michelson steht in der EU nicht auf der Sanktionsliste und die Bundesregierung schweigt zu den Gründen.

Wie viel Sanktionen bringen, um Demokratie oder Frieden durchzusetzen, ist umstritten. Die Sanktionen gegen das Apartheids-Regime in Südafrika gelten als eines der wenigen Beispiele, in denen Sanktionen eine Regierung an den Verhandlungstisch zwingen konnten. Das rassistische Regime baute seine Herrschaft in Südafrika auf ein Wohlstandsversprechen für die weiße Minderheit auf. Und Wohlstand lässt sich mit Sanktionen vernichten. Auch das Apartheids-Regime ging jedoch nicht über Nacht in die Knie. Vielmehr kam es zur gegenseitigen Erschöpfung des Regimes und der Befreiungsbewegung, die vor allem aus dem sowjetischen Einflussbereich unterstützt wurde. Und der demokratische Wandel in Südafrika erfolgte unter wirtschaftsliberalen Bedingungen, zum Beispiel einer übereilten Öffnung der heimischen Märkte für den Welthandel und dem Verzicht auf staatliche Eingriffe in die Wirtschaft, die bis heute Ungleichheit, Korruption und Kriminalität in Südafrika begünstigen.

Sind also Sanktionen ein geeigneter Hebel, um Putins Krieg auszubremsen und ihn an den Verhandlungstisch zu bewegen? Und wenn ja, welche Sanktionen? Was bewirken sie in Russland, was in Deutschland? Erleichtern oder erschweren die Sanktionen oder ihre spätere Aufhebung einen Verhandlungsfrieden? Gibt es für Sanktionen überhaupt einen Weg zurück?

Um diese Fragen zu beantworten, reicht es nicht, die Moralkeule zu schwingen. Denn was nützt es, wenn Putin auf den Wirtschaftskrieg mit der Drosselung von Gas reagiert, die Wirtschaft kollabiert und Putin dadurch Zwietracht säen kann? Oder wenn Saudi-Arabien das billige Öl von Russland kauft und uns im Gegenzug deren teures Öl verkauft? Was ist damit gewonnen, wenn wir die zu große Abhängigkeit von Putin gegen eine zu große Abhängigkeit von US-Fracking-Gas oder dem Scheich von Katar tauschen und die Energiewende ausbremsen? Gleichwohl könnten Sanktionen Technologieimporte langfristig erschweren und ein Faustpfand in Verhandlungen sein.

Die einen sagen, Boykotte seien gelebte Solidarität mit der angegriffenen Ukraine. Oder noch drastischer: An unseren Händen klebe Blut, weil unsere Öl- und Gas-Euros Putins Panzer und Soldaten finanzieren. Finanziert Putin nicht den Krieg in Rubel? Wie soll das dann die Panzer stoppen? Und wie kommt Deutschland klar, wenn durch die Pipelines nichts mehr fließt?

Drohen dann Krise und Preissprünge? Wenn ja, ist der Zweck von Sanktionen nicht vor allem, dass sie Putin möglichst stark und uns möglichst wenig schaden? Unter Ökonomen herrschte ein erbitterter Streit um die Frage, was ein Boykott für Deutschland bedeuten würde.

Klar ist: Sinnvolle Antworten auf diese komplexen Fragen findet nur, wer ein Verständnis von wirtschaftlichen Zusammenhängen und einen Durchblick im Geldsystem hat. Maurice Höfgen, mein früherer Mitarbeiter und laut einer Tageszeitung einer der spannendsten Nachwuchsökonomen Deutschlands, hilft damit in diesem Buch aus und widmet sich den drängenden Fragen. So viel ist sicher: Nach Lektüre des Buches ist man schlauer. Ich wünsche viel Spaß beim Lesen und Nachdenken!

Fabio De Masi *war stellvertretender Vorsitzender und finanzpolitischer Sprecher der Linksfraktion im Deutschen Bundestag und zuvor Mitglied im Ausschuss für Wirtschaft und Währung des Europäischen Parlaments. Der Ökonom und »Finanzdetektiv« machte sich mit der Aufklärung von Finanzskandalen wie Cum-Ex oder Wirecard einen Namen.*

Kapitel I
Rollende Panzer, eingefrorene Konten

Sonntags in Berlin. Der Bundestag trifft sich zur Sondersitzung. Aus ganz Deutschland sind die Abgeordneten aus ihren Wahlkreisen angereist. Auch die Mitarbeiter der Bundestagsverwaltung schieben Sonderschichten. Ohne Techniker, Stenographen, Plenarassistenten und Sicherheitskräfte geht im hohen Haus nämlich nichts. Grund der Sondersitzung: Wladimir Wladimirowitsch Putin. So heißt Russlands Präsident mit vollem Namen. Putin überfällt seinen Nachbarn. Seit drei Tagen fliegen russische Raketen auf ukrainische Städte. »Der 24. Februar 2022 markiert eine Zeitenwende in der Geschichte unseres Kontinents«, beginnt Bundeskanzler Olaf Scholz seine Rede.[1] Ein historischer Moment. Und viel mehr eine Rede an die Nation als eine Rede an den Deutschen Bundestag. Scholz wiederholt: »Wir erleben eine Zeitenwende. Und das bedeutet: Die Welt danach ist nicht mehr dieselbe wie die Welt davor.« Insgesamt fünfmal benutzt er in seiner dreißigminütigen Rede den Begriff »Zeitenwende« und macht ihn damit wahrscheinlich zum Symbol für seine Kanzlerzeit. Scholz' »Zeitenwende« ist das »Es ist ernst« von Ex-Bundeskanzlerin Angela Merkel.[2] Diese Worte wählte Merkel am 18. März 2020 in ihrer TV-Ansprache zur Corona-Krise. Wohlgemerkt: In der einzigen spontanen TV-Ansprache während ihrer gesamten 16-jährigen Amtszeit. Den Worten folgten Taten. Kurz darauf trat der erste Lockdown in Kraft. Und auch Scholz versprach, seiner Zeitenwende Taten folgen zu lassen: hundert Milliarden für die Bundeswehr, ab sofort jedes Jahr mehr als zwei Prozent der Wirtschaftsleistung für Verteidigung, Waffenlieferungen an die Ukraine und Wirtschaftssanktionen gegen Russland. All das hat die politischen Koordinaten verändert: die Russlandpolitik der SPD, das Erbe von Angela Merkel, den Pazifismus der Grünen und den staatlichen Sparwahn der FDP. Zumindest vorübergehend. Denn Energiepolitik sei jetzt Sicherheitspolitik, so der Kanzler. Wind- und Solarkraft heißen jetzt »Freiheitsenergien«, in die massiv investiert werden müsse, so Finanzminister Christian Lindner in seiner Rede. Und auch Deutschland komme nicht mit »sauberen Händen« aus einem Krieg in Europa, sagt Wirtschaftsminister Robert Habeck. Während die Bundespolitik sich schüttelt, demonstrieren am Sonntagmittag Hunderttausende am Brandenburger Tor, wenige hundert Meter vom Bundestagsplenum entfernt. Für Frieden, gegen Krieg. Für die Ukraine, gegen Putin. Viele mit blau-gelben Fahnen.Vier Tage zuvor in New York. Das wichtigste Gremium der Vereinten Nationen (UN) ist am späten Mittwochabend zu einer Dringlichkeitssitzung zusammengekommen – auf Wunsch der Ukraine. Das Treffen des Sicherheitsrates wurde einberufen, um den Krieg zu verhindern. Auslöser war die letzte Provokation Putins vor dem vollständigen Einmarsch. Er hat die beiden Separatistengebiete Luhansk und Donezk in der Ost-Ukraine als unabhängige »Volksrepubliken« anerkannt und gleichzeitig mit Vertretern der prorussischen Gebiete einen Vertrag abgeschlossen, der die Stationierung russischer Soldaten umfasst. Aus Sicht der Ukraine heißt das: Russische Soldaten im eigenen Land. Während vorher viele nicht mit einem Einmarsch Putins gerechnet hatten, kippt spätestens damit die Stimmung. Im Vorfeld der Sitzung nannte die US-amerikanische UN-Botschafterin Linda Thomas-Greenfield den Schritt als »Vorwand für eine weitere

Invasion der Ukraine«.[3] Sie sollte Recht behalten. Die Sitzung wird in die Geschichtsbücher eingehen. Im Nachhinein könnte man meinen, sie wär für einen schlechten Film so geskriptet worden. Als der Gong ertönt, um die Sitzung zu eröffnen, ergreift der russische Vertreter Wassili Nebensja das Wort. Er leitet die Sitzung, weil Russland im Februar 2022 turnusmäßig der Vorsitz des Sicherheitsrates zufällt. Was für ein Hohn, mag man denken. Nebensja, 60 Jahre alt, war von 2013 bis 2017 stellvertretender Außenminister Russlands. Seitdem ist er Putins Botschafter bei der UN. Dort hat er den Ruf eines »hartleibigen wie scharfzüngigen Diplomaten«.[4] Fast zeitgleich mit Beginn der Sitzung verkündet Putin den Beginn des Einmarsches. UN-Generalsekretär António Guterres, sozusagen Chef der Vereinten Nationen, sitzt direkt neben Nebensja. »Ich dachte, es wird nichts Ernstes passieren. Und ich lag falsch«, folgert Guterres in seinem Eingangsstatement. An Russlands Machthaber gerichtet sagt er: »Präsident Putin, im Namen der Menschlichkeit: Bringen Sie Ihre Truppen zurück nach Russland!«[5] Dann ist der ukrainische Botschafter dran. »Es ist zu spät, meine lieben Kolleginnen und Kollegen“, sagt der ukrainische Botschafter Sergiy Kyslytsya mit einem Gesicht aus Frust und Verzweiflung. Sein vorbereitetes Statement sei jetzt längst »nutzlos« geworden. Er habe den russischen Botschafter eigentlich vor laufender Kamera fragen wollen, ob er versprechen könne, dass russische Truppen nicht auf Ukrainer schießen werden. Das habe sich vor 48 Minuten erübrigt. Aufgebracht, mit lauter Stimme, aber um Fassung ringend, fordert er alle Anwesenden auf, »alles zu tun, um diesen Krieg zu stoppen.« Nebensja, der russische Vertreter, solle gefälligst sofort sein Handy nutzen, um Putin und Außenminister Sergei Lawrow in Russland anzurufen, damit die Aggression gestoppt werde. Nebensja aber wiegelt mit eiskalter Miene ab. Er habe bereits alles gesagt und habe außerdem nicht vor, den Außenminister zu wecken.[6] Zynische Szenen. Wenig überraschend verfolgt auch Nebensja die bis heute geltende russische Sprachregelung, wonach Russland keinen Angriff oder gar Krieg gegen die Ukraine führe, sondern eine militärische Spezialoperation im Donbass umsetze – zur Befreiung der ukrainischen Bevölkerung. Macht der Propaganda. Deutschland hat zu diesem Zeitpunkt keinen Sitz im Sicherheitsrat, ist aber wegen der besonderen Vermittlerrolle im Konflikt zwischen beiden Ländern als Gast geladen und durch die UN-Botschafterin Antje Leendertse vertreten. Leendertse, 59 Jahre, vorher Staatssekretärin von Ex-Außenminister Heiko Maas und erst seit wenigen Monaten als UN-Diplomatin für Deutschland tätig, verurteilt den Angriff als Bruch des Völkerrechts und kündigt Russland schwere Konsequenzen an: »Die russische Aggression wird politisch, wirtschaftlich und moralisch einen beispiellosen Preis haben.« Als die Sitzung etwas mehr als eine Stunde alt ist, erreicht die nächste Hiobsbotschaft die hitzige Runde: Russische Raketen fallen auf die Ukraine. Der ukrainische Botschafter erhält ein weiteres Mal das Wort. Sein letzter Satz an Nebensja: »Es gibt kein Fegefeuer für Kriegsverbrecher. Sie fahren direkt zur Hölle, Botschafter!«[7] Danach beendet Nebensja die Sitzung. Guterres verlässt sichtlich bewegt den Raum. Das sei der »traurigste Moment« in seinem Dienst als Generalsekretär der Vereinten Nationen, resümiert der Generalsekretär.

Zeitgleich in der Ukraine. Betäubend laute Explosionen, grelles Feuer, tiefdunkle Rauchschwaden, schrille Sirenen. Der russische Angriff hat begonnen. Im Morgengrauen fallen Raketen auf die ukrainische Infrastruktur, fliegen Hubschrauber mit Fallschirmjägern über die Städte, passieren Panzerkolonnen die Grenzen. Ukrainer werden aus ihren düsteren Vorahnungen in eine traumatische Wirklichkeit gerissen. Kinder, die sich aus Angst unter der Bettdecke verstecken. Mütter, die panisch Fenster schließen und Nachrichten einschalten. Feuerwehrkräfte, die Brände löschen. Polizisten, die Überreste von Raketen inspizieren. Soldaten, die bereits ausrücken müssen. Männer, die jetzt womöglich Soldaten werden. Die Normalität hat ein jähes Ende gefunden. Der Alltag ist vorbei. In Kiew, der Hauptstadt der Ukraine, füllen sich die Luftschutzbunker und die Straßen mit Menschen. Auch hier gab es Explosionen. Nach kurzer Zeit sind die Wege, die aus Kiew herausführen, verstopft. Ebenso die Bahnhöfe. Tausende greifen ihre nötigsten Sachen und versuchen zu fliehen. Ein paar Klamotten, die wichtigsten Wertgegenstände, Bargeld, den Hund, die Katze, ein Kuscheltier für die Tochter, mehr geht nicht. Der Rest wird zurückgelassen. Für wie lange, ist zu diesem Zeitpunkt noch völlig unklar. Lange Schlangen an den Tankstellen und vor den Bankautomaten. Benzin und Bargeld drohen auszugehen. Luke Harding, Journalist beim britischen Guardian und als Korrespondent in Kiew, beschreibt die Stimmung am frühen Morgen auf dem Nachrichtendienst Twitter als »eine Mischung aus Angst, Schock und stillem Trotz«. Erst am Vorabend hat das ukrainische Parlament mit großer Mehrheit den landesweiten Ausnahmezustand beschlossen.

Das ist nötig, um Ausgangssperren und Zwangsräumungen zu verhängen sowie Schutzvorkehrungen etwa für öffentliche Einrichtungen zu treffen. Am selben Abend, wenige Stunden vor dem Einmarsch, wendet sich Präsident Wolodymyr Selenskyj noch mit einer Fernsehansprache an die russische Bevölkerung – in russischer Sprache. »Ich habe heute versucht, mit dem Präsidenten Russlands zu telefonieren. Die Antwort war: Stille. Stille aber sollte im Donbass herrschen. Daher möchte ich mich heute an alle Bürger Russlands wenden«, beginnt Selenskyj. Er beschreibt die gefährliche Lage: »Die kleinste Provokation, der kleinste Funke – und alles kann in Flammen stehen.« Er versucht, die russische Propaganda zu entkräften. Doch seine Rede zeigt keine Wirkung. Stunden später muss Selenskyj das Kriegsrecht verhängen und die Generalmobilmachung ausrufen. Wehrpflichtige und Reservisten werden in die Armee berufen. Männer im Alter von 18 bis 60 Jahren dürfen das Land nicht verlassen. Deshalb sind es vor allem Frauen und Kinder, die fliehen. In Zahlen: Von den rund 610.000 Ukrainern, die bis Ende April 2022 nach Deutschland flüchten, sind 40 Prozent Kinder. Und 80 Prozent der Erwachsenen wiederum sind Frauen.[8] In den Tagesthemen vom 24. Februar 2022 berichtet eine Dolmetscherin aus Kiew unter Tränen, dass ihr 24-jähriger Sohn, eigentlich Designer, freiwillig zur Armee geht und nicht bei der Familie bleibt. Dieses Einzelschicksal ist nur ein Beispiel für Millionen Ukrainer, die an diesem Tag gezwungen sind, harte Entscheidungen zu treffen. Entscheidungen, die am Ende über Leben und Tod bestimmen, über das Glück und Unglück ganzer Familien und letztlich über das Schicksal der gesamten Ukraine. Paare müssen sich an Bahnhöfen verabschieden. Sie flieht vor den Bomben. Er muss Bomben in einem zu diesem Zeitpunkt aussichtslosen Kampf stoppen. Der Schrecken des Krieges hat viele trauernde Gesichter. Allein an diesem ersten Tag verlieren 130 Ukrainer ihr Leben.[9] Viele weitere sind verletzt oder traumatisiert, Hunderttausende nun auf der Flucht. Die ukrainische Armee gilt als unterlegen. Präsident Selenskyj fordert eine weltweite Anti-Putin-Koalition. Per Videobotschaft richtet er sich an sein Land: »Wir haben die Weltführer aufgerufen, alle möglichen Sanktionen gegen Putin zu betätigen, eine massive Verteidigungsunterstützung in die Wege zu leiten, den Luftraum über der Ukraine für den Aggressor zu schließen.«[10] So wird es kommen.

Zwei Tage zuvor in Paris. Die Außenminister der Europäischen Union (EU) treffen sich. Schon wieder. Am Tag vorher schon war man zum üblichen Außenministertreffen in Brüssel zusammengekommen. In Paris aber ist für 16 Uhr ein informelles Treffen aus dringenden Gründen anberaumt. Es geht um Sanktionen gegen Russland. Die EU-Kommission hatte wochenlang an einer Sanktionsliste gefeilt. Für den Fall der Fälle. Und dieser trat in dem Moment ein, als Putin die Separatistengebiete als unabhängige Republiken anerkannt und russische Soldaten entsandt hatte. Bundeskanzler Olaf Scholz ließ schon einige Tage vorher verkünden, die EU-Sanktionen seien »abschließend vorbereitet«. Diskutiert wird in Frankreichs Hauptstadt nun über die Frage, welche Sanktionen von der Liste schon jetzt verhängt werden sollen – und welche Pfeile noch im Köcher bleiben. Einige Stunden verbringen die 27 Minister über der Liste. Vor allem die baltischen Staaten pochen auf Sanktionen, die so scharf wie möglich sein sollen. Zur Abschreckung. Deutschland und Frankreich wollen das Gegenteil. Ein klares Zeichen senden, aber nicht alles auf den Tisch legen. Am Ende wird das Paket einstimmig beschlossen. Die militärische Aggression Russlands wird mit einer finanziellen Aggression der EU gekontert. Anders gesagt: Mit diesem ersten von sieben aufeinanderfolgenden Sanktionspaketen bis Ende Juli 2022 beginnt der Wirtschaftskrieg. Mit dem ersten Paket wird der Handel russischer Staatsanleihen verboten. Das Gleiche gilt für quasi alle Geschäfte mit Firmen und Personen aus den Separatistengebieten im Osten des Landes. Handel mit Waren, Immobilien, Finanz- oder Tourismusdienstleistungen sind gleichermaßen betroffen. Die 351 Abgeordneten der russischen Staatsduma, die am Vortag für die Anerkennung der selbsternannten Volksrepubliken Luhansk und Donezk stimmten, kommen auf die EU-Sanktionsliste. Ebenso auf der Liste stehen hochrangige Militärs und einige Mitglieder der Regierung, etwa der Verteidigungsminister Sergei Shoigu oder Wirtschaftsminister Maxim Reschetnikow – jedoch nicht Außenminister Lawrow oder Präsident Putin. Nicht an jenem 22. Februar 2022. Außerdem werden einige wichtige Journalisten und Geschäftstreibende auf die Liste gesetzt. Zum Beispiel die Chefredakteurin von Russia Today, Margarita Simonjan, oder der Präsident der großen Staatsbank VTB, Andrei Leonidowitsch Kostin. Gelistete Personen dürfen nicht mehr in die EU einreisen, keine Geschäfte mehr in der EU abwickeln. Sämtliche ihrer in der EU vorhandenen Vermögenswerte werden eingefroren. Die Liste gilt längst nicht nur für Personen, sondern auch für Firmen. So landet etwa auch die Promsvyazbank auf Liste: Eine russische

Staatsbank, die den russischen Verteidigungssektor und das russische Militär finanziell unterstützt.[11] Deutschland geht sogar noch weiter. Scholz lässt die Genehmigung der Erdgaspipeline Nord Stream 2 stoppen. Die 1230 Kilometer lange Pipeline ist schon seit September 2021 fertiggestellt, aber wegen fehlender Zertifizierung der Betreibergesellschaft noch nicht in Betrieb. Ein politisch heißes Eisen für die SPD.

Zwei Tage später, abends in Brüssel. Der grausame Überfall Putins läuft seit circa 14 Stunden. Die Regierungschefs der EU kommen zum Sondergipfel zusammen, der bis in die Nacht dauern wird. Gemeinsam beugen sich die Regierungschefs wieder über die Sanktionsliste. Was noch in Paris an Pulver trocken geblieben ist, soll mit den neuen Sanktionen jetzt verschossen werden. Der EU-Außenbeauftragte Josep Borrell setzt die Latte hoch, als er vom härtesten Sanktionspaket, das die EU je erwogen habe, spricht.[12] So einig sich die Staaten grundsätzlich sind, so sehr spaltet sie die Frage, wie weit die Sanktionen gehen sollen. Besonderer Streitpunkt: Der Ausschluss russischer Banken aus dem SWIFT-System, dem internationalen Kommunikationsnetzwerk der Banken. Ein Ausschluss würde russische Banken gewissermaßen aus dem westlichen Finanzsystem hinauswerfen. Bundeskanzler Scholz ist dagegen, weil er fürchtet, Russland würde im Gegenzug das Gas abdrehen, wenn Probleme bei dessen Bezahlung auftreten. Dabei hat er Österreichs Kanzler Karl Nehammer an seiner Seite. Kein Wunder, denn Österreich ist noch viel abhängiger von russischem Gas als Deutschland. Auch Italiens Ministerpräsident Mario Draghi soll an dem Abend gegen die finanzielle Atombombe sein, wie der

SWIFT-Ausschluss in den Medien überzogenerweise beschrieben wird. Im Berliner Kanzleramt hatte sich die regierende Ampel-Koalition auf eine Linie geeinigt: Putins Öl und Gas sollen weiter fließen. Das Risiko für eine handfeste Wirtschaftskrise hierzulande sei zu groß. Das Credo: Nichts tun, was Deutschland mehr schadet als Putin. In den Worten von Christian Lindner: »Es darf keinen Anlass geben, dass notwendige Lieferungen von Rohstoffen unterbrochen werden. Es geht darum, größten Druck auszuüben, ohne unsere Position gegenüber Putin strategisch zu schwächen.« In den Worten des Kanzlers: »Sanktionen dürfen die europäischen Staaten nicht härter treffen als die russische Führung; das ist unser Prinzip.«[13] Das Recherchezentrum Correctiv findet diesen Grundsatz auch in internen Dokumenten. Die Sanktionen müssten »Russland mehr schaden als uns«, steht dort schwarz auf weiß.[14] Folglich bleibt SWIFT außen vor, als spät am Abend das zweite Sanktionspaket veröffentlicht wird. Die Liste der sanktionierten Personen hingegen wird verlängert. Jetzt stehen auch Putin und sein Außenminister Lawrow darauf, ihr in der EU angelegtes Vermögen wird eingefroren. Vielen russischen Banken werden die Geschäfte in der EU verboten – ausgenommen sind jene, die im Energiegeschäft tätig sind. Damit werden insgesamt rund 70 Prozent des russischen Bankenmarktes vom europäischen Kapitalmarkt abgeschnitten. Dazu kommen Exportkontrollen für Hightech-Produkte und Exportverbote für den Transportsektor. Das Kalkül: Ohne Ersatzteile und Technik muss Russland früher oder später ganze Verkehrsflotten lahmlegen. Verboten wird auch der Verkauf von Maschinen und Technologien für die Modernisierung der Ölraffinerien.

EU-Kommissionspräsidentin Ursula von der Leyen erklärt Russland den Wirtschaftskrieg: »Diese Sanktionen werden die Fremdkapitalkosten Russlands erhöhen, die Inflation antreiben und schrittweise die industrielle Basis Russlands schwächen.«[15] Wiederum zwei Tage später, am 26. Februar 2022 in Berlin. Scholz sitzt am frühen Samstagabend in einer gemeinsamen Videokonferenz mit US-Präsident Joe Biden, Frankreichs Präsident Emmanuel Macron, EU-Kommissionspräsidentin Ursula von der Leyen, Kanadas Premierminister Justin Trudeau und Italiens Regierungschef Mario Draghi. Es geht wieder um Sanktionen. Die deutsche Regierung ist mit ihrer SWIFT-Blockade international unter Druck geraten – und steht mittlerweile auch in der EU fast alleine da. Österreich und Italien haben ihre Haltung zum Ausschluss russischer Banken aus dem SWIFT-System geändert. Auch Deutschland muss sich bewegen. Scholz will aber bloß keine Schnellschüsse. Zu sehr fürchtet er den drohenden Gasboykott, wenn Gasrechnungen nicht mehr ordnungsgemäß abgewickelt werden können. Er weiß um die Verletzlichkeit Deutschlands und sucht daher einen Kompromiss. Nicht alle Banken sollen ausgeschlossen werden und auch nicht sofort, so die Linie der Ampel. Die Videoschalte endet mit einer Einigung und einer ungeahnten Finanzbombe. Deutschland schließt sich einem SWIFT-Ausschluss mit Ausnahmen an. Sieben russische Banken sollen vom Netzwerk abgeklemmt werden. Noch nicht betroffen sind die Sberbank, die größte russische Bank und die Gazprombank, über die Gasgeschäfte abgewickelt werden.[16] Viel härter ist allerdings eine andere Sanktion. Die Länder einigen sich darauf, die Vermögen der russischen Zentralbank einzufrieren. Geschäfte mit ihr werden verboten. Auf einen Schlag verliert Russland Zugriff auf Wertpapiere und Währungsreserven im Wert von mehreren hundert Milliarden Euro und US-Dollar. Anders gesagt: Die russische Zentralbank wird entwaffnet. Mit diesem Geld kann Russland nun keine Importe mehr bezahlen und auch die eigene Währung, den Rubel, nicht mehr stützen. Der Treffer sitzt. Viel mehr noch als der Ausschluss aus SWIFT, auf den Russland sich längst vorbereitet hatte. In den Tagen darauf befindet sich der Rubel im freien Fall, steuert auf ein Rekordtief und verliert rund die Hälfte seines Werts. Die EU-Kommissionspräsidentin von der Leyen dürfte für einen kurzen Moment ein Siegeslächeln auf den Lippen gehabt haben.

[Grafik 1] **Kursentwicklung** Rubel / Euro
Vereinfachte Kursentwicklung

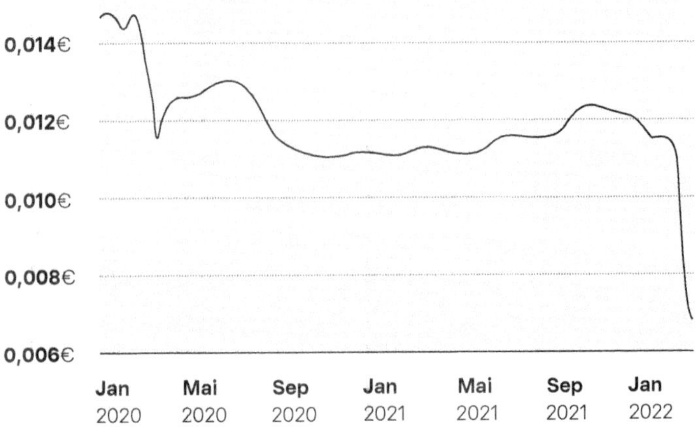

Der Montag danach in Moskau. »Die wirtschaftliche Realität hat sich erheblich verändert«, räumt Dmitri Peskow, Sprecher des russischen Präsidialamtes, am Montagmorgen ein. »Das sind schwere Sanktionen, sie sind problematisch.« Russland aber sei vorbereitet, die Pläne liegen in der Schublade. »Es gibt Reaktionspläne, sie wurden entwickelt und werden umgesetzt, sobald Probleme auftauchen«, bekräftigt Peskow. Vor allem die Sanktionen gegen die russische Zentralbank dürften den Kreml überrascht haben. Am Vortag hatte Putin als Reaktion auf die Sanktionen die Atomstreitkräfte des Landes in Alarmbereitschaft versetzt. Eine Gegenprovokation nach dem Prinzip Abschreckung. Spätestens seit dem Einmarsch in die Ukraine gilt Putin als unberechenbar. Ein unwägbarer, kriegsführender Putin mit Atomwaffen – das macht vielen Angst vor weiteren Eskalationen. An jenem Montag beruft Putin einen Krisengipfel mit seinen ökonomischen Experten ein. Tagungsort: Ein langer Tisch. Putin sitzt vor Kopf. Seine Zentralbankchefin Elwira Nabiullina, sein Finanzminister Anton Siluanow und der Vorstandschef der Großbank Sberbank, Herman Gref, sitzen am anderen Ende des Tisches. Meterweit entfernt. Die Runde berät, wie der Rubel gerettet und die Sanktionen gekontert werden können. Das Ergebnis präsentiert Zentralbankchefin Nabiullina am Nachmittag bei einer Pressekonferenz. Sie wirkt sichtlich erschöpft. Das Gesicht ist blass, ihre Stimme schwach, die Sätze kurz. Sie verzichtet auf eine Einleitung und beginnt gleich mit der beschlossenen Zinserhöhung. Sie will den Termin schnell hinter sich bringen. Die Pflicht erledigen. Auch ihre Kleiderwahl spricht Bände. Sonst in farbenfrohen Blusen und Jacketts gekleidet, erscheint sie diesmal ganz in schwarz. Auf ihr Markenzeichen – eine symbolische Brosche am Kragen des Blazers, um ihre geldpolitische Entscheidung zu unterstreichen – verzichtet sie an diesem Tag. Nabiullina hebt den Leitzins drastisch an, sie macht die Moskauer Börse dicht und Wertpapierhändlern verbietet sie, russische Wertpapiere im Besitz von Ausländern zu verkaufen. Russische Firmen müssen ab sofort 80 Prozent ihrer Deviseneinnahmen in Rubel tauschen. Ihre eigene Skepsis gegen den Krieg, der diese unkonventionellen Maßnahmen nötig macht, kann die Zentralbankerin kaum verbergen. Menschen aus ihrem Umfeld sollen diesen Eindruck gegenüber russischen Journalisten bestätigt haben.[17] Die Agentur Bloomberg berichtet später, dass sie Putin an diesem Tag um ihre eigene Entlassung gebeten haben soll.[18] »Ich habe ja Ökonomie und nicht Fäkalienreinigung studiert«, lautete ihre Begründung.[19] Putin aber lehnt ab. Auf seine wichtigste Bankerin kann und will er im Wirtschaftskrieg gegen den Westen nicht verzichten.

»Trau, schau, wem!«

Die Chronologie ließe sich fortführen. Etliche weitere Sanktionen wurden seither beschlossen. Von beiden Parteien. Seitens der EU folgt ein Kohle- und Ölembargo, der SWIFT-Knockout für die große russische Sberbank und vieles mehr. Russland wiederum dreht selbst den Gashahn Stück für Stück zu, findet in Indien und China neue Großabnehmer für seine Rohstoffe und

Energien, liefert der EU weniger Getreide, Dünger und Maschinen und akzeptiert für seine Exporte an »unfreundliche Staaten« nur noch Rubel. Wie all das genau funktioniert und wirkt, besprechen wir im Laufe dieses Buches.

Wenn man es genau nimmt, hat der Wirtschaftskrieg sogar schon acht Jahre früher begonnen. Nämlich mit der Annexion der Krim. Seit März 2014 wurden mehr als 2750 Sanktionen gegen russische Personen und Firmen verhängt.[20] Etwa gegen den damals neu »gewählten« Premierminister der Krim, gegen einzelne russische Mitglieder aus Regierung und Parlament sowie gegen russische Militärs. Nach und nach wurde die Liste auf 185 Personen und 48 Unternehmen ausgeweitet, vor dem Krieg zuletzt im Oktober 2021.[21] Wer auf der Liste steht, bekommt sein Vermögen eingefroren, kann etwa keine Überweisungen mehr tätigen und darf nicht mehr in die EU reisen. Außerdem dürfen keine Waren mit Ursprung »Krim« mehr gekauft, keine Immobilien mehr erworben und bestimmte Güter nicht mehr an die Krim verkauft werden. Das Ausfuhrverbot gilt für jene Güter, die für das Öl- oder Gasgeschäft auf der Krim gedacht sind, und für jene, die einen doppelten Verwendungszweck (sogenannten Dual Use) haben, also zivil und militärisch eingesetzt werden können wie zum Beispiel Antennen, Computerchips oder Navigationssysteme. Einigen russischen Banken, Ölkonzerne und Rüstungsfirmen wird der Zugang zum Kapitalmarkt in der EU erschwert, ihre Anleihen dürfen nicht mehr in der EU gehandelt werden und sie erhalten nur noch sehr kurzfristige Kredite mit einer Laufzeit von unter 30 Tagen.[22]

Die kurze Chronologie zeigt aber schon: Putins militärischer Angriffskrieg hat einen heißen Wirtschaftskrieg entfacht. Während russische Truppen teilweise verwunderlich alte Artillerie bedienen, drückt der Westen Knöpfe im modernen Finanzsystem. Die Schüsse und Raketen fallen in der Ukraine, die Sanktionen weltweit. Man stelle sich die Geld- und Warenströme der globalisierten Welt auf einer Landkarte vor Rot das Geld, Blau die Waren, einmal gezeichnet am 21. Februar 2022 und einmal gezeichnet heute. Die Bilder wären kaum miteinander vergleichbar. Der Krieg stellt die Weltwirtschaft an allen Ecken und Enden auf den Kopf. Und damit auch alte Gewissheiten – politische und wirtschaftliche.

Dazu gehört vor allem die »Wandel durch Handel«-Doktrin. Diese entstand gemeinsam mit dem Energiegeschäft zwischen Deutschland und Russland, der sogenannten Gas-Connection, die 1970 mit einem riesigen Gasröhrendeal ihren Anfang nahm. Es waren die Zeiten eines alten Wirtschaftskrieges, besser gesagt des Systemkrieges zwischen Kapitalismus und Kommunismus. Der milliardenschwere Gasdeal mit der Sowjetunion markierte damals die Abkehr der Embargopolitik, die im Wettrennen der Systeme dafür sorgen sollte, ökonomischen Fortschritt der Gegnerin zu verhindern. Der Gasdeal sah den Bau einer Pipeline vor, die über zwei Jahrzehnte lang Erdgas aus Sibirien in die Bundesregierung befördern sollte. Bekannte deutsche Großfirmen fädelten den Deal ein: Die Deutsche Bank gab Kredite, Mannesmann lieferte Röhren und Ruhrgas verteilte das ankommende Gas. Politisch eingefädelt wurde das Ganze von SPD-Kanzler Willy Brandt, während die späteren Bundeskanzler

Helmut Schmidt, Helmut Kohl, Gerhard Schröder und Angela Merkel das Energiegeschäft mit Russland weiter ausbauten. Die Gas-Connection erwies sich ein halbes Jahrhundert lang als Win-win-Situation: Deutschland bekam stets verlässlich günstiges Gas und Russland als die damalige Sowjetunion erhielt im Gegenzug Devisen, also erst die Deutsche Mark und später den Euro. Ein Rückblick zeigt, wie krisenfest die Gas-Connection wirklich war: Sie überlebte beide Ölkrisen, den Einmarsch der Sowjetunion in Afghanistan, den Showdown des Systemkrieges bis zum Fall des Eisernen Vorhangs, ja sogar die Annexion der Krim im Jahr 2014.[23]

Knappe Energie ist ein scharfes Schwert der Machtpolitik. Und Machtpolitik ist opportunistisch. Das zeigte sich auch schon damals. Um den lukrativen Gasröhren-Deal mit Deutschland einzuhalten, war die sowjetische Regierung bereit, bei den eigenen Teilrepubliken und den Brüderstaaten zu kürzen. Ukraine, Weißrussland und auch die DDR mussten immer wieder schmerzhafte Kürzungen hinnehmen. Ein anderes Beispiel ist Litauen. Als Litauen 1990 seine Unabhängigkeit erklärte, stellte die Sowjetunion dem kleinen Land für drei Monate Öl und Gas ab.[24] Ein herber Schlag, denn Litauen war energiewirtschaftlich abhängig. Lange Schlangen an den Tankstellen, frierende Menschen in den Wohnungen, ausfallende Produktion markierten eine harte Zeit. In gewisser Weise blühte dem Land das, wovor in Deutschland gewarnt wird, wenn durch die Pipeline Nord Stream 1 zu wenig oder gar keine Energie mehr fließen sollte. Andere Staaten wurden von der Energieblockade gegen Litauen eingeschüchtert. Aus den Pipelines zu den Nachbarstaaten, die den Lebensstandard durch Energieversorgung sichern und verbessern sollten, wurden Machthebel, um andere Länder unter Druck setzen zu können.[25]

1989 wurden diese Hebel dem Unternehmen Gazprom unterstellt, was ab 1992 als Aktiengesellschaft firmierte. Die Spitze des Unternehmens wurde politisch besetzt: Unter Michail Gorbatschow mit dem ehemaligen Gasminister, unter Boris Jelzin mit dem Vize des Gasministers. Putin hat seit 2001 Alexei Miller dort installiert. Er ist einer seiner engsten Vertrauten, langjähriger Weggefährte, aus Putins Geburtsstadt Sankt Petersburg, studierter Ökonom, mittlerweile 60 Jahre alt, stinkreich und erschreckend einflussreich.[26] Miller sitzt mit Putin an den Hebeln der Machtmaschine. Lieferkürzungen, Preisänderungen und Erpressungen gehören zum Geschäft. Die Ukraine kann davon ein Klagelied singen. Ende 2005 diktierte Gazprom der Ukraine neue, höhere Preise. Als sich die Ukraine weigerte, diese hinzunehmen, klemmte Miller im Auftrag Putins der Ukraine das Gas zum 1. Januar 2006 ab. Mitten im eiskalten Winter. Drei Tage später knickte die Ukraine ein und akzeptierte die höheren Preise.[27] Dies ist nur eine von vielen Geschichten, die sich von der Machtmaschine erzählen ließen. Erinnert sei an eine alte Redewendung: »Trau, schau, wem«.

Auch im derzeitigen Wirtschaftskrieg spielt das Sprichwort eine Hauptrolle. Die Macht über Gaslieferungen ist das Ass im Ärmel von Wladimir Putin, der damit Druck ausübt, Psychospielchen treibt und nebenbei so viel verdient wie nie zuvor. Seine Intrigen sind gezielt vorbereitet. Das sieht man etwa an der deutschen Gazprom-Tochterfirma Astora, die seit 2015 den größten deutschen Gasspeicher betreibt. Der Speicher liegt in Rehden, 2.000 Meter unter der Erde und ist so groß wie 910 Fußballfelder. Er fasst ein Erdgasvolumen, mit dem rund zwei Millionen Haushalte ein Jahr lang versorgt werden könnten.[28] Das Problem: Der Speicher wurde bewusst leerlaufen gelassen, während andere Betreiber nach dem Winter 2021 längst dabei waren, ihre Speicher wieder aufzufüllen – das übliche Vorgehen, um auf den nächsten Winter vorbereitet zu sein. Gazproms Astora verhielt sich anders. Das Kalkül ist offensichtlich: Je mehr Gas Deutschland braucht, desto größer Putins Hebel im Wirtschaftskrieg. Wohlgemerkt: Der Riesenspeicher wurde erst 2015 von Wintershall, einer Tochter des riesigen Chemiekonzerns BASF, an Astora, die Tochter von Gazprom, verkauft. Genauer gesagt: Getauscht. Denn Wintershall bekam im Gegenzug für den Verkauf des Speichers eine Beteiligung an Gazproms Öl- und Gasfeldern in Sibirien. Das war – wohlgemerkt – ein Jahr nach der Krim-Annexion. Zu dieser Zeit gab es schon die ersten Wirtschaftssanktionen. Kurzzeitig stand der Deal wegen der Annexion auf der Kippe, wurde aber nach Abschluss des Minsker Abkommens noch im selben Jahr durchgewunken.

All das beweist: 50 Jahre stabile Lieferungen sind kein Grund für blindes Vertrauen. Im Mai 2021, zum Auftakt des Bundestagswahlkampfes, behauptete Olaf Scholz im TV-Duell gegen Annalena Baerbock und Armin Laschet im WDR-Europaforum noch: »Es gibt in den USA die falsche Vorstellung, dass wir sehr abhängig wären von diesem russischen Gas. Das ist aber, wenn man den Energiemix in Deutschland insgesamt betrachtet, nicht richtig.« Schlecht gealtert, würde man heute sagen.

Im Mai letzten Jahres kamen mehr als die Hälfte der deutschen Gasimporte aus Russland. Dass er sich mit diesem Satz zu weit aus dem Fenster gelehnt hat, weiß der heutige Kanzler selbst. Aus Ehrfurcht vor den mächtigen Hebeln Putins an der Energielogistik war er bei Sanktionen gegen Russland stets vorsichtig und hat sich von Anfang an klar gegen ein Gasembargo gestellt. Denn die Machtmaschine der Gaslieferungen hält Deutschland über Wasser. Heute eine bittere Einsicht, im Rückblick politische Naivität – und über die letzten 50 Jahre insbesondere ein lohnenswerter Deal.

Auch andere vermeintliche Gewissheiten hat der Krieg über Bord geworfen und sogleich die politische Agenda verändert. Der Ausbau von Wind- und Solarkraft ist eben nicht nur grünes Klimathema, sondern kann Deutschland stückweise aus dem politischen Klammergriff der russischen Machtmaschine befreien und obendrein sogar die Inflationsrate senken. Denn teures Gas treibt die Strompreise, erneuerbare Energien senken sie. Klimaschutz und Energiewende sind auf einmal günstig, nicht teuer. Entfesselte Finanzmärkte, auf denen wie besoffen auf Getreidepreise gewettet wird, sind nicht effizient, sondern gefährlich. Die Krallen des deutschen Kartellamtes wurden jahrelang nicht gefeilt, Mineralölkonzerne machen in der Krise das Geschäft ihres Lebens. Die Marktwirtschaft braucht echten Wettbewerb und strenge Regeln statt langer Leine. Ein Paradies für Geldwäsche zu sein, wie es viele Ökonomen Deutschland attestieren, heißt auch ein Paradies für schmutziges Oligarchenvermögen zu sein. Dies wird zum Problem, wenn man genau diese Oligarchen sanktionieren will, wie wir später noch sehen werden. Kritische Infrastruktur wie Gasspeicher zu privatisieren, noch dazu an Firmen wie Gazprom, die keine stinknormalen Betriebe aus der Lehrbuch-Marktwirtschaft sind, sondern geopolitische Machtmaschinen, war sicher nicht die beste Idee. Mittlerweile ist die Bundesregierung bei Gazprom-Germania als Treuhänderin eingestiegen und nimmt Einfluss auf die Geschäfte. Für die Füllstände der Speicher gelten jetzt strengere Regeln. Blauäugige Liberalisierung wird rückabgewickelt – nicht aus Überzeugung, sondern aus geopolitischer Not. Bundespräsident Frank-Walter Steinmeier warnte deshalb kürzlich vor anderen Abhängigkeiten: »Auf manchen strategisch wichtigen Feldern ist unsere Abhängigkeit von chinesischen Rohstoffen deutlich größer als unsere Abhängigkeit von russischem Gas in den vergangenen Jahren«. Deutschland solle deshalb seine »wirtschaftlichen Beziehungen neu justieren«, mahnte Steinmeier.[29]

Der Wirtschaftskrieg entlarvt die Fehler der deutschen Wirtschaftspolitik und bringt Debatten über Geld, Gas und Gewissen zurück in die Zeitungen und Talkshows des Landes. Die politische Lage in Deutschland ist kritisch: Die Ampel zeigt erste Risse, vor allem fürchtet sie Protest. Eine mögliche Gelbwestenbewegung wie in Frankreich, ausgelöst durch explodierende Energiepreise, wird seit Wochen heraufbeschworen wie befürchtet. Aus Großbritannien schwappt die Protestbewegung »Enough is Enough« (zu Deutsch: Genug ist Genug) nach Deutschland über. Auch die Oppositionsparteien rufen zu Demonstrationen auf. Bundesinnenministerin Nancy Faeser bereitet ihre Behörden vor.[30] Bundesaußenministerin Annalena

Baerbock fürchtet, ein Gas-Stopp könnte dazu führen, dass die Regierung »mit Volksaufständen beschäftigt« ist.[31] Es ist ernst.

In den nächsten Kapiteln kommt die Krisenpolitik Deutschlands samt EU-Sanktionsregime auf den Prüfstand. Eines möchte ich vorher noch betonen: Der Anlass für dieses Buch ist ein tieftrauriger, nämlich Putins schrecklicher, menschenverachtender Angriffskrieg gegen die Ukraine. Ich schreibe jede Zeile voller Mitgefühl und Solidarität mit denen, die ihr Leben, ihre Liebsten oder ihren Alltag verloren haben; voller Hoffnung, dass das Schrecken ein baldiges Ende nimmt; und voller Verachtung für alle Autokraten, die wie Putin Tod, Schmerz und Schrecken über die Menschen bringen.

Kapitel II

Müdes Oligarchenlächeln

Sie haben Geld, sie haben Macht, sie leben prunkvoll. Russland ist bekannt für seine Oligarchen. Sie stehen regelmäßig weit oben auf den *Forbes*-Listen der Superreichen. Die 500 vermögendsten Russen besitzen mehr als die restlichen 99,8 Prozent des Landes.[1] Diejenigen unter ihnen, die direkt oder indirekt den Krieg unterstützen, sind auf der EU-Sanktionsliste gelandet. So soll Putins Machtapparat bestraft werden und unter Druck geraten. Mehr als eintausend Personen und einhundert Einrichtungen stehen mittlerweile auf der Liste. Politiker, Militärs, Unternehmer, Journalisten und eben ganze Firmen. Auch Putin selbst.

Sparguthaben, Aktien, Villen, Penthäuser, Yachten, Autos, Helikopter, Jets, Rennpferde, Kunst, Fußballclubs oder was man eben so besitzt als Multimilliardär: »All das werden wir einfrieren«, kündigte EU-Kommissionspräsidentin von der Leyen an. Einfrieren ist dabei ein schwammiger Begriff. Beim Geld ist es einfach, da sperren Banken die Konten. Aber was ist mit Autos, Villen und Yachten? Hier gibt es immer wieder Missverständnisse. Denn Einfrieren bedeutet nicht wegnehmen. Oligarchen dürfen eingefrorenes Vermögen behalten und selbst nutzen, sie dürfen es nur nicht verwerten. Heißt: Sie dürfen in ihren Villen residieren und ihre schicken Schlitten fahren, aber sie dürfen sie nicht zu Geld machen, also nicht verkaufen, vermieten oder verpachten. Juristen nennen das ein Verfügungsverbot, denn Eigentümer bleiben die Oligarchen trotzdem – zumindest vorerst. Erst bei Verstoß gegen das Verfügungsverbot, wenn die Villa verkauft oder die Yacht ins Ausland gebracht werden soll, werden die Vermögenswerte beschlagnahmt. Dann darf die Yacht auch nicht mehr genutzt werden, sondern ist unter staatlicher Kontrolle und kann unter bestimmten Umständen auch enteignet werden.

Was einfach klingt, ist aus verschiedenen Gründen doch ganz schön schwierig, wie sich herausstellt. Deshalb ist die Bilanz hierzu auch einige Monate nach Kriegsbeginn eher mau. Vermögenswerte im Wert von 13,8 Milliarden Euro hat die EU per Mitte Juli 2022 eingefroren, so EU-Justizkommissar Didier Reynders. In Deutschland waren es im August rund 4,3 Milliarden Euro, darunter zwei Yachten für gut 940 Millionen Euro, Firmenanteile von etwas weniger als einer Milliarde Euro und 2,28 Milliarden Euro auf Konten bei deutschen Banken. In den ersten drei Monaten nach der Invasion lief es besonders träge. Da schlugen nach drei Monaten gerade einmal 143 eingefrorene Millionen Euro zu Buche. Zum Vergleich: Das Auslandsvermögen russischer Oligarchen wird auf mehr als eine Billion US-Dollar geschätzt.[2] Man kann diese Summe deshalb nur schätzen, weil offizielle Daten darüber nicht existieren und viele Vermögenswerte hinter Schachtelkonstruktionen und in Pyramidenstrukturen verschleiert sind. Nicht selten läuft das über Briefkastenfirmen in Steueroasen, die eines der größten Probleme bei den Sanktionen gegen die Oligarchen sind.

Solche und solche Oligarchen

Bevor wir über die Probleme bei den Sanktionen sprechen, widmen wir uns den Oligarchen. Es gibt im Grunde zwei Sorten russischer Oligarchen: Die Sorte Jelzin und die Sorte Putin.

Die erste verdankt ihren Reichtum dem wirtschaftspolitischen Chaos beim Zusammenbruch der Sowjetunion in den 1990ern. Putins Vorgänger Boris Jelzin verpasste dem kommunistisch geprägten Russland eine kapitalistische Schocktherapie. Staatskonzerne wurden in Häppchen zerlegt und zu Spottpreisen an Regime-Günstlinge verkauft. Marktpreise gab es zu der Zeit für die Anteile noch nicht, deshalb wurde häufig versteigert. Wer gerissen war, Kontakte hatte und bereit war, Jelzins nächsten Wahlkampf zu stützen, konnte abstauben. Viele haben ihren Reichtum dann im Geschäft mit Rohstoffen und Metallen gemacht. Dazu zählen auch der derzeit reichste Mann Russlands und Vorstandsvorsitzender des Stahlproduzenten Novolipetsk Steel, Wladimir Lissin (geschätztes Vermögen 2022: 18 Milliarden US-Dollar), sowie der Zweitplatzierte Wladimir Potanin (17 Milliarden US-Dollar), der sein Geld mit dem Bergbauunternehmen Nornickel machte. Nornickel fördert Metalle wie Gold, Silber, Nickel und Platin. Ein anderer Oligarch, Alischer Usmanow (11 Milliarden US-Dollar), ist aktuell auf Platz sieben der Reichenliste. Er hält mit Metalloinvest Anteile an den zweitgrößten Eisenreserven der Welt, mischte aber auch in der Telekommunikations- und Medienbranche mit. Auf ihn kommen wir nachher nochmal zu sprechen, denn er steht exemplarisch für die Oligarchen und die Probleme der Sanktionen gegen sie. Dann ist da noch der wohl berühmteste der Oligarchen, der jedem Fußballfan bekannt ist: Roman Abramowitsch (7 Milliarden US-Dollar). Er besaß bis vor kurzem den englischen Fußballclub Chelsea. Auch er machte windige Geschäfte in der Jelzin-Ära, indem er sich eine Mehrheitsbeteiligung an der Ölgesellschaft Sibneft krallte.[3]

Die Sorte Putin ist anders. Diese Oligarchen sind keine gerissenen Geschäftsmänner auf der Suche nach dem großen Geld. Vielmehr befördert Putin alte Weggefährten und loyale Regierungsmitglieder, sodass diese zu Macht und Geld kommen.[4] Das beste Beispiel für diese Karriereleiter ist Igor Setschin, der wie Putin in Sankt Petersburg (früher Leningrad) aufgewachsen und ehemaliger KGB-Agent ist. Seit 30 Jahren ist er an Putins Seite: 1991 war er Putins Sekretär in der Leningrader Stadtverwaltung, 1996 unter Putin in der Präsidialverwaltung Russlands tätig. Im Jahr 2000 wurde er vom russischen Präsidenten zum Vizechef der Präsidialverwaltung befördert, 2004 stieg er zum Präsidentenberater und Vorstandsvorsitzender von Rosneft auf, dem einzigen staatlichen Ölkonzern, den Jelzin nicht komplett privatisiert hatte. Mit kurzer Unterbrechung ist er bis heute Chef von Rosneft. Kein Wunder, dass Setschin als Putins rechte Hand gilt. Als solche brachte er für Putin damals das russische Ölgeschäft unter Kontrolle: In seiner Rolle als Vizechef der Präsidialverwaltung Russlands sorgte Setschin dafür, dass der damals zweitgrößte private Ölkonzern Yukos zerschlagen und im Jahr 2004 vom Staatskonzern Rosneft übernommen wurde. Rosneft war zuvor eine eher kleine Nummer, stieg mit der Übernahme aber gleich zu einem der drei größten Ölkonzerne des Landes auf.[5] Übrigens: Bei Rosneft saß bis vor seinem jüngsten Rückzug auch Altkanzler Gerhard Schröder im Aufsichtsrat. Rosneft gehört zudem die Raffinerie PCK in Schwedt im Nordosten Deutschlands, die fast ganz Berlin und Brandenburg mit Benzin, Diesel, Kerosin, Bitumen und Heizöl versorgt – und zum Sorgenkind des Ölembargos wurde. Doch dazu später mehr. An der

Übernahme von Yukos zeigt sich auch Putins Umgang mit den alten Jelzin-Oligarchen. Sein Credo: Ihr dürft gute Geschäfte machen, solange ihr politisch loyal seid. Das war Michail Chodorkowski aber nicht. Chodorkowski war während des Vorgangs Chef von Yukos und wohl der reichste aller Oligarchen zu dieser Zeit. Zudem galt er früher als großer Unterstützer Jelzins. Er legte sich mit Putin an, öffentlich und mehrfach. So sehr, dass Putin an ihm in Autokraten-Manier ein Exempel statuierte. Chodorkowski landete 2003 nach einer Anklage wegen Steuerhinterziehung und Betrug im Gefängnis, bis Putin ihn Ende 2013 begnadigte. Während Chodorkowski einsaß, übernahm Putins rechte Hand Setschin die Geschäfte von Yukos: Eine unmissverständliche Klarstellung an alle Oligarchen des Landes, wie das System Putin funktionieren soll.

Viele der Oligarchen haben seit dem Krieg Milliarden verloren. Klar, sie sind noch lange nicht die Stadtärmsten, aber auf dem Papier sind sie nun ärmer als vorher. Allein in den 24 Stunden nach Beginn von Putins Invasion sollen sie fast 40 Milliarden US-Dollar verloren haben. Einige von ihnen sind sogar aus der *Forbes*-Liste gerutscht. Daran sind aber weniger die Oligarchen-Sanktionen schuld als vielmehr die übrigen Sanktionen, die der russischen Wirtschaft schaden und russische Aktien auf Talfahrt geschickt haben. Die Aktie von Rosneft etwa wurde massenhaft abverkauft, als der Krieg begann und verlor rund die Hälfte ihres Kurswertes. Dann wurde der Handel ausgesetzt und seitens des Westens verboten, Rosneft-Aktien zu kaufen. Die größte russische Bank, die Sberbank, hat in der großen Verkaufswelle im Februar 2022 sogar drei Viertel ihres Wertes verloren.

[Grafik 2] **Die Forbes-Oligarchenliste** (Auszug)

Platz 1

$18,4 MRD.

WLADIMIR LISSIN
Nicht Sanktioniert

Platz 2

$17,3 MRD.

WLADIMIR POTANIN
Sanktioniert: Kanada

Platz 3

$14 MRD.

LEONID MICHELSON
Nicht Sanktioniert

Platz 4

$13,2 MRD

ALEXEI MORDASCHOW
Sanktioniert: EU, GB

Platz 5

$11,8 MRD.

MICHAIL FRIDMAN
Sanktioniert: EU, GB

Platz 6

$11,5 MRD.

ALISCHER USMANOW
Sanktioniert: EU, GB, US

Platz 7

$11,3 MRD.

GENNADI TIMTSCHENKO
Sankt. US (2014), EU, GB (2022)

Platz 8

$11,1 MRD.

ANDREI MELNITSCHENKO
Sanktioniert: EU, GB

Platz 9

$7,8 MRD.

GERMAN KHAN
Sanktioniert: EU, GB

Platz 10

$6,9 MRD.

ROMAN ABRAMOWITSCH
Sanktioniert: EU, GB

Ähnliches gilt für andere russische Aktien. Für viele gibt es bis heute keine echten Marktwerte, weil der Handel beschränkt oder ganz ausgesetzt ist. Man darf das allerdings nicht überinterpretieren. Der Buchwert der Oligarchenvermögen ist zwar gefallen und einige ihrer Geschäfte werden durch die Sanktionen schlechter laufen, auch weil bisherige Firmen aus Europa als Zulieferer und Geschäftspartner wegfallen. Aber an Macht und relativen Firmenanteilen, also Kontrollrechten, haben sie in der Regel kaum verloren.

Andere wiederum wittern längst neue Geschäfte. Gute Kreml-Kontakte können sich bald wieder lohnen, wenn neue Oligarchen gemacht werden. Über eintausend Firmen haben sich mittlerweile aus Russland zurückgezogen. In Russland stehen Fabriken still und Geschäfte leer. Büros verwaisen und Hunderttausende haben ihren Job verloren – ein Problem für Putin und seine Wirtschaftspolitik. Längst rief er beim Wirtschaftsforum in Sankt Petersburg dazu auf, die Lücken zu füllen und nationale Marken zu schaffen.[6] Die Lage erinnert ein bisschen an das Chaos der 1990er, in denen Jelzin Unternehmen verscherbelte. Damals waren es allerdings Staatsfirmen und keine privaten Unternehmen. In den Wochen nach dem Krieg wurde über eine Verstaatlichungswelle spekuliert, davor scheint Putin aber zurückzuschrecken und seine Experten raten ihm wohl davon ab. Wenige Ausnahmen bestätigen die Regel: Das Moskauer Renault-Werk wurde von der Stadtregierung übernommen und stellt Autos der alten Sowjet-Marke Moskwitsch her. Zudem ist der Staat zu einem symbolischen Preis von einem Rubel mehrheitlich beim Lada-Hersteller AwtoWAS eingestiegen und lässt in den Autowerken Fahrzeuge ohne ABS und Airbags vom Band laufen.[7] Wahrscheinlicher ist, dass westliche Firmen zu Spottpreisen an russische Manager gehen. Nur schnell raus aus dem russischen Markt, lautet bei vielen westlichen Firmen das Motto. Denn Russland-Geschäfte sind seit dem Krieg riskant und schlecht fürs Image. So geschehen bei der schwedischen Möbelfirma Ikea, der Baumarktkette Obi und 850 McDonald's-Filialen. Die Filialen des Fastfood-Riesen hat sich der sibirische Unternehmer und Milliardär Alexander Govor zu einem lukrativen Kurs gesichert. Nach und nach sollen die Filialen unter dem neuen Namen »Wkusno i totschka« (»Lecker und Punkt«) wieder aufmachen – allerdings ohne goldenes M. Auch der riesige russische Ölkonzern Lukoil nutzte die Gunst der Stunde und kaufte Shell rund 400 Tankstellen ab. Ein ebenso schwerreicher Putin-Freund, der auf *Forbes*-Listen weit oben auftaucht, ist Wladimir Potanin. Er kauft der französischen Großbank Société Générale ihre russische Tochter Rosbank samt Versicherungsgeschäft ab.[8] Je länger der Krieg andauert, desto mehr solcher Übernahmen wird es geben. 2022 könnte eine dritte Generation der Oligarchen entstehen und die bestehende noch mächtiger werden lassen.

Ran an die Oligarchen

Oligarchen zu sanktionieren, leuchtet ein. Wer zum System Putin gehört, das in Europa einen fürchterlichen Krieg führt, und von diesem System finanziell profitiert, sollte in Europa nicht in Saus und Braus leben können. Erst recht nicht, während in der Ukraine Raketen auf Kindergärten fliegen. Ran also an die Oligarchen, um Druck auf Putin auszuüben? Diese Forderung wird quer durch das deutsche Parteienspektrum vertreten, von FDP bis Linkspartei. Finanzminister Lindner sagte im ARD-Interview: »Wer von Putin profitiert hat und den Reichtum des russischen Volkes auch durch Korruption gestohlen hat, der kann nicht in unseren westlichen Demokratien seinen Wohlstand genießen.«

Die gezielten Sanktionen gegen ihren Luxus sollen ihre Putin-Treue in Frage stellen. Dabei sind die Oligarchen aber ja nur Oligarchen, weil sie jahrelang loyal waren. Bleiben sie es auch, wenn sie im Westen zu Personae non gratae werden? Oder wenden sie sich gegen Putin und nehmen Einfluss, um das Regime zu schwächen? Das wäre ein positives Szenario, passiert bisher allerdings nur vereinzelt.

Der erste dieser Sorte war Michail Fridman, laut *Forbes* mit fast 12 Milliarden US-Dollar Vermögen der fünftreichste Russe. Der gebürtige Ukrainer und Mitgründer der Alfa-Bank sowie der Investmentfirma Letter One soll in einer Mail an die Mitarbeiter von Letter One ein Ende des Blutvergießens gefordert haben. »Ich bin überzeugt, dass Krieg niemals die Lösung sein kann«, wird Fridman zitiert.[9] In einem anderen Brief soll er allerdings mitgeteilt haben, sich nicht offen gegen Putin zu stellen, weil er die Konsequenzen für das Unternehmen und Tausende von Mitarbeitern fürchte.[10] Wirklich hilfreicher Widerstand gegen den Schrecken in der Ukraine sieht also anders aus. Fridman steht auch auf der EU-Sanktionsliste. Ein anderer war Oleg Deripaska,

Putin-Vertrauter, Milliardär und Schwergewicht unter anderem in der Leichtmetallindustrie. Im Juni kritisierte der Aluminiummogul auf einer Pressekonferenz in Moskau Putins Umgang mit den westlichen Sanktionen, unter denen sein Geschäft leide, und verurteilte die Invasion als »kolossalen Fehler«: »Ist es in Russlands Interesse, die Ukraine zu zerstören? Natürlich nicht«, sagte Deripaska. Einen Regierungswechsel in Russland halte er selbst aber nicht für realistisch. »Es gibt kein Potenzial für einen Systemwechsel«, gestand er ein.[11] Es gibt noch ein paar weitere Beispiele, aber der große öffentliche Druck von Oligarchenseite blieb bisher aus. Dabei ist es mitnichten so, dass sie nur von Putin abhängig sind, sondern auch andersherum. Die Oligarchen sind ein großes Zahnrad in Putins Machtapparat. Er braucht sie, damit die Wirtschaft in seinem Sinne läuft. Er nutzt sie als Unterhändler bei großen Geschäften, er steuert damit Wirtschaftsbeziehungen zu befreundeten Ländern und er braucht sie als Multiplikatoren für die öffentliche Meinung. Würden sich die mächtigsten Oligarchen gegen ihn richten, käme er in Zugzwang. Realistisch scheint das bisher aber nicht.

Dies kann auch daran liegen, dass es nicht schmerzhaft genug ist, auf der EU-Sanktionsliste zu stehen. Immerhin dürfen die Milliardäre in der EU auch in ihren Luxusvillen residieren bleiben, wenn sie schon auf der Liste stehen. Und wenn die Villa dann noch auf mehrere, verschachtelte Briefkastenfirmen läuft, dann können ihr die Sanktionen gar nichts an. Das politische Potenzial gegen die Macht der Oligarchen wurde noch lange nicht ausgereizt. Und je länger der Krieg dauert, desto größer wird der Hebel. Fabio De Masi, der ehemalige finanzpolitische Sprecher der Linksfraktion im Bundestag und bekannt als Wirecard-Aufklärer im Untersuchungsausschuss, urteilte über die derzeitigen Sanktionen: »Putins Oligarchen lachen sich schlapp.«

Oligarchen-Sanktionen unterscheiden sich von makroökonomischen Sanktionen wie einem Energie-Embargo oder einem Exportverbot von Hightech-Produkten. Denn makroökonomische Sanktionen haben schwerwiegende Kollateralschäden für die deutsche und die russische Wirtschaft sowie deren Bevölkerung. Oligarchen-Sanktionen nicht. Gegen Oligarchen kann man nämlich viel präziser vorgehen. Oligarchen-Sanktionen führen in der Regel nicht zu Jobverlusten, Einkommenseinbußen und Armut für die arbeitende Bevölkerung. Man darf das nicht vergessen: Makroökonomische Sanktionen, die Russlands Wirtschaft in die Knie zwingen, treffen auch die Friseure, die Handwerker, die Rentner und die Schüler in Russland, die wahrlich nicht zu Putins Machtapparat gehören und de facto keine politische Macht haben. Sie können für den abscheulichen Angriffskrieg nichts, sie wollen nur ihren Alltag bewältigen – wie Menschen in der Ukraine und in Deutschland auch. Anders als die Oligarchen, die nah an den Fäden der Macht sitzen oder sie gar selbst in der Hand halten!

Viele der Oligarchen-Vermögen stammen aus Korruption, Steuertricks und Geldwäsche. Ironischerweise ist das sowohl Putin als auch der EU ein Dorn im Auge. Wenn nämlich die Milliarden in Briefkastenfirmen in Steueroasen oder in Form von Immobilien in deutschem Betongold geparkt sind, kommen weder Putin noch die EU dran. Russische Oligarchen haben das

Geschäft des Geldversteckens über Jahrzehnte perfektioniert. Diese Vermögen im Zuge der Sanktionen trocken zu legen und ihrer teils kriminellen Herkunft auf die Spur zu kommen, ist auch abseits des Einflusses auf den schrecklichen Krieg wichtig und ein vernünftiger Schritt für mehr Gerechtigkeit. Eine Win-win-Situation.

Schluchtentiefe Schlupflöcher

Um die russischen Oligarchen zu treffen, reicht es nicht, ihre Namen auf Sanktionslisten zu schreiben. Denn Schlupflöcher machen es russischen Oligarchen leicht, Sanktionen zu entgehen. Deutschland ist leider auch 2022 noch ein Paradies für Geldwäsche und damit auch ein Paradies für schmutzige Oligarchenvermögen.

Die Probleme sind hausgemacht und lange bekannt. Seit Jahren haben deutsche Behörden Schwierigkeiten, Vermögen zu verfolgen. Ermittler gegen Finanzkriminalität tappen im Dunkeln, Oligarchen aus aller Welt werden politisch auf Händen getragen, weil deren Investitionen in Immobilien genauso willkommen sind wie deren Luxuskonsum. Das Geld ist schmutzig, aber wer es verdient, klagt darüber nur ungern.

Dass Deutschland und die EU den Oligarchen ans Geld wollen, ist für die Betroffenen keine Überraschung. Dahingehende Bemühungen laufen schon seit der Krim-Annexion, wenn auch schleppend. Die behäbige Umsetzung der Oligarchen-Sanktionen schreibt sich eigentlich seit 2014 nur fort. Überrascht sollte keiner der Verantwortlichen sein. Eine schriftliche Frage des Grünen-Abgeordneten Marcel Emmerich an das Bundesfinanzministerium ergab, dass in den acht Jahren zwischen den ersten Krim-Sanktionen und dem 25. Februar 2022 gerade einmal 341.899,66 Euro auf deutschen Bankkonten eingefroren worden.[12] In den ersten drei Monaten nach der Invasion waren es gerade einmal 143 Millionen Euro.[13]

Dabei fangen die schon auf ganz trivialer Ebene an. Von der Ankündigung der Sanktionen über den politischen Beschluss bis zur endgültigen Umsetzung vergehen Tage, manchmal Wochen. Bankguthaben, Firmenanteile und andere bewegliche Vermögenswerte können in der Zwischenzeit längst in Sicherheit gebracht werden, bevor der Oligarch auf der im EU-Amtsblatt veröffentlichten Liste auftaucht. Und selbst kurz danach noch.

Ein gutes Beispiel dafür, die Gunst der Stunde zu nutzen, ist der Fall Tui. Ende Februar 2022 war der milliardenschwere Stahlmagnat Alexei Mordaschow der größte Aktionär des Reisekonzerns. Rund 34 Prozent von Tui gehörten ihm und rund 1,1 Milliarden Euro waren seine Anteile damals wert. Als Mordaschow herausfand, dass er wahrscheinlich auf die Sanktionsliste der EU landen würde, holte er seine Pläne zum Geldverstecken aus der Schublade. Ein Mann seiner Klasse ist auf so etwas vorbereitet. Besser gesagt: Hat sich mit einer Armee an Anwälten und findigen Steuerberatern darauf vorbereiten lassen. 4,1 Prozent seiner Anteile übertrug er an seine russische Holding Severgroup. Die restlichen 29,9 Prozent hielt er nicht persönlich, sondern über zwei Tochtergesellschaften. Diese wiederum verkaufte er flott an die Firma Ondero Ltd. mit Sitz auf den britischen Jungferninseln, eine berühmte Steueroase in der sonnigen Karibik. Ondereo wird damit der größte Aktionär des Reisekonzerns. Hinter der Firma steckt seine Ehefrau, Marina Mordaschowa. Dass die Übertragung so schnell möglich war, liegt auch daran, dass der übernommene Tui-Anteil noch knapp unter 30 Prozent liegt. Wären die ganzen 34 Prozent an Ondero übergeben worden, hätte Mordaschow ein Pflichtangebot gegenüber den übrigen Tui-Aktionären machen müssen. So viel Zeit war natürlich nicht – deshalb der Dreiecks-Deal. Der Fall schlägt Wellen in Deutschland, das Bundeswirtschaftsministerium will den Fall prüfen. Erst Anfang Juni 2022 setzt die EU dann auch die Ehefrau auf die Sanktionsliste. Vorher gab es für sie quasi keine Einschränkung, weil es so etwas wie Sippenhaft im europäischen Recht nicht gibt. Bis Redaktionsschluss ist offen, wie der Fall ausgeht. Aber er verdeutlicht das Katz-und-Maus-Spiel zwischen Behörden und Oligarchen. Und dass letztere häufig flinker sind. Auch, weil Behörden sich häufig im Kreis drehen, wie wir im Fall Usmanow noch sehen werden.

Die Probleme bei Oligarchen-Sanktionen sind schnell ausgemacht: Zuständigkeits-Chaos, Behörden-Pingpong, verschleppte Digitalisierung und schlichter Informationsmangel über Eigentümerstrukturen (Wem gehört was?). Der Chef der Polizeigewerkschaft GdP beim Zoll sagte: »Die Durchsetzung von Sanktionen wird in Deutschland völlig irre organisiert.«[14] Das wundert einen nicht, wenn man sich ansieht, wer wofür zuständig ist. Grundsätzlich federführend bei Sanktionen ist das Wirtschaftsministerium von Robert Habeck, dort laufen aber längst nicht alle Fäden zusammen. Denn mit dem Einfrieren von Vermögen hat das Habeck-Ministerium kaum etwas an der Mütze. Wenn es um Geld geht, ist das Servicezentrum Finanzsanktionen der Bundesbank zuständig. Es informiert Banken und Versicherungen über neue Sanktionen, die Umsetzung allerdings liegt wieder bei den Banken selbst. Ob und wie schnell die Konten von gelisteten Oligarchen gesperrt werden, kann die Bundesbank nicht direkt kontrollieren. Sie kann zwar Prüfungen vor Ort bei den Banken durchführen und Unterlagen verlangen, aber dabei geht es eher um technische Fragen der Umsetzung, etwa ob der Algorithmus auch funktioniert, wenn Namen nur in Kleinbuchstaben geschrieben werden. Die Bundesbank fragt in turnusmäßigen E-Mail-Rundschreiben bei Banken ab, ob die Sanktionen umgesetzt worden sind und wie viele Gelder dabei eingefroren wurden. Den Betrag meldet die Bundesbank dann an das Wirtschaftsministerium von Habeck.[15] Für andere Vermögenswerte wie Yachten und Villen ist die Bundesbank wiederum nicht zuständig. Hier sind die Strafverfolgungsbehörden gefragt, also Polizei, Bundeskriminalamt (BKA), Zoll, Steuerfahndung und die Staatsanwaltschaften. Sie müssen die Vermögenswerte von sanktionierten Oligarchen überwachen und im Fall der Fälle beschlagnahmen. Wegen Personalmangels, unklaren Zuständigkeiten zwischen verschiedenen Behörden wie auch zwischen Bundes- und Länderebene sowie fehlenden Informationen über die wahren Eigentümer klappt das jedoch häufig nicht.

Ein prominentes Beispiel ist der Fall von Putins Lieblingsoligarchen Alischer Usmanow. Der usbekische Medienmogul mischte schon fast überall mit, ob im Metall- und Bergbau oder in der Telekommunikationsbranche. Im britischen Fußball war er sogar jahrelang Großanteilseigner beim FC Arsenal. Er gehört laut *Forbes* zu den 100 reichsten Menschen der Welt, besitzt etliche Villen, einen luxuriösen Großraumjet vom Typ Airbus 340 und eine 156 Meter lange Yacht namens Dilbar. Die Yacht lag gerade zur Wartung im Hamburger Hafen, als Usmanow auf der Sanktionsliste landete. Auf der Sanktionsliste steht über ihn geschrieben: »Usmanow ist ein kremlfreundlicher Oligarch, der besonders enge Verbindungen zum russischen Präsidenten Wladimir Putin unterhält. Er wird als einer der von Putin besonders favorisierten Oligarchen betrachtet. Er gilt als einer der Geschäftsleute Russlands, die mit der Verwaltung von Finanzströmen betraut wurden, deren Stellung aber vom Willen des Präsidenten abhängt. Berichten zufolge hat A. Usmanow als Strohmann für Präsident Putin gedient und seine geschäftlichen Probleme gelöst.«[16] Als er am 28. Februar 2022 auf die Liste kommt, macht er sich aus dem Staub. Mit seinem Jet, Kennzeichen M-IABU, was für »I'm Alischer Burchanowitsch Usmanow« steht, hebt er abends um 19:20 Uhr vom Münchener Rollfeld Richtung Usbekistan ab. Ohne Probleme. Und das obwohl er auf der Sanktionsliste steht und bereits eine EU-Verordnung in Kraft getreten war, die den Luftraum für russische Maschinen sperrte. *Welt*-Recherchen ergeben im Nachhinein: Die Zuständigkeit wurde von Behörde zu Behörde geworfen wie eine heiße Kartoffel. Das Verkehrsministerium von Volker Wissing zeigte auf das Luftfahrt-Bundesamt, das wiederum den Flughafen München verantwortlich machte, welcher wiederum auf die DFS Deutsche Flugsicherung zeigte, also auf das Bundesunternehmen, das für die Flugverkehrskontrolle in Deutschland zuständig ist und die

Startgenehmigung für Usmanow erteilt habe. Die DFS wiederum verwies zurück auf Wissing im Verkehrsministerium.[17] Ein peinlicher Patzer. Erst recht deswegen, weil solche Sanktionen Wochen im Voraus vorbereitet wurden.

Um solche Fehltritte zu vermeiden und die Sanktionen besser zu koordinieren, hat Kanzler Scholz eine typisch deutsche Idee: Wenn man mal nicht weiterweiß, gründet man ’nen Arbeitskreis. Die Ampel nennt das allerdings Taskforce, genauer gesagt »Taskforce Sanktionsumsetzung« – das klingt nach Tatkraft und weniger eingestaubt. Am 16. März 2022 richtet Scholz sie im Kanzleramt ein. Federführung hat Lindners Finanzministerium gemeinsam mit Habecks Wirtschaftsministerium. Mit dabei sind aber auch das Innen-, das Verkehrs- und das Justizministerium, das Auswärtige Amt sowie etliche Behörden: der Bundesnachrichtendienst, das Bundeskriminalamt, das Bundesamt für Verfassungsschutz, die Bundesanstalt für Finanzdienstleistungsaufsicht, das Zollkriminalamt, die Zentralstelle für Finanztransaktionsuntersuchungen (bekannt unter dem Kürzel »FIU«), das Hauptzollamt und Bundesamt für Wirtschaft und Ausfuhrkontrolle. Auch Vertreter der Länder sind beteiligt.[18] Rund zwei Wochen nach ihrer Gründung legt die Taskforce einen Bericht vor, der der bisherigen Praxis ein schlechtes Zeugnis ausstellt: Die Abstimmung zwischen Behörden funktioniere nicht und vor allem fehle es an einer eigenen Rechtsgrundlage, um sanktioniertes Vermögen aufzuspüren.[19] Im Nachgang entsteht das erste von zwei neuen Gesetzen mit dem sperrigen Namen »Sanktionsdurchsetzungsgesetz«.

Das erste Sanktionsdurchsetzungsgesetz wurde in Windeseile noch vor der Sommerpause 2022 durch den Bundestag gebracht. Neben einigen Verbesserungen beim Datenaustausch zwischen Behörden ist die wichtigste Maßnahme die Anzeigepflicht. Wer auf der Sanktionsliste steht, muss seine Vermögen in Deutschland unverzüglich melden – Geldvermögen an die Bundesbank, Yachten, Villen und andere Sachwerte an das Bundesamt für Wirtschaft und Ausfuhrkontrolle. Wer sich nicht daran hält, macht sich strafbar. Bis zu einem Jahr Gefängnis und empfindliche Geldstrafen drohen. So wollte man den Preis hochtreiben, damit sanktionierte Oligarchen ihr Vermögen auch wirklich melden. Das war wohl zu naiv. Das Gesetz gilt seit Ende Mai 2022. In den ersten zwei Monaten nach Inkrafttreten hat es nicht eine einzige Meldung bei der zuständigen Behörde gegeben, wie die Regierung auf Anfrage zugibt.[20] Die Anzeigepflicht hat sich als zahnloser Papiertiger entpuppt. Seine Reißzähne und Krallen sind nicht scharf genug. Gerissene Oligarchen lassen sich von einem Jahr Haft in Deutschland anscheinend nicht einschüchtern. Die Ampel-Regierung hätte die Anzeigepflicht auch auf diejenigen ausweiten können, die selbst Verpflichtete des Geldwäschegesetzes sind und mit den Oligarchen Geschäfte machen wie etwa Notare, Makler, Gebrauchtwagenhändler, Kunstvermittler und Banken. Für die wäre eine satte Geldstrafe bei Nichtanzeige vermutlich eher ein Grund, aktiv zu werden. Gleichwohl stärkt die strafbewehrte Anzeigepflicht die Ermittler. Wer auf der Sanktionsliste steht, aber kein Vermögen anzeigt, gegen den besteht der Anfangsverdacht einer Straftat. Damit gibt das Gesetz den Ermittlern eine Rechtsgrundlage für Hausdurchsuchungen und Kontenabfragen gegen sanktionierte Personen, die sich vor der Anzeigepflicht nicht strafbar gemacht hatten. Ob das aber auch zu deutlich mehr eingefrorenen Vermögen führt?

Auch die beste Anzeigepflicht hilft nicht gegen Vermögen, die hinter komplizierten Firmengeflechten versteckt oder in Kooperation mit Finanzdienstleistern, Anwälten, Steuerberatern, Angehörigen und Geschäftsfreunden verschleiert werden. Solange die Eigentümerstruktur unklar ist, können weder Gelder noch Villen noch Yachten eingefroren werden. Deshalb dauerte es beispielsweise mehrere Wochen, bis das Bundeskriminalamt die beiden Jachten Dilbar und Luna im Hamburger Hafen den russischen Oligarchen zuordnen konnte. Dass die Dilbar dem schon erwähnten Alischer Usmanow, Putins Lieblingsoligarchen, gehört, war den Ermittlern früh klar. Sie bekamen den Hinweis aus den USA. Dort steht der usbekische Multimilliardär auch auf der Sanktionsliste. Nur der Beweis durch die Ermittler stand noch aus. Zu ihrem Glück war die Dilbar, die mehr als eine halbe Milliarde Euro wert sein soll, nicht fahrtüchtig und lag im Trockendock zu Wartungsarbeiten. Trotzdem war es ein Wettlauf gegen die Zeit. Am Ende kam das Bundeskriminalamt dahinter und entdeckte eine verschachtelte Offshore-Konstruktion. Eigentümerin ist Usmanows Schwester Gulbakhor Ismailova. Als das bekannt wurde, setzte die EU Ismailova Anfang April 2022 auch auf die Sanktionsliste. Die Wartungsarbeiten im Hafen hatte eine Firma namens Navis Marine Ltd. von den Kaimaninseln, einer bekannten Steueroase, in Auftrag gegeben. Darüber kamen die Ermittler der Sache auf den Grund.

Hauptanteilseigner der Navis Marine Ltd. ist die Almenor Holdings Ltd. aus Zypern, die wiederum als Eigentümer der Dilbar geführt wird. Alle Anteile der Almenor Holdings Ltd. wiederum werden treuhänderisch von der Pomerol Capital SA zugunsten einer Gesellschaft mit dem Namen The Sisters Trust verwaltet. Usmanow war dort früher Anteilseigner, mittlerweile ist es seine Schwester Ismailova.[21] Ja, da kann einem schon mal schwindelig werden.

Nicht anders lief es bei seinen drei Villen am Tegernsee. Schaut man dort in das Grundbuchamt, findet man keine Besitztümer auf den Namen Usmanow, dafür aber einige komisch klingende Firmen aus Steueroasen. Eine Villa läuft über die Tegernsee (IOM) Ltd., eine andere über die Lakeview Property Holding und eine dritte über die Lake Point Property Holding Ltd. Alle drei Villen sind in der Victoria Street in Douglas gemeldet, der Hauptstadt des bekannten Offshore-Finanzplatzes Isle of Man in der Irischen See zwischen England und Irland. Über eine Treuhandkonstruktion kann man Usmanow dahinter vermuten. Bevor er sich mit seinem Privatjet aus dem Staub machte, beobachteten seine Nachbarn vom Tegernsee, dass er samt seiner mehrköpfigen Entourage kurz vorher die Koffer gepackt und seine Luxusschlitten aus der Garage weggefahren habe. Die Villa auf der Rottacher Fischerstraße war sein Hauptwohnsitz. Eine andere 20-Millionen-Euro-Villa befand sich noch im Neubau, als der Oligarch außer Landes reiste. Wochenlang arbeiteten Handwerker noch weiter auf der Baustelle, doch bezahlt wurden sie seit den Sanktionen nicht mehr. Ende Juli 2022 sieht es dort aus, als hätten alle urplötzlich Hammer und Kelle fallen lassen.

»Bis heute kann jeder, der es darauf anlegt, sein Eigentum durch Schattenfinanzstrukturen verschleiern«, sagt Hartmut Bäumer, Vorsitzender von Transparency International Deutschland.[22] Die NGO hat sich die weltweite Bekämpfung von Korruption zur Agenda gemacht. Ihr gegenüber steht eine Industrie von Anwälten und Steuerberatern, die Geldverstecken als Service verkaufen. In Fachkreisen wird das auch »Enabler-Industrie« genannt. Geld geht auf Anwaltskonten und fließt von dort aus an verschiedene Empfänger, häufig über Treuhandkonten. Auch einige deutsche Anwaltskanzleien verdienen Geld damit, russischen Oligarchen aus dem Sanktionsdickicht zu helfen. Geld stinkt eben nicht. Und wenn es gewaschen wurde, schon gleich gar nicht.

Der Fall Usmanow belegt, was Transparency seit Jahren bemängelt. Geld kann in Deutschland zu einfach versteckt werden. »Das fällt uns jetzt, wo die Vermögen von russischen Oligarchen eingefroren werden sollen, auf die Füße«, so Bäumer. Schätzungsweise werden in Deutschland jährlich rund 100 Milliarden Euro gewaschen. Etwa 15 bis 30 Prozent der kriminellen Vermögen werden in Immobilien investiert, heißt es in einer von Transparency in Auftrag gegebenen Studie.[23]

Es klingt absurd, aber hierzulande kann man auch im Jahr 2022 ganze Immobilien mit Bargeld kaufen. Ebenso übrigens teure Autos und wertvollen Schmuck. In anderen europäischen Ländern gibt es Obergrenzen für Barzahlungen, in Deutschland nicht. Einkäufe über 3.000 Euro dürfen in Italien nicht bar bezahlt werden. In Spanien liegt die Grenze bei 2.500 Euro, in Frankreich sogar nur bei 1.000 Euro. In Deutschland muss man bei Beträgen von über 10.000 Euro dem Händler nur einen

Ausweis vorzeigen. Ein Leichtes für Geldwäscher. Ebenso ist es ein Kinderspiel, Eigentum an Immobilien zu verschleiern, wie der Fall Usmanow zeigt. Beides lockt organisierte Kriminalität und schmutzige Vermögen an wie das Licht die Motten. Immer wieder zeigen Recherchen, dass es teilweise nicht möglich ist, den tatsächlichen Eigentümer, der hinter den im Grundbuch eingetragenen Personen steht, herauszufinden. Die Spuren verlaufen sich dann zum Beispiel bei dubiosen Fonds in Luxemburg, in der Schweiz oder auf den Britischen Jungferninseln in der Karibik. »Bei jeder zehnten Immobilie in Berlin hat man keine Möglichkeit, den wahren Eigentümer zu ermitteln«, sagt der Autor der Transparency-Studie Christoph Trautvetter.[24] Er ist Steuerexperte vom Netzwerk Steuergerechtigkeit und beschäftigt sich seit vielen Jahren mit dem Thema.

Die über 100 Grundbuchämter in Deutschland sind auch 2022 noch immer nicht vernünftig digitalisiert und vernetzt. Eigentlich gibt es seit 2013 ein Gesetz für ein bundeseinheitliches Datenbankgrundbuch, in das die Grundbuchämter ihre Eintragungen überführen sollen. Das ist allerdings Kraut und Rüben, weil viele Daten fehlen und teilweise nur eingescannte Bild- oder PDF-Dateien hochgeladen wurden, die mit der bisherigen Software nicht durchsuchbar sind. Ermittler auf der Spur sanktionierter Oligarchen müssen sich bei der Einsicht mühsam von Bilddatei zu Bilddatei klicken. Ein Wahnsinn. Auch können Ermittler immer noch nicht über Ländergrenzen hinweg recherchieren. Die neue Software dabag, die die Grundbücher vernetzen soll, sollte eigentlich bis Ende 2019 fertig sein. Eigentlich. Neuer Termin ist jedoch der 31. Dezember 2024! Die

Entwicklung sei aufwendiger als ursprünglich gedacht. Damit noch immer nicht genug. Wenn die Software steht, zeichnet sich schon das nächste Problem ab: Viele Grundbuchblätter sind handschriftlich verfasst und müssen dann erst einmal händisch in das Programm eingegeben werden. Heißt: Das wird noch dauern. Schonzeit für Kriminelle!

Das Registerchaos geht sogar noch weiter. Selbst wenn die Grundbücher erstklassig digitalisiert und die Eigentümer digital abrufbar wären, stießen Ermittler im nächsten Register auf neue Probleme. Denn viele Immobilien laufen über Strohmänner, wie etwa Usmanows Villen am Tegernsee. Würde Usmanow den Verkauf der Tegernsee (IOM) Ltd. anleiern, auf der die Villa im Grundbuchamt Miesbach eingetragen ist, könnte die Immobilie den Eigentümer wechseln, ohne dass irgendwer im Grundbuchamt davon etwas mitbekäme. Am Rande: So funktionieren auch die sogenannten *Share Deals*, mit denen die Grunderwerbsteuer in großem Stil umgangen wird. Die Steuer muss jeder zahlen, der eine Immobilie kauft. Je nach Bundesland werden zwischen 3,5 und 6,5 Prozent des Kaufpreises fällig. Große Immobilienunternehmen sparen sich die Steuer, indem sie die Grundstücke über kleine Gesellschaften laufen lassen und dann indirekt über die Anteile an den Gesellschaften handeln statt direkt mit den Immobilien. Das Finanzamt geht leer aus und das Grundbuchamt erfährt nichts. Damit zurück zum Registerchaos. Steht im Grundbuch nur eine Firma, soll ein anderes Register aushelfen: das Transparenzregister.

Das Transparenzregister wurde 2017 eingerichtet, um bei der Bekämpfung von Geldwäsche und Finanzkriminalität in

Deutschland vorwärts zu kommen. Während in Grundbüchern oder im Handelsregister die Eigentümer stehen, soll das Transparenzregister die wirtschaftlich Berechtigten von Firmen und Institutionen erfassen, sprich: Die Personen, die ganz am Ende der Kette hinter den Firmen stehen. Manchmal sind das die gleichen Personen, aber nicht immer. Etwa, wenn Oligarchen Villen und Firmen über verschachtelte Gesellschaften laufen lassen. Das Register ist eine gute Idee, um Licht ins Dunkle komplizierter Firmenstrukturen zu bringen. Briefkastenfirmen in Steueroasen sollen so besser ausfindig gemacht werden. Aber das Register ist leider löchriger als ein Schweizer Käse.

Ursprünglich sollten bis Ende 2021 alle Firmen ihre Informationen eintragen. Wegen einiger neuer Gesetze und Übergangsfristen wurde der Termin nach hinten verschoben. Das rächt sich jetzt und macht Ermittlern die Arbeit schwerer. Viele Unternehmen hätten ihre Eintragung bis Ende Juni 2022 vornehmen müssen, einige andere haben Zeit bis Ende des Jahres. Die *Tagesschau* hat beim Bundesverwaltungsamt, das das Register führt, nachgefragt. Von den 1,7 Millionen Firmen, die sich hätten registrieren müssen, hat das bis Ende Juni 2022 gerade einmal die Hälfte von ihnen getan. In fast 40.000 Fällen wurden Verwarnungen und Bußgelder in Höhe von gut 8,2 Millionen Euro verhängt. Unberücksichtigt sind dabei noch viele ungeprüfte Einträge. Wegen Personalmangel kommt das zuständige Bundesverwaltungsamt kaum hinterher, Einträge zu prüfen. Auch hier wird das Gesetz zum bloßen Papiertiger.

Außerdem ist die Schwelle, ab der man sich in das Register eintragen muss, viel zu hoch. Die liegt nämlich bei mindestens

25 Prozent Anteilseigentum. Ein leichtes für Geldwäscher, die Schwelle zu umgehen – braucht man lediglich vier windige Geschäftsfreunde, um gar nichts melden zu müssen. Außerdem ist das Transparenzregister nicht mit dem Handelsregister vernetzt. Ermittlungen werden durch das Registerchaos zur Sisyphos-Arbeit, bei der die Beamten letztlich doch im Dunkeln tappen, während die Kriminellen sich kaputtlachen. Um bei den Ermittlungen vorwärts zu kommen, ist man häufig auf Datenlecks angewiesen, wie etwa die *Panama Papers*, *Offshore Leaks*, *Bahamas Leaks* oder Pandora Papers eindrücklich zeigen. Auch für so manche Mieterin ist das löchrige Transparenzregister ein Grund zum Ärgern. Wenn die Wände schimmeln, aber der Vermieter unbekannt ist und die Hausverwaltung den Hörer nicht abnimmt, hat man ein ziemlich nerviges Problem ohne Lösung in Sicht.

All das zeigt: Dilettantische Behörden, verschleppte Digitalisierung und florierende Steueroasen sind ein sicherheitspolitisches Risiko.

Gesucht: Vermögensregister und Finanzpolizei

Die Frage liegt auf der Hand: Was also tun? Eigentlich allem voran das, was man schon längst gegen Geldwäsche und Finanzkriminalität hätte tun sollen, aber seit Jahren verschleppt hat. Viele Vermögen von Oligarchen dürften ohnehin mit illegalen Aktivitäten zusammenhängen. Und russische Oligarchen sind schließlich nicht die einzigen Kunden im deutschen Geldwäscheparadies. Die Überschneidungen zwischen Oligarchen- und Geldwäschevermögen dürften groß sein.

Dafür sollten die Register im Eiltempo fit für das 21. Jahrhundert gemacht werden. Die Schwelle zur Eintragung in das Transparenzregister muss runter, die Strafen für Nichteintragung müssen schmerzlich nach oben gesetzt werden und das zuständige Bundesverwaltungsamt mehr Personal bekommen, das die Einträge prüft. Dazu muss das Transparenzregister mit dem Handelsregister und einem zentralen Immobilienregister verknüpft werden, idealerweise länderübergreifend und europaweit. Noch besser für Finanztransparenz wäre der Aufbau eines Vermögensregisters, das auch Anleihen, Aktien, Kryptowährungen, Jets, Yachten und Luxusgüter beinhaltet. Denn solange große Vermögensarten anonym bleiben, können sich Kriminelle einfach verstecken. Die EU-Kommission hat solche Pläne offenbar in der Schublade und lässt seit Ende 2021 in einer 400.000 Euro teuren Machbarkeitsstudie untersuchen, wie ein Vermögensregister sich aus den bestehenden Registern in den EU-Ländern zusammensetzen ließe und funktionieren könnte. Entscheidend ist, dass die Eigentümerstruktur bis zum Ende der Kette offengelegt wird und nicht bei Firmen, die nur Briefkasten und Klingelschild umfassen, endet.

Informationen über Oligarchen und deren Vermögen sind das eine, sie dann auch aufzuspüren und hochzunehmen, das andere. Auch hier spielt Deutschland Kreisliga anstatt Champions League. Dabei dürfte man das von der viertgrößten Wirtschaftsnation der Welt erwarten. Deutschland braucht eine

Finanzpolizei, die für die dicken Fische zentral zuständig ist. Viele Politiker werden es nicht gerne hören, aber hier kann man sich eine Scheibe von den Italienern abschneiden. In Italien greift die Guardia di Finanza gegen organisierte Kriminalität, Steuerhinterziehung und Korruption durch. Mafiöse Netzwerke und Oligarchen stehen ganz oben auf der Liste. Zum Vergleich: Die Guardia di Finanza ist militärisch organisiert, verfügt über kriminalistisch geschultes Personal und hat insgesamt 60.000 Mitarbeiter. In Deutschland hat die für Geldwäsche zuständige »Financial Intelligence Unit«, wie die Zentralstelle für Finanzuntersuchungen genannt wird, gerade einmal 500 Mitarbeiter und ist als Arbeitgeberin unter Kriminalisten ziemlich unbeliebt.

Eine neue Finanzpolizei sollte dem Finanzministerium unterstellt sein, aus dem Zoll entstehen und Kompetenzen von Bundeskriminalamt und Steuerfahndung übernehmen. Das ist mittlerweile nahezu Konsens bei allen Parteien. SPD, Grüne und Linke haben es seit Jahren in ihren Wahlprogrammen. Zugegeben: Der Aufbau einer Finanzpolizei und eines Vermögensregisters sind Mammutprojekte aus der Kategorie Wunschdenken. Für die Durchsetzung von Sanktionen kämen sie ohnehin viel zu spät. Wir müssen daher kleiner denken. Das macht die Ampel nach Minimalkonsensprinzip auch. Für das zweite Sanktionsdurchsetzungsgesetz soll immerhin ein nationales Register für Vermögen eingerichtet werden, das aus unklarer Herkunft ist oder bereits sanktioniert wurde. Ein »Vermögensregister light« sozusagen. Dazu soll eine Hinweisgeberstelle geschaffen und ein eigenständiges Verwaltungsverfahren zur Aufklärung von Vermögen aus unklarer Herkunft eingeführt werden, wie es das

Bundesfinanzministerium schreibt.[25] Im Ansatz ist das sicher sinnvoll, aber auch hier drohen neue Papiertiger, die real nicht viel bewirken.

Um Druck auf Putin aufzubauen, müssen die Sanktionen schmerzhafter werden. Auch hier lohnt ein Blick auf die italienische Finanzpolizei, die viel rigoroser Vermögen beschlagnahmt, statt es nur einzufrieren. Mafiavermögen wird danach nicht selten versteigert und das Geld gesellschaftlichen Projekten zur Verfügung gestellt. Entscheidend ist: Oligarchen sollten in eingefrorenen Villen nicht weiter luxuriös residieren können. So wie sie nicht mehr an ihr Bankkonto kommen, sollten sie auch ihre Villenschlüssel abgeben müssen. Immobilien, bei denen die Eigentümer aus dem Grundbuch nicht die wirtschaftlich berechtigten Personen dahinter offenlegen, könnten zudem in kommunale Hand überführt werden. Schnellere Einziehung und härtere Sanktionen bei falschen oder unvollständigen Angaben erhöhen den Druck, Transparenzvorgaben zu erfüllen und erleichtern Ermittlern die Arbeit. Wie schon erwähnt sollte deshalb auch die neue Anzeigepflicht auf Notare, Makler, Händler und Banken ausgeweitet werden, die Verpflichtete des Geldwäschegesetzes sind und Geschäfte mit Oligarchen machen. Die vom Finanzministerium geplante Hinweisgeberstelle sollte das Anzeigeverfahren möglichst einfach gestalten. Unkompliziertes Meldeportal statt Faxe oder Briefe, bitte!

Ginge es nach dem prominenten Ökonomen Thomas Piketty, sollten noch deutlich mehr reiche Russen auf die Liste genommen werden. Er schlägt vor, systematisch alle einzubeziehen, die mehr als 10 Millionen US-Dollar an Vermögen haben und deren Vermögen im Westen nicht nur einzufrieren, sondern gar mit 10 oder 20 Prozent zu besteuern.[26] Damit würde die Sanktionsliste um rund 20.000 Personen verlängert und der finanzielle Druck erhöht. Ob das dazu führen würde, dass sich die Reichen und Mächtigen bei Putin Gehör verschaffen? Vermutlich eher als heute. Allerdings drohte dann auch eine Klagewelle in der EU. Und zwar eine, der Sanktionsrechtler gute Chance einräumen. Schon heute seien die Begründungen auf den Sanktionslisten dilettantisch. Einige der Oligarchen klagen dagegen, darunter Chelsea-Verkäufer Abramowitsch und Putins Lieblingsoligarch Usmanow, der Mann vom Tegernsee. Von den Krim-Sanktionen gegen Oligarchen mussten sogar schon einige aufgegeben werden. Rechtssicher wäre der Vorschlag von Piketty also nicht. Zwischen Piketty und Status Quo ist aber noch einiges an Luft. Es stehen ja alle aus der ersten Oligarchenliga auf der Liste. Letztlich sind Sanktionen gegen Oligarchen die Waffe aus dem Sanktionsarsenal mit den geringsten Kollateralschäden. Sie sollten verschärft und ausgeweitet werden.

Kapitel III

Die Kanonen der Zentralbanken

Wir müssen über Geld reden. Und wir müssen über Banken reden. Ja, sogar über Zentralbanken. Mit denen hat man in seinem Alltag nichts zu tun, aber sie spielen eine riesige Rolle – in Putins fürchterlichem Angriffskrieg auf die Ukraine und auch im Wirtschaftskrieg zwischen Russland und dem Westen. Den Wirtschaftskrieg kann man nicht verstehen, ohne das Geldsystem und die Rolle von Zentralbanken zu verstehen. Die öffentliche Debatte über Sanktionen und ihre Auswirkungen krankt genau daran.

Deshalb beginnt dieses Kapitel mit einem kurzen Abriss über Zentralbanken und ihre Funktionsweise. Zentralbanken kümmern sich ums Geld. Erstens sind sie sowas wie die Hausbank des Staates. Über sie tätigt ein Staat seine Ausgaben. Zweitens sind sie für die Geldpolitik verantwortlich. Heißt: Sie kümmern sich um den Zins. Das ist ein kleiner Hebel, mit dem sie für niedrige Inflation und Wachstum sorgen sollen. Drittens beaufsichtigen sie große Banken und sorgen dafür, dass die sich gegenseitig Geld überweisen können, also genug Liquidität im System ist und keine Finanzkrisen entstehen. Und in Ländern, die für ihre Währung einen bestimmten Wechselkurs zu anderen Währungen anstreben, kümmert sich die Zentralbank viertens auch um den Wechselkurs.

Die nächste Grafik zeigt ganz vereinfacht unser zweistufiges Geldsystem. Das kann ich uns nicht ersparen, da müssen wir kurz durch. Das Geldsystem ist folgendermaßen aufgebaut: Wir als Privatpersonen haben Konten bei Geschäftsbanken, also etwa bei der Sparkasse, der Volksbank, der GLS-Bank oder der

Deutschen Bank. Das ist die erste Stufe. Alle diese Guthaben auf den Bankkonten nennen sich Giralgeld. Giralgeld entsteht etwa, wenn eine Bank einen Kredit vergibt oder wenn der Staat Ausgaben tätigt. Die Geschäftsbanken wiederum führen ihr Konto bei der Zentralbank, genau wie die Regierung. Das ist Stufe zwei. Guthaben bei der Zentralbank nennen sich Reserven oder Zentralbankgeld. Sie entstehen, wenn die Zentralbank einen Kredit vergibt oder der Staat Ausgaben tätigt.

[Grafik 3] **Modernes Geldsystem** (vereinfacht)

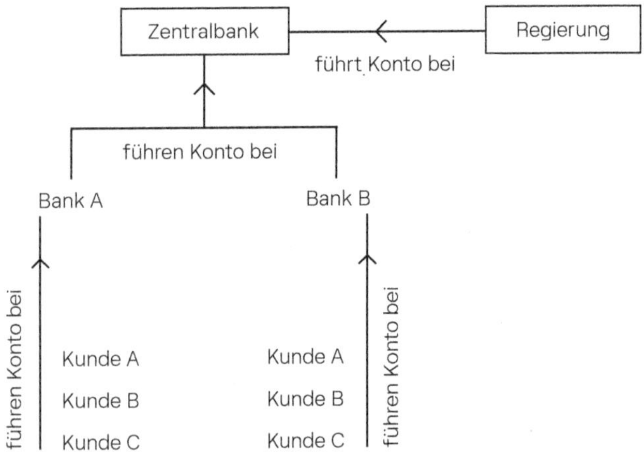

Die Bundesregierung zum Beispiel führt ihr Konto bei der Deutschen Bundesbank, die wiederum zur Europäischen Zentralbank (EZB) gehört. In der Eurozone ist leider alles etwas komplizierter, weil sich 19 Länder eine Währung teilen und alle zusätzlich zur EZB noch ihre eigene Zentralbank haben. In Russland ist das übersichtlicher: Putins Regierung führt ihr Konto bei Bank Rossii, der russischen Zentralbank. Wenn Putin neue Panzer einer Rüstungsfirma kauft, schreibt die Bank Rossii der Geschäftsbank der Rüstungsfirma Zentralbankgeld gut und zieht es dem Regierungskonto ab. Die Geschäftsbank wiederum schreibt der Panzerfirma in gleicher Höhe Giralgeld gut. Nach den Buchungen gibt es also mehr Rubel als vorher.

Die Bank Rossii ist die Schöpferin des Rubels. So wie im Gesellschaftsspiel Monopoly das Geld von der Monopoly-Bank kommt, kommt der Rubel von der Bank Rossii. Bei Monopoly gibt es nur Banknoten, bei der Bank Rossii geht das meiste digital. Man kann sich das ganze Geldsystem als viele große Exceltabellen vorstellen. Wenn Putin Panzer kauft, tippt die Bank Rossii beim Regierungskonto minus Betrag X und bei der Bank der Panzerfirma plus Betrag X ein. Wenn die Panzerfirma Steuern zahlt, ist es andersherum. Dann gibt es ein Plus auf dem Regierungskonto und ein Minus bei der Bank. Eigentlich ganz einfach. In der Praxis ist es noch etwas komplizierter, weil es verschiedene Kontoarten und Regeln gibt. Aber am Grundprinzip ändert sich nichts. Die Rubel, die Putin ausgibt, kommen ursprünglich alle von der Bank Rossii – und nirgendwoher sonst.

Und mit Rubel bezahlt Putin in Russland alles: seine Soldaten, seine Polizisten, seine Beamten, seine Panzer, den Treibstoff für die Panzer und so weiter. Da russische Staatsbürger auch ihre Steuern in Rubel entrichten müssen, akzeptieren sie den Rubel. Wenn Putin allerdings im Ausland Drohnen, Navigationsgeräte oder Halbleiter kauft, muss er mit anderen Währungen bezahlen, zum Beispiel US-Dollar, Euro oder Chinesischem Yuan. Die kann die Bank Rossii nicht einfach so per Knopfdruck erzeugen, das wäre Geldfälschung. Fremde Währung muss sich Russland leihen, kaufen oder verdienen. Als großer Exporteur von Öl, Gas, Kohle, Weizen und vielen Rohstoffen verdient Russland viele Dollar, Euro und Yuan. Viel mehr als eigentlich nötig, denn so viele andere Waren und Dienstleistungen kauft Russland gar nicht aus dem Ausland ein. Durch den großen Exportüberschuss hat Russland über die Jahre hohe Beträge der ausländischen Währungen angespart. Ein Teil davon liegt als Kontoguthaben bei der europäischen, der US-amerikanischen oder der chinesischen Zentralbank, findet sich also in deren Exceltabellen wieder, wenn man so will. Der größte Teil ist in Euro denominiert. Das meiste Geld liegt aber nicht in Form von Devisen vor, sondern ist in Staatsanleihen angelegt. Ende Januar 2022 lag der Wert der gesamten russischen Fremdwährungsersparnisse bei umgerechnet rund 469 Milliarden US-Dollar.[1] Obendrauf kamen Goldbestände in Höhe von rund 132 Milliarden US-Dollar.

Russische Zentralbank entwaffnet

Am 26. März 2022 rechneten alle damit, dass die EU-Kommissionspräsidentin von der Leyen bei der Pressekonferenz bekannt gäbe, russische Banken vom Kommunikationsnetzwerk SWIFT abzuklemmen – zumindest die Banken, die nicht das Öl- und Gasgeschäft abwickeln. In der Presse wurde der SWIFT-Ausschluss als finanzielle Atombombe diskutiert, zu dem es mit einigen Einschränkungen dann auch kam. Doch die Regierungschefs holten noch etwas ganz anderes aus dem Arsenal. Eine Waffe, die vorher kaum jemand auf dem Schirm hatte und die bislang so noch nicht eingesetzt wurde. Aggressiv in die Kamera blickend verkündete von der Leyen: »Wir werden Putin davor stoppen, seine Kriegskasse zu nutzen.« Rums! Die EU sanktionierte die russische Zentralbank und fror ihre Konten ein. Mit den internationalen Partnern war dieses Vorgehen abgestimmt, die USA und Großbritannien zogen mit.

Nach der Krim-Annexion hat Russland kontinuierlich versucht, Reserven, also Zentralbankguthaben, in Fremdwährung anzuhäufen. Im Januar 2015 lagen die Reserven noch bei 316 Milliarden US-Dollar in Anleihen und Fremdwährung sowie 50 Milliarden US-Dollar in Gold. Russland hat seine Reserven in den letzten fünf Jahren umgeschichtet, weg vom US-Dollar, hin zu mehr Yuan und mehr Euro. 2019 bestätigt die russische Zentralbankchefin die Strategie: »Wir betreiben – das verheimlichen wir keineswegs – eine De-Dollarisierung unseres Finanzsektors und Handels, um uns weniger angreifbar zu machen. [...] Wir wollen die Währungs- und Sanktionsrisiken aus der russischen Wirtschaft weitgehend vertreiben.«[2] Hat Putin den USA die Zentralbanksanktion also eher zugetraut als den Europäern? Plausibel wäre es, immerhin ist die EU deutlich abhängiger vom russischen Öl und Gas als die USA.

Die mühsam angesparte Kriegskasse, für die Russland vor allem viel Öl und Gas gefördert und geliefert hat, war mit der Sanktion verloren. Per Federstrich sozusagen. Stellt sich die Frage: Wofür braucht Russland überhaupt die ganzen Währungsreserven? Russland kann zwar theoretisch unendlich viele Rubel erzeugen, dafür aber nicht einen einzigen Euro, US-Dollar oder Yuan. Genau die braucht das Land aber, wenn Maschinen aus Deutschland oder Halbleiter aus China eingekauft werden sollen. Dafür sind die Reserven gut. Natürlich könnte Russland auch einfach neu geschöpfte Rubel gegen Euro oder Yuan tauschen. Das aber könnte den Rubelkurs schwächen. Gerade in Krisenzeiten ginge das der Zentralbank gegen den Strich. Denn wenn der Rubel ohnehin schon als unsicher und unbeliebt gilt, und viele Anleger am liebsten gestern Rubel gegen westliche Währungen tauschen möchten, helfen Währungsreserven, um den Rubel zu stützen und eine Abwärtsspirale des Rubelkurses zu vermeiden. Dafür verkauft die russische Zentralbank ihre Euros und US-Dollar am Devisenmarkt gegen Rubel. Mehr Nachfrage nach Rubel bedeutet mehr Angebot an Euro und US-Dollar. Das treibt den Rubelkurs. Schon in den Tagen vor der Sanktion mischte die russische Zentralbank kräftig mit am Währungsmarkt. Mit täglich rund einer Milliarde an Währungsreserven versuchte sie, den fallenden Rubelkurs aufzuhalten. Der hatte nach Putins Einmarsch circa 15 Prozent an Wert verloren. Anleger wollten raus aus der Krisenwährung. Der Druck auf die russische Zentralbank war groß. Deshalb dürften die Worte von der Leyens die russische Zentralbankchefin Nabiullina im ersten Moment überrascht und hart getroffen haben. Vielleicht auch ein Grund für ihr vermeintliches Rücktrittsgesuch bei Putin?

Wenn man sich die Währungsreserven vorstellt, denkt man vielleicht an Euro und US-Dollar, die wirklich in Russland liegen und dort als Schatz gehortet werden. Vielleicht gestapelt in Tresoren oder eben einfach auf den Konten russischer Banken.

Wie soll die EZB die so einfach einfrieren? Die Vorstellung, das Geld läge tatsächlich in Russland, ist falsch. Erinnern wir uns an das Schaubild des zweistufigen Geldsystems. Die russische Zentralbank führt über Korrespondenzbanken Konten bei den nationalen Zentralbanken der Eurozone, etwa bei der Deutschen Bundesbank oder der Banque de France. Die Euro-Reserven bestehen also aus Guthaben bei den Zentralbanken im Eurosystem oder vereinfacht als Guthaben bei der EZB. Ohnehin existieren alle Euro, die es gibt, als Guthaben im Eurosystem. Geldscheine nehmen wir einmal aus, die können die Eurozone verlassen. Guthaben aber nicht. Bei einer Überweisung wechseln die Guthaben zwar den Eigentümer, aber sie bleiben immer Guthaben im Eurosystem. Und Guthaben bei Banken sind aus Sicht eines Buchhalters Verbindlichkeiten der Bank gegenüber der Kontoinhaberin und andersherum Forderungen des Kontoinhabers gegen die Bank. Einfach gesagt: Versprechen und Ansprüche sind zwei Seiten einer Medaille, die mit Verträgen geregelt sind und als Zahlen in den Exceltabellen der Banken stehen. Diese Ansprüche gegen eine Bank können natürlich nirgendwo liegen oder aufbewahrt werden, wie man sich das bei Geldscheinen vorstellt. Wenn die EZB der russischen Zentralbank also die Währungsreserven einfriert, dann holt sie kein Geld aus dem Keller der russischen Zentralbank, dann konfisziert sie keine Kasse und auch keine Schatztruhe, sondern dann kündigt sie ihre Versprechen auf, dann entwertet sie die Ansprüche. Russland kann die Zahlen in der Exceltabelle noch sehen, aber die Zellen nicht mehr anklicken. Aus den Zahlen kann nichts mehr folgen, Russland kann das Geld nicht nutzen. Nicht anders verhält es sich mit US-Dollar-Reserven. Diese sind Guthaben im US-Bankensystem und Ansprüche gegen das amerikanische Bankensystem.

Das Einfrieren der Reserven ist der Bruch eines Versprechens. Ebenso wie der russische Einmarsch ein gebrochenes Versprechen ist, Grenzen zu akzeptieren und Frieden zu wahren. Im Ausmaß ist beides nicht zu vergleichen, keine Frage. Der furchtbare Angriffskrieg bringt Leid und Tod, das Einfrieren von Zentralbankreserven nicht. Beides aber wird Langzeitfolgen für die Weltwirtschaft haben. Der Welthandel baut darauf, Versprechen einzulösen und Ansprüche geltend machen zu können. Nichts anderes als das Vertrauen darauf, ist das Fundament einer internationalen Ordnung. Es kratzt auch am Status des US-Dollars als internationale Reservewährung, wenn Ansprüchen gegen das amerikanische Bankensystem nicht mehr bedingungslos entsprochen wird. Die Frage, in welcher Währung bezahlt wird, wird dadurch noch politischer. Währung und Souveränität hängen eng zusammen. Wer in fremder Währung agiert, sitzt im Zweifel am kürzeren Hebel und wer in eigener Währung handelt, behält die Oberhand. Denn dass Russland viele Euro-Guthaben und viele Anleihen von Euro-Ländern besitzt, wird jetzt zu Russlands Problem. Ökonomen haben das lange anders gesehen. Nicht die Herausgeber, sondern die Halter von Anleihen hätten die Zügel in der Hand, lernt man an der Uni.

Ökonomische Gruselgeschichten werden darüber erzählt, dass die Halter von Staatsanleihen sehr mächtig und selbst Staaten mit eigener souveräner Währung am Finanzmarkt vom Wohlwollen der Halter abhängig seien. China und die USA sind hier die klassischen Beispiele. China hat einen Exportüberschuss gegenüber den USA. Das führt dazu, dass China große US-Dollar-Guthaben besitzt und diese zu einem großen Teil in US-Staatsanleihen investiert. Warum? Weil Staatsanleihen in der Regel mehr Rendite bringen als Zentralbankguthaben. Wenn China also die US-Dollar-Devisen in US-Dollar-Anleihen tauscht, ist das wie Geld vom Giro- aufs Sparkonto zu überweisen, um Zinsen zu kassieren. Aus der Tatsache, dass China viele US-Anleihen besitzt, folgerten Ökonomen und auch mehrere US-Präsidenten, darunter auch Barack Obama, China finanziere die USA. Würde China keine US-Anleihen mehr, bringe dies die USA in finanzielle Probleme, so der Punkt. Das ist aber falsch. Alle US-Dollar werden ja in den USA erzeugt. China kommt nur an US-Dollar, wenn sie sich welche leihen oder vorher Güter an die USA verkauft haben. Und ob China die US-Dollar als Devisen oder Anleihen hält, spielt kaum eine Rolle. Wichtiger ist: Das einzige, was China mit den US-Dollar-Guthaben in der Realwirtschaft machen kann, ist, in den USA einzukaufen. Sprich: Die US-Dollar, die sie für ihre Exporte an die USA bekommen haben, können sie für Importe aus den USA wieder ausgeben. Was aber, rein hypothetisch, wenn die USA nicht liefern will? Was, wenn die USA die Konten der Chinesen einfriert, wie sie die Konten Russlands eingefroren haben? Die USA haben Güter aus China geliefert bekommen und längst verbraucht, für die Chinesen hart gearbeitet haben. Und China? China hat Bankguthaben im US-Bankensystem bekommen. Anders gesagt: China hat Ansprüche gesammelt. Ob sie dafür in Zukunft auch Güter aus den USA bekommen, entscheidet die USA. China spielt im Sandkasten der USA, nicht andersherum. Russland hat die Erfahrung jetzt gemacht. Russland hat geliefert und dafür Ansprüche gegen das europäische Bankensystem bekommen, die sie jetzt aber nicht nutzen können. Die Lehre: Wer gegen fremde Bankguthaben exportiert, geht ein Risiko ein. Wer gegen eigene Währung importiert, macht ein gutes Geschäft. Souverän ist, wer viel in eigener Währung machen kann und über die Regeln im eigenen Geldsystem bestimmt. Souverän ist der Herausgeber einer Währung, unsouverän ist der Nutzer einer Währung.

Nebenbei: Wenn von »Kapitalflucht« die Rede ist und mit »Kapital« Geld gemeint ist, dann kann das nie bedeuten, dass das Land, aus dem das Kapital »flieht«, danach weniger Geld hat. Die Bankguthaben bleiben bestehen, sie wechseln nur den Eigentümer. Wenn viele Anleger gleichzeitig den Rubel gegen Euro oder US-Dollar tauschen möchten, dann kann das den Preis beeinflussen, aber nicht die Menge. Der Wechselkurs kann sich verändern, aber nicht die Geldmenge. Einer von vielen weit verbreiteten Mythen.

Zurück aber zur russischen Zentralbank. Bevor von der Leyen ihre Pressekonferenz gab, verkündete die russische Regierung noch, sie garantiere den Banken und den Russen alle Geschäfte in Rubel und auch die Auszahlung von Fremdwährung. Was kein Problem mit mehreren hundert Milliarden Rubel und Devisen in der Kriegskasse war, wurde nach der Pressekonferenz von von der Leyen zum einem. Die Unsicherheit war groß, von langen Schlangen an den Geldautomaten, panischen Verkaufswellen am russischen Finanzmarkt und vorbörslichen Kursrutschen war zu lesen. Die Zentralbank-Sanktion hat den Rubel ins Mark getroffen und die russische Zentralbank entwaffnet. Die allerdings, wusste zu antworten.

Der Konter aus Moskau

Gleich am Montag darauf, zwei Tage nach von der Leyens Pressekonferenz, reagierte die russische Zentralbank. Die Moskauer Börse wurde ausgesetzt, während Nabiullina, die Chefin der russischen Zentralbank, mit Putin, Finanzminister Siluanow und dem Vorstandschef der großen Sberbank, Herman Gref, zum Krisengipfel verabredet war. Am Nachmittag gab sie eine Pressekonferenz, die sie so nie geben wollte. Sichtlich unter Strom und ohne Einleitung verkündete sie die Maßnahmen: der Leitzins werde um 10,5 Prozentpunkte auf 20 Prozent angehoben, Wertpapierhändlern werde verboten, russische Wertpapiere im Besitz von Ausländern zu verkaufen, ebenso würden Dividendenzahlungen und neue Kredite an Ausländer aus »unfreundlichen« Staaten eingeschränkt. Die wichtigste Maßnahme: Russischen Firmen wurde auferlegt, Deviseneinnahmen aus dem Exportgeschäft gegen Rubel zu verkaufen. Nur wenige Tage später wurden zudem Abhebungen von Euro und US-Dollar beschränkt. Alle Maßnahmen hatten ein vordergründiges Ziel: Den Rubel zu retten und den Kursverfall zu stoppen, indem der Rubel durch höhere Zinsen attraktiver und die Nachfrage nach ihm durch den Verkauf von Devisen künstlich befeuert wird. Gerade Letzteres erwies sich als kluger Schachzug.

Nabiullinas Rettungsanker sind die großen Energieexporte Russlands. Weil die EU und die USA zu dem Zeitpunkt noch Energie aus Russland kaufen, werden Tag für Tag Euro und US-Dollar an die Banken russischer Exporteure überwiesen, zum Beispiel an die Gazprombank. Weil Russland mehr Waren an das Ausland verkauft, als es aus dem Ausland einkauft, also einen Exportüberschuss erzielt, sammeln sich bei russischen Firmen neue Währungsreserven. Genauer: Die Banken der russischen Exporteure bekommen mehr neue Euro- und US-Dollar-Guthaben bei der EZB und der US-amerikanischen Zentralbank FED, als sie für den Import von Waren nach Russland abgeben müssen. Obwohl also die bestehenden Euro- und US-Dollar-Reserven der russischen Zentralbank eingefroren sind, besorgen die russischen Exporteure so neue Euro- und US-Dollar-Reserven und werden von der russischen Zentralbank eingespannt, diese strategisch einzusetzen. 80 Prozent ihrer eingenommenen Devisen müssen sie innerhalb von drei Tagen wieder am Devisenmarkt gegen Rubel verkaufen. Die Verordnung gilt sogar rückwirkend für alle Deviseneinnahmen ab dem 1. Januar 2022. Mit einfacher Angebot-Nachfrage-Logik erkennt man schnell die Wirkung. Mehr Nachfrage nach Rubel und mehr Angebot an Fremdwährung – das stützt den Rubelkurs und schwächt die Sanktion. Der Leiter der Investmentabteilung von Locko Invest, Dmitry Polevoy, schätzt, dass die russischen Exporteure den Rubel so mit Devisen in einer Größenordnung von umgerechnet rund 1,5 Milliarden US-Dollar pro Tag stützen könnten.[3] Zum Vergleich: Am Tag der Invasion setzte die russische Zentralbank Devisen in Höhe von rund einer Milliarde US-Dollar ein, um den Rubel zu stützen. Mit der Pflicht zum Devisentausch hat die russische Zentralbank ihre Aufgabe an die Exporteure ausgelagert. Die Strategie wird sich als erfolgreicher Schachzug erweisen.

Drei Wochen später legte Putin nach. In Deutschland wird in dieser Zeit heftig über das Gasembargo gestritten. Darüber also, ob wir noch Gas aus Russland kaufen sollten. Es ist der 23. März 2022, als Putin per Schalte aus seiner Regierungssitzung verkündete, dass Gas ab sofort nur noch gegen Rubel an den Westen verkauft werde. Bis dato wurden Gasimporte in Euro bezahlt. Auf Euro hat Putin aber keine Lust mehr. In der Schalte sagte er: »Es ist offensichtlich, dass es für uns keinen Sinn mehr macht, Gas an die EU oder die USA zu liefern und dafür mit US-Dollar oder Euro bezahlt zu werden.« Die westlichen Währungen seien durch die Sanktionen wertlos für Russland geworden, so Putin. Eine logische Konsequenz, allen voran wegen der Sanktionen gegen die russische Zentralbank. Gas solle aber weiterhin geliefert werden, stellte er damals noch klar: »Gleichzeitig will ich betonen, dass Russland seine Gaslieferungen zu den vertraglich vereinbarten Mengen, Preisen und Preismechanismen definitiv fortführen wird.«

Zu dem Zeitpunkt der Ankündigung ist noch nicht ganz klar, wie genau die Zahlungen künftig laufen sollen. Das vermeintliche Motiv war schnell ausgemacht: Putin will den Rubel stärken und den Westen herausfordern. Nach der Ankündigung wertete der Rubel im Tagesverlauf fast 10 Prozent auf. Wenige Tage vorher hatte er sein zwischenzeitliches Kurstief erreicht, Erholung war also bitter nötig. Doch der Rubelkurs war nicht Putins einziges Ziel. Bisher bezahlten deutsche Gasimporteure wie Uniper die Gaslieferungen von Gazprom in Euro. Uniper ist der größte deutsche Gashändler. Der Konzern gehörte früher zu E.ON, die wiederum zuvor als Ruhrgas firmierte. Die Gazprombank mit

Hauptsitz in Moskau nutzt für Zahlungsabwicklungen ihre Tochter: Die Gazprombank International S.A mit Sitz in Luxemburg und Konto bei der EZB. Erinnert sei an den Kapitelanfang. Euro fließen nicht nach Russland, wenn Uniper überweist, sondern die Russische Bank bekommt über eine Korrespondenzbank mit Konto bei der EZB-Guthaben im Eurosystem gutgeschrieben. Das EZB-Guthaben gehört dann nicht mehr der Bank von Uniper, sondern der Gazprombank. In den Verträgen von Uniper und Gazprom steht, dass in Euro bezahlt wird. Spekuliert wurde, ob sich das durch Putins Manöver ändern sollte. Sprich: Ob Uniper und andere europäische Gasimporteuere bald in Rubel bezahlen würden. Deutschland und die EU-Kommission wollten das unbedingt verhindern. Nicht nur wäre es ein Zeichen der Schwäche gewesen, auch hätte das den eigenen Sanktionen widersprochen. Mario Draghi, zu diesem Zeitpunkt noch Italiens Ministerpräsident und früher auch Präsident der EZB, sagte als Reaktion auf Putins Verkündung: »Aus meiner Sicht sollten wir Gas weiter in Euro bezahlen, denn in Rubel zu bezahlen, würde unsere Sanktionen unterlaufen. Deshalb denke ich, dass wir weiter in Euro bezahlen werden.«. Es folgte eine wochenlange Hängepartie. Am Ende gab es einen komplizierten Kompromiss, bei dem Uniper weiter in Euro zahlt, aber bei der Gazprombank ein Konto eröffnen muss. Genauer gesagt sogar zwei: eines in Euro, auf das eingezahlt wird und eines in Rubel, von dem aus Gazprom bezahlt wird. K-Konten heißt das in der Bankenwelt. Die Gazprombank tauscht die eingezahlten Euros dann im Namen Unipers an der Moskauer Börse gegen Rubel (wonach das Geld ganz kurz auf dem neuen Rubel-Konto von Uniper landet) und überweist die eingetauschten Rubel dann an Gazprom. Von Kompromiss kann eigentlich nicht die Rede sein, denn Putin wollte das genauso. Warum, klären wir gleich. Vorher spielen wir aber einmal durch, diesen komplizierten Kompromiss hätte es nicht gegeben und Putin hätte tatsächlich einfach gewollt, dass Uniper und Co. in Euro zahlen.

Rein in das Szenario: Wenn Gazprom nur noch Rubel akzeptiert, verlieren Verträge zwischen Gasimporteuren und Gazprom ihre Geschäftsgrundlage. Uniper und Co. sind gezwungen, sich Rubel zu besorgen, um Gazprom für die Gaslieferungen zu bezahlen. Dafür müssen sie jemanden finden, der ihnen am Devisenmarkt Rubel gegen ihre Euro verkauft. Das steigert die Nachfrage nach Rubel und stärkt den Rubelkurs. Bis zur Umstellung auf Rubel hatten die russischen Firmen ja ohnehin schon die Pflicht, mit 80 Prozent der Deviseneinnahmen aus dem Gasverkauf den Rubel zu stärken, mit dem Manöver wären es 100 Prozent geworden. Das Wechselkursrisiko wäre zudem an die Importeure wie Uniper ausgelagert. Dazu war der Rubel zu dem Zeitpunkt wegen der Kapitalverkehrskontrollen auf den internationalen Finanzmärkten ein knappes Gut. Vermutlich hätten gar nicht genug Rubel angeboten werden können, damit Uniper und Co. ausreichend davon bekommen, um das ganze Gas zu bezahlen. Will der Westen nicht auf Gas verzichten, treibt die Rubel-Knappheit den Kurs nach oben. Gas wird dann in Euro gerechnet deutlich teurer und verstärkt die Preisschübe bei den Energiepreisen in Europa und treibt damit das Preisniveau. Der Inflationsschmerz nimmt zu. In Russland ist es genau andersherum: die Aufwertung des Rubels macht Importe in Rubel gerechnet günstiger, das Problem der importierten Inflation nimmt ab. Bei Wechselkursen ist des einen Leid eben des anderen Freud. Außerdem führt ein im Wert steigender Rubel dazu, dass international wieder mehr Waren in Rubel angeboten werden. Für Exportfirmen auf aller Welt wird es dann nämlich lukrativer, Waren gegen Rubel zu verkaufen. Die russische Importfähigkeit steigt. Daher reibt sich die russische Zentralbank die Hände. Ihr spielt die Rubel-Knappheit auf dem Devisenmarkt in die Karten. Als Schöpferin des Rubels kann sie die Knappheit beseitigen. Damit der Gashandel reibungslos abgewickelt werden kann, könnte sie früher oder später selbst auf dem Devisenmarkt eingreifen und frisch geschöpfte Rubel gegen Euro anbieten. Weil die anderen das knappe Gas und den knappen Rubel brauchen, hätte die russische Zentralbank in dem Moment eine riesige Marktmacht, könnte den Kurs fast selbst bestimmen. Auch die Kapitalkontrollen lassen sich einfacher umsetzen, wenn Exporteure Rubel statt Euro und US-Dollar bekommen.

Zurück zu Putins Kalkül. Warum also diese komplizierte Abwicklung mit zwei Konten bei der Gazprombank? Auf den ersten Blick hat sich für Uniper und Co. nicht viel geändert: Sie bezahlen weiterhin in Euro und müssen sich vorher keine Rubel besorgen. Den Tausch erledigt die Gazprombank. Es ist ein anderes, aber entscheidendes Detail, was den Unterschied macht. Vorher galt die Zahlung für Gas als erfüllt, sobald etwa die Uniper-Euros bei der Gazprombank ankamen. Durch Putins Manöver gilt die Zahlung hingegen erst als erfüllt, wenn die Gazprombank die Uniper-Euros an der Moskauer Börse (genauer gesagt im National Clearing Center, das zur Moskauer Börse gehört) gegen Rubel getauscht und an Gazprom überwiesen hat. Dadurch wird die Moskauer Börse genauso unverzichtbar für das Gasgeschäft wie die Gazprombank und wird damit vor Sanktionen geschützt. Das Gasgeschäft ist Russlands größter Schutzwall vor Sanktionen, weil die EU nur schwer auf Gas verzichten kann. Die Moskauer Börse sitzt dadurch jetzt ebenfalls hinter dem Schutzwall.

Die Ampel-Regierung hatte kein Problem mit der Lösung und gab Gaseinkäufern wie Uniper und RWE Rückendeckung dafür, ein Konto bei der Gazprombank zu eröffnen. Auch Italien gab das Go für seinen Energieriesen Eni. In der EU aber wurde viel gestritten, ob ein Rubel-Konto bei der Gazprombank den Sanktionen widerspricht. Deutschland setzte in der EU die Auffassung durch, dass das kein Bruch der Sanktionen sei. Andere Länder wie Polen, Bulgarien, Dänemark, Finnland und die Niederlande aber weigerten sich trotzdem, Putins Spiel zu spielen. Ihre Gaseinkäufer eröffneten kein Konto und bekamen die Quittung postwendend: Putin drehte ihnen den Gashahn ab.

Comeback des Rubels

Ende April 2022 war der Krieg mittlerweile rund 9 Wochen alt. Wieder Pressekonferenz. Wieder war Nabiullina schwarz gekleidet und verzichtete auf ihr einstiges Markenzeichen: Die Brosche am Kragen, die ein Fingerzeig auf die Politik der Bank Rossii sein soll. Die vorherigen Pressekonferenzen dauerten nicht länger als zehn Minuten, wegen Corona waren die Journalisten nur online zugeschaltet gewesen, Fragen dabei nicht vorgesehen. Diesmal war es anders. Nabiullina schilderte die Lage der Wirtschaft und nahm sich eine Stunde Zeit für Fragen.

An diesem Tag bekam man für einen Rubel mehr Euro als noch zu Beginn des Krieges. Ganze 20 Prozent mehr. Nachdem der Rubelkurs bis Mitte März nur den freien Fall kannte und im Keller zu verschwinden drohte, winkte er Ende April 2022 von der Dachterrasse. Viele rieben sich die Augen und fragten: Wie kann das sein? Läuft die russische Wirtschaft wieder rund?

[Grafik 4] **Leistungsbilanz Russland** 2017–2022

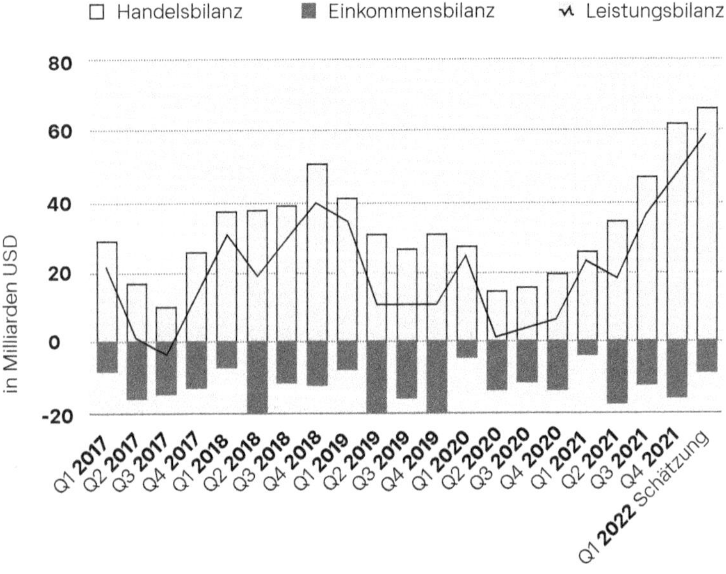

Nabuillinas Strategie zur Rubelrettung scheint aufgegangen zu sein. Mittlerweile konnte die russische Zentralbank die Zügel wieder etwas lockern. Exporteure haben seit Mitte April 2022 60 statt drei Tage Zeit, ihre Deviseneinnahmen in Rubel umzutauschen. Der Zins wurde schon Anfang desselben Monats wieder von 20 auf 17 Prozent gesenkt. Auf der Pressekonferenz verkündete Nabiullina, dass der Zins sogar auf 14 Prozent gesenkt würde. Gut geht es der russischen Wirtschaft allerdings nicht, wie sie im Verlauf der Pressekonferenz gestand. Im Gegenteil.

Grund für den Kursschub des Rubels war der große Exportüberschuss Russlands. Schon vor dem Krieg habe Russland deutlich mehr an das Ausland verkauft als es eingekauft habe. In den letzten Wochen sei der Überschuss noch größer geworden, erklärte die Zentralbankchefin. Im ersten Quartal 2022 wäre er 2,5-mal größer als im ersten Quartal 2021 gewesen. Für 2022 rechnete sie mit einem Rekordüberschuss im Wert von 145 Milliarden US-Dollar. Klingt erstmal gut, ist es aber nicht. Denn der Exportüberschuss liegt nicht daran, dass Russland mehr ins Ausland verkauft, sondern daran, dass die Preise für Öl und Gas durch die Decke gegangen sind. Russland verdient, aber verkauft nicht mehr. Außerdem liegt der Überschuss daran, dass die Importe drastisch gefallen sind. Nicht freiwillig oder weil Russland weniger braucht, sondern weil viele Exporte unter den Sanktionen verboten sind, etwa Navigationsgeräte und Computerchips. Obendrein haben sich viele westliche Firmen, die internationale Lieferketten haben, aus Russland zurückgezogen. Wenn Russland weniger im Ausland einkauft, lässt das zwar den Exportüberschuss steigen und stärkt den Rubelkurs, bedeutet aber reale Wohlstandsverluste für die russische Wirtschaft. Die läuft alles andere als rund!

Nabiullina ging es bei der Pressekonferenz darum, genau das deutlich zu machen. Vielleicht ist es ihre Art, den Krieg zu kritisieren. Dass sie ihn verachtet, konnte sie an dem Tag nur schwer verbergen. Formal muss sie das natürlich. Sie erklärte, dass ihr Ziel, den Rubelverfall zu stoppen zwar durch Gegenmaßnahmen erreicht worden sei, die Kosten aber gewaltig seien. Der starke Rubel bremse zwar etwas die Inflation, weil Importe in Rubel umgerechnet günstiger würden, könne aber nicht darüber hinwegtäuschen, dass Russlands Wirtschaft große Probleme habe, sagte Nabiullina. Die Probleme kämen vor allem von der Angebotsseite, das betonte Nabiullina mehrfach. Viele russische Lieferketten sind zusammengebrochen, durch Embargos, durch Handelsverbote oder durch die Abwanderung westlicher Firmen. Einiges kann recht kurzfristig durch andere Handelspartner, etwa China, Türkei oder Indien, ersetzt werden. Einige Lieferketten werden so gerettet, aber längst nicht alle. Es braucht den Aufbau neuer Firmen, neuer Wirtschaftszweige und massive inländische Investitionen. Die Investitionen aber stocken, weil erstens große Unsicherheit herrscht, zweitens der private Konsum lahmt – wiederum wegen der Unsicherheit und der Millionen Menschen, die Job und Einkommen verloren haben – und drittens Kredite teuer und Banken vorsichtig sind. Ohne Sicherheit und Aussicht auf eine gesunde Wirtschaft gibt es keine private Investitionsoffensive. Die Kreditnachfrage sei drastisch gesunken, berichtete Nabiullina. Keine Frage: Die Unsicherheit wird so lange bleiben, wie der Krieg läuft. Kredite wolle Nabiullina wieder günstiger machen. Die Zinssenkung auf 14 Prozent solle nicht die letzte bleiben. Das Ziel: Investitionen, Investitionen, Investitionen.

Auch die Inflation sei hoch. Viel höher als in Deutschland. Im April 2022 sei die Rate bei 17,6 Prozent gelegen, berichtete Nabiullina mit skeptischer Stimme. Angesichts der ganzen Sanktionen ist das tatsächlich aber noch im Rahmen, muss man sagen. Der starke Rubel hilft etwas gegen importierte Inflation, weil Importe in Rubel gerechnet dadurch günstiger sind. Trotzdem rechne die russische Zentralbank aufs Jahr gesehen mit 18 bis 21 Prozent Inflation, so die Chefin. 2023 solle es wieder ruhiger zugehen, von fünf bis sieben Prozent gehe sie aus. Alle Zahlen sind zu diesem Zeitpunkt allerdings Kaffeesatzleserei, weil die Unsicherheit und die wirtschaftlichen Probleme groß sind. Dramatischer noch als die hohe Inflation ist der enorme Wirtschaftseinbruch. Nabiullina wirkte fast genervt, als sie die Prognosen der Zentralbank zum Wirtschaftswachstum präsentierte. 2022 breche die Wirtschaft acht bis zehn Prozent ein, so die Berechnungen (Stand April 2022). Das ist so viel wie zweimal Corona-Krise bei uns. Eigentlich sogar noch schlimmer, weil anders als bei uns Firmen nicht einfach wieder aufmachen, sondern ganz neue Firmen ganz neue Produktion und Handelsverbindungen aufbauen müssen. Das ist weitaus komplexer, als coronabedingte geschlossene Restaurants und Diskotheken wieder aufzumachen. Kein Wunder, dass die russische Zentralbank erst ab Ende 2023 wieder leichte wirtschaftliche Erholung mit ein bisschen Wachstum prognostiziert.[4]

All das macht praktisch deutlich, was theoretisch oft falsch verstanden wird. Der Wechselkurs sagt nämlich wenig darüber aus, wie gut oder schlecht es wirtschaftlich läuft. Der Wechselkurs gibt letztlich nur an, wie viele Euro man bei der gegenwärtigen Lage von Angebot und Nachfrage für einen Rubel bekommt. Er definiert also die Kaufkraft einer einzelnen Währungseinheit, nicht die Kaufkraft aller Währungseinheiten. Damit ist also noch nichts über das reale Wohlstandsniveau gesagt. Um das steht es aber eher schlecht, wenn Russland weniger Güter und Dienstleistungen aus dem Ausland einkauft und zuhause weniger produziert. Ebenso gab Nabiullina auf Nachfrage in der Pressekonferenz zu, dass der Wechselkurs ohne Kapitalkontrollen womöglich anders aussähe. Kapitalkontrollen sind im ökonomischen Mainstream verhasst. Auch Nabiullina sind sie ein Dorn im Auge. So sehr sie die Kapitalkontrollen gerne beenden würde, so sehr sieht sie Notwendigkeit ein. Immerhin demonstriert ein starker Rubelkurs symbolische Stärke, in den russischen Medien wird ein starker Rubel mit starker Wirtschaft gleichgesetzt, auch wenn das trügerisch ist, wie der Blick auf die nackten Wirtschaftsdaten belegt. Es gibt aber eine Ausnahme: Der starke Rubel zeigt, dass ein Land im internationalen Handel dann souverän und stark ist, wenn es Energie, Rohstoffe und Weizen produziert, die der Rest der Welt haben will. Sprich: Wenn man das Land ist, auf das die anderen Länder angewiesen sind. Denn würde niemand Russlands Exporte brauchen, wäre der Rubel längst abgeschmiert wie Währungen in sogenannten Entwicklungsländern, die eben nicht Kornkammer und Energiequelle der Welt sind.

Einige Politiker haben die Wirksamkeit der Sanktionen häufig damit belegt, dass der Rubel stark gefallen ist. Gerade Bundeskanzler Scholz und Kommissionspräsidentin von der Leyen haben das gemacht, als die Rufe nach härteren Sanktionen wie etwa dem Gasembargo laut wurden. Die Kursentwicklung des Rubels im April 2022 hat die Argumentation als trügerisch entlarvt. Sie war aber ohnehin nie sonderlich sinnvoll. Die angebotsseitigen Probleme in der russischen Wirtschaft sind der viel bessere Anzeiger für die Wirksamkeit der Sanktionen. Der größte Schaden für Russlands Wirtschaft entsteht, wenn der Westen Russland nichts mehr verkauft und international möglichst viele Verbündete überzeugt, dies auch nicht mehr zu tun. International koordinierte Exportkontrollen sind deshalb ein scharfes Schwert, weil sie Russlands reale Angebotsprobleme verschlimmern.

Operation Rubelsturz gescheitert

Drei Monate später, am 22. Juli 2022, trat Nabiullina wieder vor die Presse, diesmal gekleidet in blauem Jackett auf grauer Bluse. Sie wirkte entspannt, antwortete den Journalisten ausführlich und lachte zwischendurch. Ökonomisch hatte sie dazu allen Grund. Denn die Lage in Russland hat sich seit April 2022 entspannt. Die Inflationsrate ist ein paar Prozentpunkte gefallen. Aufs Jahr gerechnet soll sie nur noch zwölf bis 15 Prozent betragen, nicht mehr 18 bis 23 Prozent. Grund dafür sei der starke Rubelkurs, so Nabiullina. Der Rubel steht im Vergleich zum Euro an jenem Tag fast 60 Prozent höher als vor Beginn des Krieges im Februar 2022. Weil russische Importeure für ihre Rubel mehr Euro bekommen, werden die Einfuhren günstiger und die Preise sinken. Auch gegenüber dem US-Dollar und dem chinesischen Yuan hat der Rubel massiv an Wert gewonnen. 2023 rechnet die russische Zentralbank sogar schon nur noch mit fünf bis sieben Prozent Inflation. Und auch die düsteren Prognosen zum Wirtschaftseinbruch haben sich aufgehellt. Statt acht bis zehn Prozent Einbruch rechnet die Zentralbank für 2022 nur noch mit vier bis sechs Prozent Rückgang. Das ist zwar immer noch erheblich hoch, aber deutlich weniger als noch im April 2022 befürchtet wurde. Denn das Exportgeschäft läuft durch die hohen Marktpreise für Öl, Gas und Kohle besser als gedacht, wenn auch weiterhin deutlich schlechter als im Vorjahr. Durch groß angelegte Subventionsprogramme für Firmen, die Importe aus den »unfreundlichen Staaten« mit eigener Produktion ersetzen, fallen die Investitionen nicht mehr so stark ab wie gedacht. Auch die Übernahmen von westlichen Firmen, die aus Russland abziehen und den eigentlich illegalen Parallelimporten, bei denen westliche Markenprodukte trotz Sanktionen über Drittländer nach Russland verkauft werden, tragen dazu bei. Im April 2022 rechnete die Zentralbank noch mit einem Rückgang der Wirtschaftsleistung von bis zu 35 Prozent, per Juli sollen es nur noch 22 Prozent sein. Das bremst den Wirtschaftsabschwung. Ebenso versucht die Zentralbankchefin die Russen zum Konsum zu bewegen, um die Wirtschaft zu beleben. Nabiullina weiß um die allgemeine Unsicherheit, die die Russen davon abhält, normal einzukaufen. Damit sie nicht mehr so viel auf die hohe Kante legen und das Geld stattdessen ausgeben, senkte Nabiullina den Zins auf mittlerweile acht Prozent. Das ist 1,5 Prozentpunkte unter dem Vorkriegsniveau. Da die Importe für Konsumprodukte wieder besser laufen als die Importe von Industriegütern, wie Nabiullina auf der Pressekonferenz sagte, sei sie zuversichtlich, dass steigender Konsum ohne zusätzlichen Preisdruck funktionieren könne. 2023 soll es noch weiter runtergehen mit dem Leitzins. Wachsen wird die russische Wirtschaft aber auch dann nicht, so die Prognose.

Nabiullina klang optimistisch, als sie bei der Pressekonferenz über die »strukturelle Transformation« der Wirtschaft sprach. Ein abstrakter Begriff dafür, dass Russland weniger Geschäfte mit dem Westen machen wird und sich neue Handelspartner suchen muss – wegen des Krieges. Das aber dürfte sie ja nicht sagen. Die Transformation funktioniere in manchen Branchen einfacher als in anderen, sagte Nabiullina. Das liege meist an der Logistik. Viele Firmen, die mit Europa Geschäfte gemacht haben, saßen im Westen Russlands. Noch offensichtlicher ist das bei Öl- und Gasfirmen, die über Pipelinenetze angebunden sind. Firmen, die eher Geschäfte auf dem asiatischen Markt gemacht haben, sitzen eher im Süden Russlands. Das Land ist einfach riesengroß. Waren nach China statt nach Polen zu liefern, ist deutlich aufwendiger und damit teurer. Russland steht vor ähnlichen Aufgaben wie ein Entwicklungsland. Wie gut es am Ende wirklich gelingt, neuen Handel aufzubauen und moderne westliche Produktion zu ersetzen, lässt sich heute noch nicht sagen. Auch spielt das Wirtschafts- und Finanzministerium Russlands hier eine weitaus größere Rolle als die Zentralbank. Die Hoffnung der europäischen Politik, die Sanktionen würden Russlands Wirtschaft so sehr aus der Bahn werfen, sodass

Putin an den Verhandlungstisch kommt, scheinen nicht aufzugehen. Dafür ist die Juli-Prognose 2022 der russischen Zentralbank schlicht zu hell.[5] Ob und inwiefern die Daten alle stimmen oder Teil der manipulativen Informationspolitik der russischen Regierung sind, ist schwierig zu beurteilen. Eine Studie der Universität Yale zieht ersteres in Zweifel. Seit der Invasion sei die Veröffentlichung von Daten selektiv geworden. Datenreihen, die ein zu schlechtes Licht auf Putins Wirtschaft werfen und Kennzahlen großer Firmen seien nicht mehr veröffentlicht worden. Gerade das Geschäft der Energieriesen werde so schön gerechnet, sagen die Autoren.[6] Vor allem die Arbeitslosenzahlen dürften betroffen sein. Laut offiziellen Zahlen ist die Arbeitslosenquote kaum gestiegen und soll bei niedrigen vier Prozent liegen. Dabei sind tausende westliche Firmen aus Russland abgezogen, teils riesige Konzerne mit großen Belegschaften, die entlassen wurden. Nicht, dass Arbeitslosenzahlen nicht überall auf der Welt schöngerechnet würden – auch in Deutschland werden regelmäßig bis zu einer Millionen Menschen aus der Statistik heraus definiert – aber die russischen Daten sollten mit einem gesunden Maß an Skepsis betrachtet werden.

So oder so: Der hohe Rubelkurs muss aus Sicht des Westens ernüchternd sein. Schon im Juni 2022 hatte die russische Regierung den Zwangsumtausch von Devisen für Exporteure abgeschafft. Der war nicht mehr nötig, um den Rubel zu stützen, weil die Exportüberschüsse explodierten und die neue Zahlungsabwicklung für Gasgeschäfte über die Gazprombank den Kurs künstlich stärkte. Im zweiten Jahresquartal nahm Russland umgerechnet rund 70 Milliarden US-Dollar mehr aus dem

Ausland ein, als es an das Ausland überwiesen hat. Zum Vergleich: Im Vorjahresquartal waren es gerade einmal 17,5 Milliarden US-Dollar. Aus deutscher Sicht zu diesem Zeitpunkt ist eines besonders bitter: Für Mai 2022 vermeldete das Statistikamt, dass Deutschland zwar 29 Prozent weniger Waren als im Vorjahresmonat aus Russland eingekauft hat, dafür aber 33 Prozent mehr an Euro überwiesen hat. Grund dafür sind die hohen Energiepreise. Die Operation Rubelsturz ist gescheitert, weil die Welt Russlands Energie braucht – auch Deutschland.

[Grafik 5] **Russland Leistungsbilanzüberschuss**

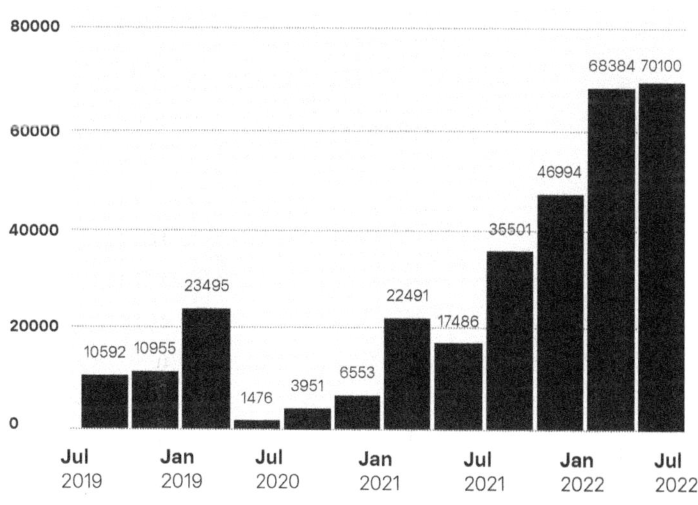

Die Frau, die den Rubel (vorläufig) rettete

Wer aber ist eigentlich die Frau am Steuer von Putins Zentralbank? Wer ist die Zentralbankerin, die Putin nicht gehen lassen wollte? Wer ist Elwira Nabiullina? Die Frau, die seit 2013 Chefin der Bank Rossii und heute 58 Jahre alt ist, hat eine beeindruckende Karriere hinter sich. Anders als die meisten Amtsträger an den Schaltstellen des Kremls stammt sie nicht aus dem Sankt Petersburger Putin Dunst und ebenso wenig aus Russlands Elite. Im Gegenteil. Nabiullina wuchs in armen Verhältnissen in der sowjetischen Industriestadt Ufa im Süden auf, weit weg vom Machtzentrum des Landes. Ihr Vater war LKW-Fahrer, ihre Mutter Fabrikarbeiterin, ihr Lebensstandard schmal. Das hielt Nabiullina aber nicht davon ab, zu einer Erfolgsbiografie zu werden. Sie ist strebsam, diszipliniert und opportunistisch. Als Musterschülerin mit Bestnoten ergatterte sie sich einen Studienplatz an der staatlichen Lomonossow-Universität in Moskau, 1.500 Kilometer weit weg von Zuhause. Auch hier glänzte sie mit Leistungen und begann 1986 ihre Promotion. Früh konfrontiert mit den Werken von Marx und Engels und während des Studiums eingetreten in die kommunistische Partei, studierte sie während der Promotion unter Professor Jewgeni Jasin. Jasin ist ein wirtschaftsliberaler Ökonom mit großem Einfluss auf Boris Jelzin, von 1994 bis 1997 sogar sein Wirtschaftsminister. Er wurde zu Nabiullinas Mentor und Förderer. Als sich die Möglichkeit auf eine schnelle Karriere bot, bracht sie Anfang der 1990er ihre

Doktorarbeit ab und trat die Nachfolge von Jasin als wissenschaftliche Leiterin des wichtigsten Unternehmerverbandes an, von wo aus sie 1994 mit Jasin ins Wirtschaftsministerium wechselte. 1997 wurde sie selbst stellvertretende Wirtschaftsministerin und Mitglied in der Kommission für Wirtschaftsreformen. In diesen Jahren ging es um den Übergang von der Plan- in die Marktwirtschaft. Was sie bei Marx und Engels gelesen hatte, spielte keine Rolle mehr. Jelzin versetzte der russischen Wirtschaft eine liberale Schocktherapie. 1998, als das Scheitern der Jelzin-Regierung längst absehbar war, wechselte sie für zwei Jahre in die Geschäftsführung der Sberbank, bevor es für sie 2000 zurück ins Ministerium ging – diesmal aber in die Regierung Putins. Anders als viele Jelzin-Funktionäre fand sie den Weg zurück ins Machtzentrum. Vor allem, weil Putins neuer Wirtschaftsminister Herman Gref sie schätzt und nicht zuletzt wegen ihrer liberalen Positionen. Kurz vorher war Nabiullina schon Vizepräsidentin seines Thinktanks Centre for Strategic Research, 2005 wurde sie sogar Präsidentin des Thinktanks, der sich für wirtschaftsliberale Reformen ausspricht. 2006 koordinierte sie für Gref Russlands ersten Vorsitz innerhalb der G8 und gewann Putins Wertschätzung. Der machte sie 2007 zur Wirtschaftsministerin, hievte sie 2012 als seine Beraterin für Wirtschaftsfragen in den Kreis seiner fünf persönlichen Berater – ein Ritterschlag – um sie 2013 überraschend zur Präsidentin der russischen Zentralbank zu machen.

Als solche setzte sie einige Duftmarken. 2014 führten die Krim-Sanktionen des Westens und ein dramatischer Fall des Ölpreises dazu, dass der Rubel massiv an Wert verlor. Damals verfolgte die Zentralbank noch die Strategie, den Rubel an einen Währungskorb aus US-Dollar und Euro zu binden und einzugreifen, wenn der Wechselkurs den festgelegten Kurskorridor verlässt. Im Englischen nennt man das einen *Managed Float*. Nabiullina setzte damals Währungsreserven von umgerechnet 75 Milliarden US-Dollar ein, um den Rubel vor dem Kursverfall zu retten, ehe sie die Strategie änderte und die Kursbindung offiziell aufgab. Ebenso räumte sie im Bankensektor auf, wickelte bis heute fast 500 Pleitebanken ab und bereitete eine russische Alternative zum westlichen Interbanken-Netzwerk SWIFT vor. Und natürlich, wie es sich für überzeugte wirtschaftsliberale und konservative Ökonomen gehört, hält sie den Zins für einen wirksamen Hebel zur Steuerung der Wirtschaft und Inflationsbekämpfung für die oberste Aufgabe der Zentralbank. Immer wieder hob sie den Zins mehrere Prozentpunkte an, um die Inflation in Schach zu halten – auch wenn die Wirtschaft deshalb in die Krise stürzte. Die hielt an der Strategie fest, koste es, was es wolle. Sie befürwortete Russlands jahrelange Austeritätspolitik, die teilweise noch schärfer war als die europäische, sowie klassische liberale Arbeitsmarktreformen, die auf Lohnsenkung und Abbau von Arbeitnehmerrechten beruhen. Ihr Team bei der Zentralbank hat sie mit Yale- und Havard-Absolventen verstärkt. Auch die vertreten wirtschaftsliberale Überzeugungen. Geprägt vom Jelzin-Chaos in den 1990ern ist sie aber im Zweifel Pragmatikerin statt Ideologin und weicht von ihrem Kurs ab. Bester Beleg dafür: Zu Beginn von Putins Invasion verhängte sie massive Kapitalkontrollen und intervenierte abermals mit Milliarden an Devisen, um den Rubelabsturz zu verhindern. Die wirtschaftsliberale Überzeugung teilt sie mit ihrem damaligen Mentor, Jewgeni Jasin. Jasin war übrigens bis 2021 akademischer Leiter der renommierten Moskauer Higher School of Economics. Deren Rektor wiederum ist Jaroslaw Kuzminow, Nabiullinas Fachkollege und Ehemann in Personalunion. Die beiden lernten sich während ihres Studiums in Moskau kennen. So schließen sich die Zirkel immer wieder.

Vor der Invasion wurde sie im Westen von Mainstream-Ökonomen und westlichen Wirtschaftsjournalisten für ihre Geldpolitik gefeiert. Die Zeitschrift *Euromoney* zeichnete Nabiullina 2015 zur Zentralbankerin des Jahres aus. 2017 wurde sie von der britischen Zeitschrift *The Banker* zur besten Zentralbankerin Europas gewählt. Und 2019 schaffte sie es auf Platz 53 der Liste der einflussreichsten Frauen der Welt des *Forbes*-Magazins. All das, während Russlands Annexion der Krim längst geschehen war und russische Regierungspolitiker pauschal einen schlechten Ruf in Europa genossen.

Dass sie vom Krieg nichts hält, kann Nabiullina nicht verstecken. Daher auch ihr vermeintliches Rücktrittsgesuch, das Putin ablehnte, sowie das Ende ihres symbolischen Markenzeichens, auf Pressekonferenzen eine Brosche am Kragen zu tragen, die ihre geldpolitische Botschaft unterstreichen soll. Die schwarze Kleidung und ihr aschfahles Gesicht bei der ersten Pressekonferenz nach Putins Invasion lassen tief blicken. Als Technokratin und Staatsdienerin scheint sie aber ein Pflichtgefühl zu haben, das Beste aus der Situation zu machen. Das forderte sie auch von ihren Mitarbeitern, als sie Anfang März 2022 eine interne Videobotschaft mit der Botschaft verschickte, politische Diskussionen bei der Arbeit, aber auch zu Hause zu unterlassen. Die würden bloß Kräfte verbrennen, die für das eigentliche Ziel der Zentralbank nötig seien, nämlich dass »Menschen und Unternehmen diese Periode mit so wenig Verlusten wie möglich durchstehen«. Ein Appell an das Pflichtbewusstsein, bei dem klar wird, dass sie eigentlich ein Fremdkörper im System Putin ist. Obwohl sie zurückhaltend wirkt, gar eine leise Stimme und zierliche Figur hat, gilt sie als meinungsstarke Führungsfigur und nicht als Duckmäuserin. Sie ist anders als der russische Standardbeamte, der gesichtslos dem autokratischen Putin-System zuarbeitet. Und sie ist gewiss verschieden von der russischen Machtelite, zu der sie qua Funktion eigentlich selbst gehört. Die Elite samt Putin neigt zu Korruption und Prunksucht: Yachten, Jets, Villen – größer, goldener, prächtiger. Nabiullina nicht. Sie gilt als unempfänglich für derartige Statussymbole. Trotzdem trägt auch sie als saubere Technokratin Verantwortung für Putins Invasion. Und Schuld. Sie finanziert und verlängert sie. Sie hat sich zur Handlangerin eines Kriegstreibers gemacht – ebenso wie alle anderen Regierungsmitglieder und die schon erwähnten Oligarchen. Was dabei überrascht: Als mächtigste Bankerin Russlands steht sie Ende August nicht auf der EU-Sanktionsliste.

Die nukleare Option

Während Nabiullina wohl mit dem Manöver gegen die russischen Währungsreserven nicht gerechnet hatte, war sie auf das, was viele Politiker als »Atombombe« des Finanzsystems bezeichneten, vorbereitet. Gemeint ist der Ausschluss russischer Banken aus dem Kommunikationssystem SWIFT. Auch wenn sich am Ende herausstellt, dass SWIFT vielleicht eine Bombe, aber lange keine Atombombe ist, sollten wir uns die Sanktion genauer ansehen.

SWIFT steht für *Society for Worldwide Interbank Financial Telecommunication* und ist so etwas wie das Whatsapp der Banken. Über 11.000 Finanzinstitute aus der ganzen Welt sind daran angeschlossen und versenden täglich Millionen von Nachrichten, um Überweisungen ins Ausland zu tätigen. Überweisungen werden nicht darüber abgewickelt, dafür aber alle Informationen ausgetauscht, die es dafür braucht. SWIFT ist ein Kommunikationssystem, kein Zahlungssystem. Beides hängt aber eng miteinander zusammen. Jede Bank hat ihre eigene Nummer, den BIC-Code. Betrieben wird SWIFT von einer belgischen Genossenschaft in La Hulpe, nicht weit vom Brüsseler Zentrum in Belgien entfernt. Die großen Banken der Welt sitzen in ihrem Vorstand, die Zentralbanken der G10, der 10 größten Industrienationen, darunter auch Deutschland, und überwachen das Netzwerk in gemeinsamer Kooperation.

Schließt man eine Bank aus SWIFT aus, ist das so, als verlöre sie den Zugang zu ihrem Whatsapp-Account und damit zu den Informationen, die sie braucht, um Geld an andere Banken zu überweisen. Wenn Firmen nicht mehr in der Lage sind, Rechnungen an das Ausland zu bezahlen, stört das die Geschäfte und kapselt den Ausgeschlossenen vom Weltmarkt ab. Wie bei Whatsapp ist es für die Banken bequem und günstig, SWIFT zu nutzen, weil so viele andere es auch tun. Allerdings ist Whatsapp wie SWIFT nicht die einzige Möglichkeit, Nachrichten auszutauschen. Banken, die aus SWIFT geworfen werden, können sich die Zahlungsinformationen auch per Brieftaube, Fax oder E-Mail zukommen lassen. Das ist allerdings nicht so sicher und dauert länger. Deshalb ist es für die Banken teurer und taugt kaum für den Zahlungsverkehr. Daher haben etwa Russland und China eigene Systeme aufgebaut, quasi ein Telegram und ein Wechat für Banken. Das russische Äquivalent heißt SPFS, das chinesische CIPS. Beide wurden erst in den letzten Jahren entwickelt.

Der SWIFT-Ausschluss russischer Banken lag schon nach der Annexion der Krim 2014 auf dem Tisch, wurde aber nicht verwirklicht. Das war mit Putins Invasion im Februar 2022 anders. Gleich wenige Tage danach entschied die EU mit Großbritannien, den USA, Kanada und Japan den Rauswurf. Gestritten wurde allerdings darüber, ob alle russischen Banken gleichermaßen ausgeschlossen werden sollten. Olaf Scholz machte sich in den Verhandlungen dafür stark, die größte russische Bank, die Sberbank, und die Gazprombank ebenso auszunehmen wie die im Ausland ansässigen Tochterfirmen russischer Banken. Damit setzte er sich vorerst auch durch. Der Hintergrund: Die Sberbank und die Gazprombank sind für die Bezahlung von Energielieferungen wichtig. Aus der Sorge davor, dass Russland kein Öl und Gas mehr liefern würde, konnten die Banken weiter im SWIFT-System operieren. Der Ausschluss russischer Tochterbanken wiederum hätte deren Geschäft innerhalb der EU geschädigt, was vermieden werden sollte. Das Recherchezentrum *Correctiv* zitiert eine interne Weisung der Bundesregierung an die deutschen Vertreter im

EU-Rat, wonach das deutsche Verhandlungsziel »Kein Deswifting der außerrussischen Tochterunternehmen« lautete.[7] Betroffen vom sogenannten *Deswifting* waren also vorerst die zweitgrößte Bank Russlands, VTB, die Bank Otkritie, die Novikombank, die Staatsbank Promsvyazbank, die Bank Rossiya, die Sovcombank, sowie die Staatsbank VEB. Erst zwei Monate später kam die Sberbank hinzu. EU-Kommissionspräsidentin von der Leyen sagte dazu: »Hierdurch wird die vollständige Isolierung des russischen Finanzsektors vom globalen System zementiert.« Das besondere an der SWIFT-Sanktion ist, dass sie weltweite Auswirkungen hat, dass also auch der Handel zwischen Russland und Ländern, die sich nicht an den Sanktionen beteiligen, gestört wird – etwa der Handel zwischen einer russischen und einer indischen Firma. Das Deswifting war der Einstieg in die sogenannten Sekundär-Sanktionen, die Akteure aus Drittländern betreffen. Erfahrungen damit hat man bereits bei Sanktionen gegen Iran, Nordkorea oder Afghanistan gemacht. SWIFT ist deshalb auch von den Finanzsanktionen zu unterscheiden, die etwa europäischen Banken den Handel mit russischen Aktien oder Staatsanleihen verbieten. Der SWIFT-Ausschluss ist allerdings ein zweischneidiges Schwert. Denn der Ausschluss legte das Korrespondenzbankgeschäft lahm, deutsche Firmen konnten nicht mehr für ihre Exporte nach Russland bezahlt werden und deutsche Banken ihre Kredite von russischen Banken nicht mehr zurückbezahlt bekommen.

Allerdings finden russische Firmen mittlerweile immer mehr Wege, um die SWIFT-Sanktionen zu umgehen. Wie viele Firmen welche Umwege nutzen und zu welchen Kosten, ist nicht bekannt. Die meisten Umgehungen sind aber offensichtlich.

Erstens über die genannten SWIFT-Alternativen. Russische Banken sind alle im russischen System angeschlossen und kommunizieren darüber für Inlandszahlungen. Dasselbe gilt für Banken aus Kasachstan, Kirgistan, Weißrussland und Armenien. Der Handel zwischen Russland und China läuft größtenteils über das chinesische CIPS-System. Russlands zweitgrößte Bank, VTB, ist dort bereits Mitglied. Zweitens werden Zahlungen über Dritte gelenkt, die sowohl mit Russland Geschäfte machen als auch Zugang zu SWIFT haben. Ganz ähnlich wie die Parallelimporte gibt es also auch Parallelzahlungen, wenn man es so nennen will. Das ist kompliziert und erfordert Vertrauen, weil sich beide Seiten des Geschäfts auf einen geeigneten Dritten für die Abwicklung einigen müssen. Außerdem ist es teuer. Die dritte Partei hat nämlich eine gute Verhandlungsposition und kann mächtig Gebühren verlangen. Eingeschränkt wird dieses Geschäft allerdings über Sekundär-Sanktionen. Aus dem Deswifting von Iran ist bekannt, dass vor allem die USA solchen Geschäftsmodellen zur Ausnutzung von Sanktionslücken auf der Spur sind und Dritte bestrafen. Die französische Großbank BNP Paribas etwa musste rund neun Milliarden US-Dollar Strafe an die USA zahlen, u.a. weil sie Geschäfte mit Iran machte. Die Summe war damals größer als der Jahresgewinn der Universalbank. BNP zahlte trotzdem, um Schlimmeres zu vermeiden. Die USA drohten gar mit Entzug der Banklizenz in den Vereinigten Staaten. Bei internationalen Banken und Firmen lösen die neun Milliarden US-Dollar noch heute kalte Schauer aus. Dennoch gibt es eine große »Enabler-Industrie«, die sowohl Handelszahlungen abwickelt als auch russischen Oligarchen beim Geldverstecken hilft. Damit sind Anwälte, Steuerberater, Wirtschaftsprüfer und Vermögensverwalter gemeint, die sich eine goldene Nase verdienen, indem sie dabei helfen, schmutzige Vermögen zu überweisen und zu verstecken. Regelmäßig enthüllen Leaks wie jüngst die *Pandora Papers* das zugrundeliegende Geschäftsmodell. Die Renner unter den Umgehungspraktiken sind Treuhandkonten, die auf die Namen der Anwälte laufen und sanktionierten Oligarchen wie Firmen Überweisungen ermöglichen. Wem welche Gelder hinter den Treuhandkonten gehören, wird erfolgreich verschleiert. Wer solche Dienste anbietet, nimmt viel Geld dafür. So wirklich lohnt sich das also erst ab beachtlichen Summen, die versteckt oder bewegt werden sollen. Auch Kryptowährungen dienen als Umweg. Die aber unterliegen starken Schwankungen, was den Handel erschwert. Außerdem ist der Markt längst nicht groß genug, um das riesige russische Handelsvolumen, das aus SWIFT herausfällt, zu kompensieren. Kryptos sind also nur eine Nischenlösung. Außerdem können Firmen zu Banken wechseln, die bisher nicht von SWIFT ausgenommen sind, etwa zur Gazprombank. Oder sie nutzen die rund sieben Tochtergesellschafter der russischen Banken, die anders als ihre Mütter weiterhin Teil von SWIFT sind, etwa die VTB Bank SE mit Sitz in Frankfurt. Über diese könnten zum Beispiel Zahlungen an chinesische Banken abgewickelt werden, die dann wiederum über die chinesische SWIFT-Alternative CIPS die Überweisung an die Mutterbank in Russland weiterleiten. Allerdings fürchten auch chinesische Banken Sekundär-Sanktionen aus den USA. Kein Wunder, denn das Handelsvolumen zwischen China und den USA ist mit rund 650 Milliarden US-Dollar vier- bis fünfmal größer als das zwischen

China und Russland. Und zu guter Letzt bleibt noch die trivialste aller Lösungen: Zahlungsanweisungen per Fax, E-Mail und Post. Für besonders große Transaktionen mag das noch taugen, für die Abertausenden an Transaktionen, die Banken täglich abzuwickeln haben, ist das aber keine praktikable Lösung.

Die gezeigten Umgehungswege bedeuten aber lange nicht, dass die SWIFT-Sanktion unwirksam ist. Selbst wenn sie am Ende nicht alle Transaktionen stoppen und von der Leyens »vollständige Isolierung des russischen Finanzsektors vom globalen System« zwei Regale zu hoch gegriffen ist, macht die Sanktion Geschäfte mit Russland teurer, riskanter und aufwendiger.

Übrigens: Selbst Banken, die nicht direkt von den Finanz-Sanktionen betroffen sind, haben einen schweren Stand. Auch das konnte man schon von den Sanktionen gegen Iran lernen. Sobald der Westen sanktioniert, werden Geschäfte unsicher. Unsicherheit ist Gift für Firmen, Investoren und Konsumenten. Die ziehen sich schnell zurück. Bestes Beispiel ist die große Sberbank, die zu Beginn nicht auf der Sanktionsliste stand und erst im Mai 2022 aus SWIFT geworfen wurde. Gleich nach der Invasion bekam deren europäische Tochter massive Probleme, musste letztlich sogar ihr Geschäft einstellen, weil Kunden ihre Einlagen scharenweise abzogen. Zwischenzeitlich verhängte die österreichische Finanzmarktaufsicht ein mehrtägiges Moratorium gegen die Bank, um ihre Gelder einzufrieren und einen Bankansturm zu vermeiden. Die europäische Einlagensicherung war vorsorglich schon eingesprungen und hatte rund eine Milliarde Euro an Kunden in Europa ausgezahlt, die ihre Gelder abziehen wollten. Am Ende konnte eine Insolvenz vermieden werden, die Bank soll bis Jahresende

2022 ordentlich abgewickelt werden. Das ist nur ein Beleg dafür, dass Finanzsanktionen trotz einiger Löcher wirken, wenn auch nicht so stark, wie von europäischen Politikern behauptet und gehofft. Unterm Strich steht: Die SWIFT-Bombe und das Einfrieren der Währungsreserven der russischen Zentralbank haben Putin dazu gebracht, mit Atomstreitkräften zu drohen, ihn aber nicht an den Verhandlungstisch gedrängt. Zumindest noch nicht. Bis dahin schaden sie allerdings auch der europäischen Wirtschaft.

Kapitel IV
Gas, Geld und Gewissen

»Es sterben Menschen durch russische Waffen, die mit unseren fossilen Importen bezahlt werden« – ein Satz von Luisa Neubauer, der ins Mark trifft. »Wir finden es unerträglich, diesen Krieg jeden Tag weiter mitzufinanzieren«, steht in einem offenen Brief an Scholz, Habeck und Lindner, den Neubauer Anfang März 2022 mit vielen Prominenten unterzeichnet hat. Darunter sind Youtuber Rezo, Publizistin Marina Weisband, Formel-1-Fahrer Sebastian Vettel, Entertainer Joko Winterscheidt, Aktivist Raul Krauthausen, Schauspieler Hannes Jaenicke, Pianist Igor Levit, Greenpeace-Chef Martin Kaiser, Komikerin Cordula Stratmann und viele mehr. »Wir stehen vor einer Gewissensfrage«, heißt es in dem Brief. »Erlassen Sie gemeinsam mit den anderen EU-Staaten einen Importstopp für Öl, Gas und Kohle, [...]. Drehen Sie der russischen Führung den Geldhahn zu!« Am gleichen Tag, an dem der Brief veröffentlicht wurde, saß Ex-Bundespräsident Joachim Gauck im ARD-Talk bei Sandra Maischberger und forderte auch ein Embargo. »Wir können auch einmal frieren für die Freiheit«, antwortete er fast patzig auf Maischbergers Frage nach den Konsequenzen eines Embargos.

Das war der Startschuss für eine monatelange Debatte, in der eine hochkomplexe ökonomische Frage zu einer unterkomplexen moralischen Frage gemacht wurde. Als bräuchte es nur die richtige Haltung und etwas mehr Opferbereitschaft im eigenen Wohnzimmer, um Putins Panzer zu stoppen. Schön wär's. So einfach das fast romantisierte Bild der großen Opferbereitschaft aber ist, so falsch ist es. Immerhin: Es entlastet. Es entlastet von dem Gefühl der Trauer und Hilflosigkeit, die einen ergreift, wenn tagtäglich neue Schreckensmeldungen aus der Ukraine als Push-Up-Meldung auf dem Smartphone-Bildschirm aufpoppen. Aus der Embargofrage eine Frage der Haltung zu machen, hilft jedoch nicht weiter, weil sie zwangsläufig ungenügend ist. Sie interessiert sich nicht für Kosten, Nutzen und Alternativen. Genau das aber muss Politik leisten. Eine komplexe Entscheidung zur Haltungsfrage zu machen, ist sogar unpolitisch und verrät im Grunde nichts über wirkliche Moral oder Haltung. Denn die ganz große Mehrheit der Deutschen hat eine klare Haltung gegenüber Putins Invasion: Sie verurteilt die Invasion, sie trauert um die Toten und Verletzten und sie hat Angst, dass Putins Krieg sich über noch mehr Grenzen ausbreitet. Das gilt auch für die Köpfe der Ampel-Regierung. Und trotzdem: Habeck, Scholz und Lindner lehnten Anfang März 2022 noch jede Form eines Energie-Embargos ab, egal ob Kohle, Öl oder Gas. Dagegen waren sie aber gewiss nicht aus moralischen Gründen, sondern weil die Kosten für Deutschland hoch und der Einfluss auf Putins Krieg gering wären. Und weil andere Sanktionen besser sind.

Das war auch die Position, die ich in der Debattenshow »13 Fragen« bei *ZDF Neo* vertreten habe. Die Leitfrage der Sendung stand sinnbildlich für die Embargo-Debatte: »Soll unsere Solidarität mit der Ukraine bedingungslos sein?« Die Diskutanten mussten sich zu Beginn der Sendung auf farbigen Feldern positionieren. Das grüne Feld stand für Zustimmung, das gelbe für Ablehnung. Interpretiert man die Frage so, dass sie eine idealistische Haltung abfragt – wie es in der öffentlichen Debatte permanent passiert – hätte ich zugestimmt. Politisch und ökonomisch kann man aber dem Wort »bedingungslos« nicht zustimmen. Denn für ein Embargo bedeutete dies, dass nicht abgewogen wird, was ein Embargo Deutschland kostet, wie viel es Putin schadet, was es der Ukraine tatsächlich nützt und was mögliche Alternativen wären. Bedingungslos hieße, man nähme alle Kosten in Kauf, auch wenn der Nutzen in keinem Verhältnis stünde. Und schon gar nicht würde es bedeuten, dass man auch mal zwei Ecken weiterdenkt. Es wird dann eben nicht diskutiert, ob eine durch Gasmangel ausgelöste Wirtschaftskrise in Deutschland nicht andere Sanktionen oder andere Hilfen für die Ukraine einschränkt. Fragen über Fragen, die da aufkommen. Prämissen, die geprüft, Unbekannte, die beleuchtet und Erkenntnisse, die abgewogen werden wollen. Politik kann es sich nicht leisten, nicht abzuwägen. Haltung statt Analyse kann sich nur leisten, wer nichts zu entscheiden hat. Haltung statt Analyse taugt für Schlagzeilen, Twitter und den Stammtisch, für mehr aber nicht.

Appelle an die Haltung kommen zudem häufig von jenen, die die Konsequenzen der Entscheidung nicht zu tragen haben. Bestes Beispiel ist Joachim Gauck. Als ehemaliger Bundespräsident mit rund 240.000 Euro Ehrensold pro Jahr, plus reichlich Geld für 197 Quadratmeter Büros, Reisen und Mitarbeiter kommt einem der abgehobene Appell »Frieren für die Freiheit« leicht über die Lippen. Nicht jeder aber kann seine Rechnungen im Präsidialamt einreichen und ein Leben ohne Geldsorgen führen. Wer arm ist, dem mangelt es an einigem, aber sicher nicht an Verzichtsappellen von altgedienten Bundespräsidenten. Denn Verzicht ist da längst Alltag – nicht wegen der Moral, sondern, damit das Geld bis zum Monatsende reicht. Im reichen Deutschland lebten im Jahr 2021 14 Millionen Menschen in Armut. Vierzehn. Die Corona-Pandemie hat die Armut in Deutschland grassieren lassen, die Putin-Inflation wird die Lage noch verschlimmern. Zwischen Haltung und Abgehobenheit passte im Falle Gauck kein Blatt Papier.

Genug zur vergifteten Debattenkultur. Sie soll auch nicht darüber hinwegtäuschen, dass die Frage nach einem Embargo ökonomisch hochspannend ist. Sie verrät viel über das deutsche Wirtschaftsmodell, das Geldsystem, das Versagen früherer Wirtschaftspolitiken und auch über sonst eher unbeliebte Verteilungsfragen. Und sie schubst Politiker wie Habeck und Lindner von ihren alteingetretenen, parteiideologisch gefärbten Denkpfaden. Etwa, wenn Habeck bei Markus Lanz ausführlich erklärt, dass Putin den Krieg ohne deutsche Gas-Euros finanziert. Oder wenn Lindner erklärt, aus welchen sonst doch ach so klammen Kassen auf einmal 100 Milliarden Euro für die Bundeswehr, 30 Milliarden Euro für Entlastungen und zig Milliarden Euro für die Beschaffung von Flüssiggas gezaubert werden.

Und natürlich ist Energie längst das Epizentrum des Wirtschaftskrieges geworden. Zu Beginn waren es eher die Sanktionen gegen Oligarchen, Devisen und Banken. Mittlerweile geht es vor allem um Öl, Gas und Kohle. Anfang April 2022 beschloss die EU, russische Kohle zu boykottieren. Das war der erste fossile Energieträger, der sanktioniert wurde. Lieferungen aus alten Verträgen durften die Firmen aber noch bis Anfang August des Jahres einführen, damit Industrie und Importeure sich umstellen können und ein Lieferengpass vermieden wird. Der hätte nämlich unter anderem die deutsche Stromversorgung gefährdet.

Die 120-tägige Übergangsfrist hat genügt, um Engpässe zu vermeiden. Und das obwohl vorher die Hälfte aller deutschen Steinkohleimporte aus Russland kam. Kohle gibt es auf dem Weltmarkt genug. Sie zu verschiffen ist nicht kompliziert, deshalb kauft Deutschland auch aus anderen Ländern, etwa Indonesien, Südafrika, USA, Kolumbien und Australien. Russland wiederum verkauft ebenso an andere Länder, allen voran an Indien, die ihre Einfuhren im Juni und Juli 2022 um rund 70 Prozent nach oben geschraubt haben.[1] Einige europäische Nachbarn haben hingegen ernste Probleme. Polen etwa läuft Anfang August 2022 in einen Kohlemangel, weil es sich zu spät um neue Verträge gekümmert hat. Außerdem ist Kohle teuer geworden. Seit dem Krieg hat sich der Weltmarktpreis für Kohle mehr als verdoppelt. Die Gründe: Unsicherheit, preistreibende Spekulation, Lieferumstellungen und Frachtprobleme. Alles im allem sind die volkswirtschaftlichen Kosten eines Kohle-Embargos für Deutschland und Europa aber lange nicht so gravierend wie die eines Ölembargo.

Gegen ein Ölembargo hatte sich Deutschland bei den ersten vier Sanktionspaketen noch gewehrt, Scholz und Habeck selbst sprachen sich dagegen aus, gerade weil die Versorgung im Osten des Landes von russischen Pipelines abhängig ist. Doch Anfang Mai 2022 kippte die Stimmung. Habeck war sich nun sicher, dass Deutschland bis auf die Raffinerien Leuna und Schwedt im Osten des Landes, wo vor Putins Invasion rund zwei Drittel der deutschen Ölimporte aus Russland landeten, relativ einfach auf russisches Öl verzichten könne. Anders gesagt: Auf das Öl, das per Schiff kommt und nicht durch die Druschba-Pipeline fließt, an die auch Ungarn, Slowenien, Tschechien und Polen angeschlossen sind. Auch diese Länder, am vehementesten aber Ungarn, wollten ursprünglich kein Ölembargo. Ende Mai kam es dann aber doch, zumindest in einer Light-Version. Über Wochen wurde diskutiert, dann in Brüssel bis tief in die Nacht verhandelt. Am nächsten Morgen stand der Kompromiss und sieht Folgendes vor: Einfuhren per Schiff werden verboten, für bestehende Verträge über Rohöl gilt eine Übergangsfrist von sechs Monaten und für bestehende Verträge über raffiniertes Öl, etwa Benzin, Diesel oder Heizöl, gilt eine Übergangsfrist von acht Monaten. Dabei bleiben Einfuhren über Pipelines erlaubt, dürfen allerdings nach einer Übergangsfrist von acht Monaten nicht mehr an andere Länder weiterverkauft werden. Damit hätte das Embargo für zwei Drittel der russischen Öllieferungen gegolten. Hätte! De facto werden es mehr, denn Deutschland und Polen haben erklärt, freiwillig auf die Ausnahme für die Druschba-Pipeline zu verzichten. Das gaben beide Länder am Ende der langen Nacht in Brüssel noch zu Protokoll. Heißt: Putin verkauft ab nächstem Jahr 90 Prozent weniger Öl an die EU. EU-Ratspräsident Michel feierte den Beschluss als »bemerkenswerte Errungenschaft«. Zweifel daran sind angebracht, wie wir noch sehen werden.

Am kritischsten wäre mit Sicherheit ein Gasembargo, gerade für Deutschland. Habeck, Scholz und Lindner haben sich offensiv dagegen gewehrt. Zu groß ist das wirtschaftliche und politische Risiko. Das weiß auch Putin, der die Gashähne für Machtspiele benutzt und sie per Redaktionsschluss von sich aus fast ganz zugedreht hat. »Gas ist von nun an ein knappes

Gut«, sagte Habeck, als er die zweite von drei Stufen des Gasnotfallplans ausruft. Gas ist dadurch nicht nur ein Vielfaches teurer als vor dem Krieg und damit Inflationstreiber Nummer Eins geworden. Es droht auch auszugehen, sollte der deutsche Winter kalt und lang werden. Mittlerweise spricht ganz Deutschland über Gas. Über die Lieferung, den Preis und den Speicherstand. Das tägliche Gasupdate von der Bundesnetzagentur erinnert an die täglichen Corona-Zahlen während der Pandemie. Deutschland starrt auf ein neues Dashboard. Wäre ein selbstbestimmtes Gasembargo also wirklich eine gute Idee gewesen?

Ob Öl, Gas oder Kohle – alle Embargo-Entscheidungen basieren auf derselben Prämisse: Wenn wir keine Euros mehr an Putin überweisen, bekommt er Geldprobleme und kann seinen Krieg nicht mehr finanzieren. Auf dass dadurch die Panzer nicht mehr rollen. So wird die Embargopolitik zumindest kommuniziert. Angenommen, die Prämisse stimmt und der Geldfluss ist entscheidend für den Kriegsverlauf, wäre das ein gutes Argument dafür, die Übergangsfristen möglichst kurz zu halten. Dann hätte das Prinzip kalter Entzug den größten Einfluss auf Putins Kriegskasse. Wenn Putin ein halbes Jahr Zeit hat, um andere Ölabnehmer zu finden, schwächt das die Wirkung der Sanktionen und widerspricht dem selbst kommunizierten Motiv, Putin finanziell trocken zu legen. Die Effekte solcher Sanktionen sind dann eher langfristig, weil Russland Handelspartner verliert und gebaute Infrastruktur wie etwa Pipelinenetze nicht mehr nutzen kann. Theoretisch gilt: Je weniger Handelspartner Russland hat, desto größer die Macht der Abnehmerländer, desto schwächer die Position Russlands auf dem Weltmarkt und desto schlechter läuft das Energiegeschäft. Was Russland anbietet, ist aber weltweit knapp. Die Welt kann (noch) nicht ohne Kohle, Öl und Gas auskommen. Wenn Deutschland oder Europa Energie aus anderen Ländern kauft, wird die Energie anderen Ländern weggekauft und verdrängt damit bisherige Handelsbeziehungen. Das geht nicht über Nacht, sondern über Monate und Jahre. Die Energie-Sanktionen stoßen damit ein Karussell an, bei dem der Welthandel mit Energie sich neu sortiert. Käufer und Verkäufer werden neu zusammengepuzzelt. Ob Russland dadurch auf Jahre zum Verlierer wird und langfristigen Schaden trägt, ist ungewiss. Als Energiequelle der Welt hat Russland, was andere brauchen. Auch in neuen Geschäften wird Russland deshalb Macht haben und Geld verdienen. China und Indien kaufen jetzt schon deutlich mehr russisches Öl. Die Volksrepublik China wird Russlands größte Abnehmerin. Weil der Ölpreis seit Kriegsbeginn gestiegen ist, können sich russische Exporteure sogar leisten, neuen Abnehmern Rabatte auf den Weltmarktpreis zu gewähren. Auch haben die Embargos bisher keinen erkennbaren Einfluss auf Putins Bereitschaft, sich an den Verhandlungstisch zu setzen und eine diplomatische Lösung zu erringen. Ob das mit ihm überhaupt noch geht und wie sehr er sich um wirtschaftliche Verluste schert, lässt sich vom Schreibtisch in Berlin aus nicht beurteilen. Viel kann ihm aber am wirtschaftlichen Wohl seines Landes nicht gelegen sein, denn ökonomisch ist der Krieg eine Zumutung für die Wirtschaft. Allein die vielen Arbeitskräfte und Ressourcen, die dabei draufgehen, statt Güter und Dienstleistungen für die russische Bevölkerung zu produzieren! Mit Rationalität kommt man in der Analyse Putins nicht immer weiter. Was die Embargopolitik betrifft, lässt sich jedenfalls bisher feststellen: Die Sanktionen wirken eher als Vergeltungsschlag statt als diplomatischer Hebel.

Anders als Finanzsanktionen, die quasi auf Knopfdruck wieder aufgehoben werden können, sind Embargos schwerfällig. Ist das Geschäft erstmal weggebrochen und die Warenströme neu sortiert, lässt sich der Vorgang nicht auf Knopfdruck wieder rückgängig machen. Auf Jahre gesehen sind Embargos auch Selbstschutz. Die Energieversorgung Deutschlands, der viertgrößten Volkswirtschaft der Welt, in die Hände eines autokratischen Kriegstreibers zu legen, war ein Fehler. Sich aus der Abhängigkeit zu befreien, ist längst geboten. Jedoch bräuchte es dafür keine abgespeckten Boykotte, sondern man könnte auch sukzessive umstellen, bzw. hätte damit auch klimabedingt schon längst anfangen sollen. So richtig leuchtet die Embargopolitik also nicht ein. Weder ist sie darauf ausgelegt, Putin unmittelbar und größtmöglich zu schaden, noch geeignet, um einen kontrollierten aber langfristigen Ausstieg aus dem Russlandgeschäft zu vollziehen. Den eigenen kommunizierten Maßstäben und Motiven hält die Politik kaum Stand.

Selbst wenn man die Prämisse, Putin brauche unsere Gas-Euros für den Krieg, also akzeptiert, ist der Nutzen der Energie-Embargos fraglich. Hier zeigt sich ein großer blinder Fleck in der öffentlichen Debatte. Studien über die Kosten eines Öl- oder Gasembargos gibt es einige, Studien über die Auswirkungen von Embargos auf den Kriegsverlauf und deren Nutzen im Allgemeinen aber nicht. Der Embargo-Diskurs ist deshalb im völligen Blindflug: Der Nutzen wird hinterfragt, gar einfach unterstellt, während die Kosten mit Haltung und Opferbereitschaft weggeredet werden.

Finanzieren wir wirklich Putins Krieg?

Widmen wir uns aber der Finanzierungsprämisse. Von allen, die in der Debatte mitmischen, wird sie immer wieder wiederholt. Ob Ökonom, Politiker, Promi oder Aktivist, ob Claudia Kemfert, Moritz Schularick, Volker Quaschning, Norbert Röttgen, Anton Hofreiter, Joachim Gauck, Sebastian Vettel, Hannes Jaenicke oder Luisa Neubauer: Wie genau diese »Finanzierung« laufen soll, erst recht nachdem die EU der russischen Zentralbank die Eurokonten eingefroren hat, wird nie beantwortet. Es herrscht das einfache Bild: Putin schickt Gas, wir schicken Euros. Die landen erst bei Gazprom, dann in Putins Haushalt und von da aus bezahlt er damit Panzer und Soldaten. So läuft es aber nicht.

Putin bezahlt seine Soldaten in Rubel. Den kann ausschließlich seine Zentralbank herstellen. Theoretisch sogar unbegrenzt, denn die russische Zentralbank hat das Währungsmonopol über den Rubel. Putin hat seine eigene Druckerpresse, wenn man so will – wobei Währung im modernen Banksystem mehr mit Maus und Tastatur eingetippt, als mit Farbe und Druckplatte gedruckt wird. Um Rubel auszugeben, muss Russland nicht eine Wattstunde Gas gegen Euro verkaufen. Solange der Rubel in Russland akzeptiert wird, kann Putin alle russischen Ressourcen damit bezahlen und für seinen Krieg mobilisieren.

Anders sieht es natürlich mit Ressourcen aus dem Ausland

aus. Putins Wirtschaft ist vor allem auf Hightech-Produkte aus dem Ausland angewiesen, etwa Maschinen, Technologie, Software und Halbleiter. Vereinfacht gesagt geht das Geschäftsmodell von Russland so: Es verkauft Energie, Waffen und Rohstoffe, um Hightech-, Pharmazie- und westliche Konsumgüter einkaufen zu können. Aus der EU bekommt Russland allerdings schon keine Hightech-Ware mehr, weil die EU strenge Exportverbote für eine ganze Liste solcher Güter verhängt hat. Das gilt auch für die sogenannten Dual-Use-Güter, also Produkte, die sowohl militärisch als auch zivil verwendet werden können. Direkte Export-Sanktionen wirken viel zielgerichteter als der Umweg über die Devisen. Also etwa den Gashahn abzudrehen, nur um keine Euros mehr nach Russland zu überweisen. Sie treffen Russland unmittelbar, weil sie die Fähigkeit, europäische Waren zu importieren, beschränken. Einschränkend sei auch hier allerdings gesagt, dass Russland schon seit 2014 darauf angewiesen ist, unabhängiger von europäischen Importen zu werden, denn einige der Export-Sanktionen gibt es schon seit der Annexion der Krim. Für die meisten dieser Güter sind Russlands wichtigste Handelspartner mittlerweile China, Taiwan und Malaysia.

Insgesamt ist Russlands Industrie zwar rückständig, ausgerechnet in der Kriegsindustrie ist Russland aber relativ autark. Ein erheblicher Teil der Kriegs- und Waffenproduktion findet in Russland selbst statt. Russland ist weltweit der zweitgrößte Waffenproduzent. Der militärisch-industrielle Komplex in Russland beschäftigt mehrere Millionen Menschen und exportiert Waffen und Kriegsgerät in die ganze Welt. Auch die Rohstoffe, die es für den Krieg braucht, kann Russland größtenteils selbst produzieren. Ganz vorne dabei ist Öl, um die Panzer zu betanken. All das wird in Rubel abgewickelt und nicht von unseren Gasimporten »finanziert«. Längst landen die Euros ja auch gar nicht mehr bei Putin – weder auf den Konten der russischen Zentralbank, noch auf den Konten von Gazprom. Die Konten der Zentralbank sind eingefroren. Die Gas-Euros tauscht die Gazprombank sofort gegen Rubel und zahlt Gazprom für das gelieferte Gas dann Rubel aus. Wenn überhaupt, finanzieren unsere Gasimporte also lediglich die Aufwertung des Rubels, nicht aber den Krieg selbst. Der starke Rubel hilft Russland, wie im vorherigen Kapitel erklärt, ökonomisch und symbolisch. Ökonomisch, weil die Einkäufe, die Russland aus dem Ausland noch bekommt, dadurch in Auslandswährung gerechnet günstiger werden und die Inflation in Russland dämpfen. Wie immer gilt allerdings: Was den Importeuren hilft, schadet den Exporteuren. Gazprom verdient durch den teuren Rubel weniger. Je stärker der Rubel ist, desto weniger Rubel bekommt Gazprom für die Euros aus dem Gasgeschäft. Gazprom, Rosneft und Co. könnte ein viel zu hoher Wechselkurs daher auch nicht gefallen. Symbolisch wiederum hilft der starke Rubel, weil er in Russland als Zeichen der Stärke und als Symbol für eine gute Wirtschaft interpretiert wird.

So bitter das ist und so gut es andersherum wäre: Putins Panzer könnten auch ohne unsere Gas-Euros weiter rollen. Dem neu gebauten Modell fehlen vielleicht irgendwann Navigationssysteme und Antennen, aber das wegen der direkten Exportverbote und nicht, weil wir keine Euros mehr überwiesen haben. Wie schnell das den Krieg verlangsamen oder gar stoppen würde, ist allerdings offen. Was Putin in Russland produzieren oder in

China und Indien einkaufen kann, hat mit dem Euro nichts zu tun. Immer wieder fällt sogar auf, dass Putin viel alte Artillerie im Einsatz hat, sogar Panzer aus Sowjetzeiten, die schon 50 Jahre auf dem Buckel haben. Ebenso prall gefüllt sollen die Munitionslager sein. Dass wir den Krieg also entscheidend beeinflussen, wenn nur keine Euros mehr überweisen werden, ist ein Mythos. Nett formuliert könnte man auch sagen: Wunschdenken.

Bis auf ganz wenige Wirtschaftsjournalistinnen wie Ulrike Herrmann von der *Taz*, hat in Talkrunden und Nachrichten keiner diese scheinbare Gewissheit, dass Putin unsere Euros braucht, in Frage gestellt - geschweige denn, den Mythos gekonnt entlarvt. Die Stimmen, die diese ganz grundsätzliche Prämisse der Embargopolitik in Frage gestellt haben, waren eine kleine Minderheit. Erstaunlicherweise zählte zu ihr aber Wirtschaftsminister Robert Habeck, der in den Monaten des Krieges zum Erklärbär der Nation in Wirtschaftsfragen geworden ist.

In einem Interview Ende März im *ZDF Heute Journal*, angesprochen auf die lauter werdenden Forderungen nach einem Embargo, stellte Habeck klar: »Die ganz kurze Aussage "Wir finanzieren Putins Krieg« ist eigentlich gar nicht richtig. Wir finanzieren das russische Staatssystem in der Abstraktion, das ist richtig und das ist schlimm und bitter genug. Und insofern arbeiten wir daran, das zu beenden. Aber das Geld, das wir überweisen, wird nicht in Panzer verbaut.«[2] ZDF-Moderatorin Marietta Slomka schien in dem Moment nicht zu realisieren, wie wichtig Habecks Differenzierung für die gesamte Embargo-Debatte war, sie ging gar nicht darauf ein. Einen Tag später war Habeck per Schalte zu Gast bei Markus Lanz und legte noch mal deutlich ausführlicher nach. Habeck: »Für die Kriegsführung, also das Bauen von Panzern, den Sold für Soldaten, die Verpflegung von Soldaten, das Benzin für die Panzer - braucht [Putin] diese Gelder nicht, denn das kann ja im Land selber bezahlt werden. Russland hat eine wahnsinnige Rüstungsindustrie. Sie haben, darüber reden wir ja die ganze Zeit, große Ölvorräte, sie können selber raffinieren, das werden sie auch tun und sie sind ein großer Produzent von Lebensmitteln. Dass die Logistik schlecht ist, also dass die Truppen schlecht versorgt sind, ist ein anderes Problem. Aber für die Güter, die er für die Kriegsführung braucht, jedenfalls für die Grundgüter, braucht er nicht die Devisen. Das kann er aus dem eigenen Land schöpfen. Die Rohstoffe sind da, die Maschinen, die Fabriken, das ist alles da. Und so lange seine Landsleute akzeptieren, dass das in Rubel bezahlt wird, also so lange die Fabrikarbeiter in den Rüstungsbetrieben ihren Sold in Rubel akzeptieren, so lange kann er den Krieg mit Rubel bezahlen. Und Rubel kann die Zentralbank in Russland selber drucken und dann in Russland ausgeben. Insofern ist das ein Teil des Szenarios. Der andere Teil ist natürlich, dass Unternehmen, die dem russischen Staat sehr nahe stehen – Gazprom – quasi Staatsunternehmen sind, mit denen Verkäufen von Öl und von Gas Devisen ins Land bekommen – und damit der Staat selbst, der eigentlich bankrott ist, also durch die Sanktionen hat der russische Staat eigentlich Ramsch-Status, er ist nicht mehr garantiefähig für ausländische Investitionen. Beispielsweise, niemand würde russische Wertpapiere im Moment kaufen, der noch bei Sinnen ist. Der freie Fall der russischen Währung, des russischen Staates, wird dadurch [unsere Gasimporte; Anmerkung d. A.] gestoppt und wenn es irgendwann in irgendeiner Zukunft wieder möglich ist, Gelder einzusetzen, dann kann er damit auch wieder handeln. [...] Also man muss sagen, den Krieg unmittelbar finanzieren wir nicht mit den Bezahlungen von Erdgas und Erdöl.«[3]

Den Krieg mit frischen Rubel und ohne Euros finanzieren zu können, heißt natürlich längst nicht, dass die Wirtschaft rund läuft oder dass keine Inflation droht. Kriegsausgaben sind erstens humanitär schrecklich und zweitens ökonomisch unproduktiv. Große Ausgabenprogramme, die in Kanonenschüssen verpulvert werden und Arbeitskräfte in den Tod treiben, sind nicht nur Ressourcenverschwendung, sondern auch eine große Inflationsgefahr. Erst recht, weil Russlands Konsumgüterproduktion zur gleichen Zeit stockt. Das liegt vor allem am verknappten Angebot. Tausende westliche Firmen haben ihr Geschäft in Russland aufgegeben oder verkaufen keine Güter mehr nach Russland. Wichtig ist: Russlands Inflationsgefahr kommt nicht vom bloßen Rubeldrucken, sondern von der wirtschaftlichen Schieflage und den Produktionsproblemen. Das größte Problem für Putins Wirtschaft ist der Zugriff auf produktives Kapital, nicht die Finanzierbarkeit von Ausgaben und auch nicht, wie Habeck angedeutet hat, ein möglicher Staatsbankrott. Alle Rubelanleihen kann Russland zu jeder Zeit bedienen. Die Auslandsverschuldung ist mit rund 40 Milliarden US-Dollar gering.[4] Sowohl im Verhältnis zur jährlichen Wirtschaftsleistung von rund 1.700 Milliarden US-Dollar als auch zur Höhe des ausländischen Devisenbestandes in Höhe von 630 Milliarden US-Dollar.[5] Im Juni 2022 konnten Zinsen auf fällige Anleihen nicht gezahlt werden, weil die Sanktionen die Banküberweisung blockierten.

Medial wurde deshalb auch über eine Staatspleite spekuliert, davon kann allerdings keine Rede sein. Putin hat, wenn überhaupt, ein Ressourcenproblem. Ein Geldproblem hat er nicht – weder in Rubel noch bei US-Dollar-Anleihen oder bei unseren Gas-Euros. Dass er im Spätsommer selbst die Gaslieferung gedrosselt hat, sollte eigentlich alle, die laut ein Embargo forderten, stutzig gemacht haben.

Mit kaltem Entzug gegen Putin? Das Gasembargo

Russland ist über längere Zeit ein großer Handelspartner Deutschlands gewesen. 2021 wurden Waren im Wert von rund 59,8 Milliarden Euro zwischen den beiden Staaten gehandelt. Die Importe aus Russland beliefen sich auf 33,1 Milliarden Euro und die Exporte nach Russland auf gut 26,6 Milliarden Euro. Allein Öl und Gas machten rund 20 Milliarden Euro aus.[6] Und russisches Gas war billiges Gas. Schon nach der Krim-Annexion 2014 gab es in der EU konkrete Vorschläge, wie man von russischem Gas wegkommen könne. Donald Tusk, damals amtierender Premierminister in Polen und kurz darauf für fünf Jahre EU-Ratspräsident, trieb das Paket namens »Energieunion« voran. Damit sollten Gasbeschaffung und -transport in der EU gemeinsam koordiniert werden. Viele Länder waren dafür, gerade diejenigen aus Ost- und Südeuropa, aber das Projekt scheiterte damals an Merkel, die an billigem Putingas und der Pipeline Nord Stream 2 festhalten wollte. Deutschland hat sich von russischem Gas abhängig gemacht wie ein Junkie von seinem Dealer. Bis zum Kriegsbeginn kamen mehr als die Hälfte der deutschen Gaseinfuhren aus Russland. Für die EU als Ganzes kamen rund 45 Prozent aus Russland. Das war noch vor dem Krieg und die Ausgangssituation für die Embargo-Debatte, die im frühen März 2022 vom Zaun gebrochen wurde. Über den Sommer hat sich die Debatte verändert, weil Putin selbst Gaslieferungen gedrosselt hat. Die Frage ist nicht mehr, sollen wir auf russisches Gas verzichten, sondern wie lange und wie viel liefert Putin noch? »Es gab eine Reihe von namhaften Ökonomen, die gesagt haben: Ach, so ein bisschen weniger Wachstum, das macht nichts. Jetzt, wo es konkreter wird: großes Schweigen«, so Habeck Ende Juli 2022 im Deutschlandfunk.[7]

Versetzen wir uns gedanklich nochmal in den März 2022. Nur so lässt sich die Debatte nachvollziehen. Gefordert wurde, nicht zuletzt auch von dem damaligen ukrainischen Botschafter, Andrij Melnyk, ein sofortiger Importstopp jeglicher Energie aus Russland. Robert Habeck, nahm schon am 3. März 2022 in einer Pressekonferenz dazu Stellung. Der Krieg war da gerade etwas mehr als eine Woche alt. Habeck konstatierte: »Wenn ich bei den Energielieferungen bin, so will ich einmal feststellen, und das sage ich mit großem Bedauern und das sage ich nicht freudestrahlend, dass Deutschland von russischen Energieimporten abhängig ist. Wir haben einen Import von 55 Prozent Gas, 50 Prozent Kohle und 35 Prozent Öl aus Russland. [...] Deswegen brauchen wir und werden auch die Möglichkeit für Energiezufuhren aus Russland offenhalten. Wir brauchen diese Energiezufuhren, um die Preisstabilität und die Energiesicherheit in

Deutschland sicherzustellen.« Auf die konkrete Frage nach dem Embargo, entgegnete Habeck: »Ich würde mich nicht für ein Embargo auf russische Importe von fossilen Energien einsetzen, ich würde mich sogar dagegen aussprechen, weil wir damit den sozialen Frieden in der Republik gefährden.«[8] Das war das erste, aber nicht das letzte Mal, dass Habeck sich klar gegen Embargo-Forderungen wehrt. Zur Einordnung: Die deutschen Gasspeicher waren zu diesem Zeitpunkt wegen des Winters leergelaufen und nur noch zu rund 30 Prozent gefüllt. Viel Puffer stand also nicht zur Verfügung. An anderer Stelle wurde Habeck noch deutlicher: »Wir reden nicht über individuelle Komforteinschränkungen, sondern darüber, dass gesamtwirtschaftliche, ich würde sagen: gesamtgesellschaftliche Schäden schwersten Ausmaßes das Durchhalten von allen möglichen Sanktionen gefährden können.«[9]

Schnell wird klar, dass ein Embargo viel mehr als Verzicht auf ein bisschen Komfort bedeutet. Es geht um nicht weniger als eine selbst auferlegte Wirtschaftskrise, weil ein Mangel an Energiezufuhr alle Wirtschaftszweige betrifft, wenn auch unterschiedlich stark. Eine, die schwerer sein könnte als der Wirtschaftseinbruch, den Deutschland durch die Corona-Pandemie erlebt hat. Ungünstig wäre das vor allem deshalb, weil er direkt in deren Anschluss käme. Es geht um Versorgungssicherheit, Produktion und Jobs. Um Wohlstand. Und natürlich auch um politische Mehrheiten. Eine Wirtschaftskrise samt Massenarbeitslosigkeit wäre schließlich ein Konjunkturprogramm für die AfD. Mit »Frieren für die Freiheit« rauben Gauck und Co. der Debatte alle Würde.

Man konnte den Eindruck gewinnen, Deutschland müsse erstmal realisieren, wie sehr es auf Gas eigentlich angewiesen ist. Anfang März 2022 gab es laut ZDF *Politbarometer* in der Bevölkerung noch eine knappe Mehrheit für ein Embargo. 55 Prozent der Befragten waren dafür, 39 Prozent dagegen. Am ehesten dafür waren Grünen-Anhänger, am ehesten dagegen AfD-Anhänger.[10] Einen Monat später waren nach *Forsa*-Umfrage schon nur noch 43 Prozent dafür.[11] Im Juli 2022 waren es dann nur noch 32 Prozent, während sich 63 Prozent gegen ein Embargo aussprachen.[12] Je länger über das Embargo gesprochen wurde und je länger die teuren Energiepreise sich in die Geldbeutel der Bevölkerung gefressen hatten, desto schwindender wurde die Zustimmung. Die Gasumlage, die im Oktober 2022 kommen soll, wird den Umfragewert wohl noch tiefer in den Keller drücken. Immerhin heizt jeder zweite deutsche Haushalt mit Gas. Aber auch die Industrie läutete früh die Alarmglocken. Denn nur etwas weniger als ein Drittel des Gasverbrauchs geht auf Haushalte zurück, knapp ein Sechstel wird für die Stromproduktion und zwölf Prozent für Handel und Gewerbe benötigt, während die Industrie mit 36 Prozent zu Buche schlägt. Ohne Putin-Gas drohen Branchen wie der Chemie-, Automobil-, Stahlindustrie große Schwierigkeiten. Gas ist Grundlage unserer Wirtschaft. Und zwar als Kraftstoff, Heizstoff und Rohstoff zugleich. Vertreter der Branchen warnten im März 2022, der kalte Entzug von russischem Gas würde zu einem wirtschaftlichen Schock mit ungeahnten Folgen führen.

Deutschland hängt an Putins Pipelines wie ein Unfallpatient an der Bluttransfusion. Wenn russisches Gas nicht mehr fließt, braucht es Alternativen. Und genau das ist das große Problem: Es gibt schlicht nicht genug Alternativen. Erdgas ließe sich zwar theoretisch mit Flüssiggas ersetzen, doch dafür fehlen die Kapazitäten. Robert Habeck hat zwar unter Hochdruck vier schwimmende Flüssiggasterminals angemietet, von denen zwei zeitnah und zwei bis zum Jahresende für den Gasimport bereitgestellt werden sollen, aber wegbrechende Pipeline-Kapazitäten können damit nicht kompensiert werden. Habeck reiste sogar nach Katar, um Gasdeals für die deutschen Importeure einzufädeln. Für seine interessengeleitete Anbiederung an einen Staat, der Menschenrechte immer wieder missachtet, erntete er viel Kritik. Andererseits zeigte das, wie ernst die Lage schon geworden war. Aus dem Deal wurde trotzdem nichts. Der Grund: Die Kataris verlangen langfristige Verträge und Mondpreise. Und sie können es sich erlauben, immerhin ist Deutschland nicht das einzige Land auf der Suche nach Putin-Gas-Alternativen. Unabhängig davon hat es wohl bereits Jahre gedauert, ausreichend Kapazitäten für Flüssigerdgas-Lieferungen über LNG-Terminals in Deutschland aufzubauen. Es war außerdem die große Koalition, die sich vor Jahren dagegen entschied, LNG-Terminals zu bauen. Gegen das billige russische Gas aus Pipelines wären die Terminals preislich nie konkurrenzfähig gewesen; ein weiteres Indiz dafür, wie sehr Merkel sich auf Putin verlassen hat. Insbesondere aber ein industriepolitischer Fehler, der sich in diesen Zeiten rächt. Übrigens: Die größten Flüssiggasexporteure der Welt sind Australien, Katar und die USA. Auf Platz vier kommt schon Russland.

Schon im Frühjahr war absehbar, dass der Verzicht auf russische Energie zu massiven Preissprüngen führen und vermutlich auch Rationierung notwendig machen würde. Allein die Drosselung Putins über den Sommer hat die zwei Alarmstufen des Gasnotfallplans in Deutschland auslösen lassen. Im März 2022 trieb allein die Spekulation über einen möglichen Importstopp die Marktpreise für Gas in ungeahnte Höhen. An der Börse wird Gas, das im nächsten Monat geliefert wird, mittlerweile zu Preisen gehandelt, die bis zu zehnmal teurer sind als im Vorjahr. In der Spitze kostete eine Megawattstunde Gas an der Amsterdamer Energiebörse rund 345 Euro. Das war Anfang März 2022. Ein Hinweis an all jene, die ein Embargo auf die leichte Schulter zu nehmen drohten. Bei einem tatsächlichen Energie-Embargo wäre der Preis wohl noch weiter explodiert, die Preise hätten trotz langfristiger Verträge schnell auf die Endkunden umgelegt werden müssen, um Pleiten von Gasimporteuren zu vermeiden. Wenn diese Dimensionen sich unmittelbar auf die Verbraucherpreise für Energie sowie über den Umweg der Lieferketten auf Lebensmittel und andere Produkte niedergeschlagen hätten, wäre das erste Entlastungspaket der Ampel-Koalition noch schneller zum Tropfen auf dem heißen Stein geworden. Und das natürlich mit üblen Verteilungswirkungen, weil kleine und mittlere Einkommen dadurch viel stärker belastet worden wären. Denn durch dünne Geldbeutel fressen sich Preisschocks viel schneller als durch prall gefüllte Portemonnaies.

Gas ist aber längst nicht nur für ein warmes Wohnzimmer und die heiße Dusche entscheidend, sondern auch der wichtigste Energieträger für die Industrieproduktion. 2020 machte Gas rund ein Drittel des Energieverbrauchs in der deutschen Industrie aus. Den höchsten Anteil hat Gas in der Chemie, der nach der Automobilindustrie und Maschinenbau drittgrößten Branche Deutschlands. Aber auch in der Glas- und Keramikherstellung, der Metallverarbeitung, der Papierproduktion und der Herstellung von Nahrungs- und Futtermitteln ist Gas entscheidend. Alle Industrien, die unverzichtbare Vorprodukte für andere Branchen produzieren, brauchen Gas. Ohne Chemieproduktion drohen etwa Engpässe in etlichen anderen Branchen wie Landwirtschaft, Ernährung, Automobil, Kosmetik und Hygiene, Bauwesen, Pharma, Elektronik und viele mehr. Beispielhaft dafür steht der Standort Ludwigshafen mit dem größten Chemiekonzern des Landes, der BASF. Fast 40.000 Beschäftigte arbeiten hier auf einer Fläche von 1.400 Fußballfeldern und stellen mit Erdgas Chemieprodukte her, auf die niemand verzichten kann. Zum Beispiel Stoffe für Medikamente, Schutzanzüge, Desinfektionsmittel und medizinisches Gerät – alles, was uns durch die Corona-Pandemie gebracht hat. Aber auch Stoffe für den Alltagsbedarf, etwa Toilettenpapier, Lebensmittelverpackungen oder Kleidung werden dort produziert. Erst vor kurzem hat die BASF eine neue Acetylen-Anlage in Betrieb genommen. Acetylen ist ein Grundstoff für Chemieprodukte und steckt in Lösemitteln, Elektrochemikalien, Arzneimitteln, Sportkleidung, Reifenklebern, Düften, Wärmedämmung, Pflanzenschutz und vielem mehr.[13] In Ludwigshafen wird Gas außerdem für die Herstellung von Ammoniak benötigt.[14] Ammoniak braucht es, um Düngemittel herzustellen. Wird der Dünger teurer, steigen die Lebensmittelpreise. Fehlt Dünger, sinken die Ernteerträge und deutsche Lebensmittel werden nicht nur teuer, sondern auch knapp. Schnell wird klar: Die deutsche Produktion hängt an der Chemie und diese am Putin-Gas. BASF-Unternehmenssprecherin Daniela Rechenberger warnte: »Erdgas lässt sich in der Chemieproduktion weder als Rohstoff noch als Energieträger kurzfristig ersetzen« und »eine Reduzierung der Erdgasversorgung auf unter die Hälfte des heutigen Bedarfs würde zu einer vollständigen Einstellung der Betriebstätigkeit führen«. Die riesigen Anlagen lassen sich außerdem nicht an- und abschalten wie ein Lichtschalter im Wohnzimmer. Das Abschalten kann Wochen dauern und ist obendrein sündhaft teuer.

Ein anderes Beispiel ist die Glasindustrie. Die riesigen Glasschmelzwannen in den Betrieben laufen das ganze Jahr rund um die Uhr bei 1.500 Grad Celsius und mehr. Dafür braucht es Gas, viel Gas. Fehlt der Energieträger und die Wannen können nicht mehr befeuert werden, drohen Millionenschäden. Wenn die Wannen erkalten und aushärten, gehen sie kaputt. Abschalten kann man sie also gar nicht. Sie wieder aufzubauen dauert Monate, vielleicht Jahre. Pro Anlage würden die Schäden laut Glasverband bei rund 50 Millionen Euro liegen. Das Geschäft für Glasfirmen wäre hinüber.[15] Dr. Johann Overath, Hauptgeschäftsführer des Bundesverbandes Glasindustrie erklärte: »Man kann auch diese Produkte, die wir herstellen, auch nicht aus dem Ausland herbeischaffen, wie das manchmal gesagt wird. Sondern im Prinzip ist es so, dass wir zwei Drittel unseres gesamten Außenhandels innerhalb der EU haben. Und selbst da gibt es schon einen Glasmangel. Es gibt eine Unterversorgung und es ist deswegen eben auch nicht möglich, die woanders her zu bekommen. Deswegen wäre es für uns eine Katastrophe, wenn es zu einem Lieferstopp käme.«[16] Hoffnungsvolle Modellprojekte, bei denen im großen Stil Glaswannen mit Strom und Wasserstoff betrieben werden, sind vorerst gescheitert. Bisher funktioniert die Produktion nur bei kleinen Spezialanfertigungen rein elektrisch.[17] Alternativen bei einem Ad-hoc-Boykott von Putins Gas sind also nahezu ausgeschlossen. Selbst wenn Modellprojekte gelingen, mangelt es an der Infrastruktur für Wasserstoff. Die Branche hat in Deutschland mehr als 50.000 Arbeitsplätze und macht einen Jahresumsatz von rund zehn Milliarden Euro. Die Auswirkungen eines Gasstops würden über die Glasindustrie selbst hinausgehen, denn an ihr hängen viele weitere Industrien wie etwa die Lebensmittel-, die Getränke-, die Pharma-, die Automobil- und die Bauindustrie. Und auch die Solarindustrie, die uns doch eigentlich die Energiewende bringen und aus Putins Abhängigkeit befreien soll.

So könnte man Branche für Branche durchgehen und würde auf ähnliche Probleme stoßen. Überall herrschen komplizierte Abhängigkeiten, die zu Kettenreaktionen führen. Fällt ein Teil in der Lieferkette aus, sorgt das an vielen anderen Stellen für Probleme. Die Erfahrung hatte man schon in der Corona-Pandemie gemacht. Ein Lockdown in Shanghai sorgte für Lieferengpässe bei iPhones, Autos, Holzmöbeln und elektrischen Zahnbürsten.

Auch die Abgeordneten im Bundestag haben sich mit Embargo-Frage beschäftigt. Es gab zwar keine Fraktion, die dazu einen Antrag ins Plenum gebracht hätte, aber Anfang Mai 2022 lud der Energieausschuss zu einer Expertenanhörung. Klaus Ernst von der Linksfraktion leitete als Vorsitzender des Ausschusses, der vor allem die Gesetze vom Wirtschaftsminister

Habeck berät, die Sitzung. Geladen waren an diesem Tag Ökonomen, Gewerkschafter, Unternehmer, Industrievertreter und der Chef der Bundesnetzagentur, Klaus Müller. In einer Eingangsrunde hatten die 13 Experten Zeit für ein zehnminütiges Statement. Mit der Zeitvorgabe wird im Bundestag immer sehr streng umgegangen, die Experten mussten sich also kurz und präzise halten. Nach der Eingangsrunde herrschte eine extrem unübliche Einigkeit in dem Saal. Alle Experten wiesen auf die tiefgreifenden Probleme hin und äußerten große Bedenken. Industrieverbände wie Gewerkschafter, progressive wie konservative Ökonomen, Stahl- wie Chemieunternehmer sind anwesend. Die Bruchlinien der Embargo-Debatte verlaufen anders als sonst.

Viel diskutiert wurden auch die Studien von Ökonomen. In der Zunft entfachte sich der große Gasstreit. Mit Modellrechnungen wurde versucht, die möglichen Auswirkungen eines Embargos auf die deutsche Wirtschaft abzuschätzen. Die erste und gleichzeitig optimistischste Studie kam schon zwei Wochen nach Putins Invasion raus. Rüdiger Bachmann, Moritz Schularick, Christian Bayer und anderen kamen zu dem Ergebnis, dass der Rückgang der Wirtschaftsleistung im Falle eines Importstopps russischer Energie deutlich kleiner wäre als während der Corona-Pandemie. Im günstigsten Fall seien minus 0,5 Prozent, im ungünstigsten Fall drei Prozent Rückgang der Wirtschaftsleistung zu erwarten.[18] Die Ökonomen der Studie waren deshalb lautstarke Befürworter eines Embargos. »Ich finde, dass das ein Preis ist, den man für die Freiheit Europas bereit sein muss zu zahlen«, sagte Rüdiger Bachmann, der die wohl lauteste und unnachgiebigste Stimme im Ökonomenstreit innehatte.[19] Die

Bachmann-Studie berücksichtige allerdings weder die eben aufgezeigten Kettenreaktionen noch die zu erwartenden sogenannten Nachfrageeffekte, die entstehen, wenn Preise steigen oder Menschen ihren Job verlieren. Höhere Energiepreise und weniger Einnahmen sorgen aber dafür, dass die Menschen weniger ausgeben (nachfragen), die Firmen also weniger Einnahmen haben und die Wirtschaft in eine Abwärtsspirale rutscht, in deren Folge noch mehr Menschen Jobs und Einkommen verlieren. Firmen würden pleitegehen. Die benannte Studie nimmt einfach an, dass Geld- und Wirtschaftspolitik dafür sorgen, dass von der Nachfrageseite kein weiterer Rückgang der Wirtschaftsleistung ausgehen wird. Eine naive Annahme, die die Wirklichkeit auch ohne Embargo längst eingeholt hat. Trotz dreier Entlastungspakete bleiben viele auf den gestiegenen Kosten für den Alltag sitzen und kürzen notgedrungen an anderer Stelle. Die Einzelhandelsumsätze gingen im Frühsommer 2022 deutlich zurück, viele Firmen sind wegen der hohen Energiekosten in die Verlustzone gerutscht. Die Zeichen stehen auf Krise. Eine Umfrage der Industrie- und Handelskammer im August 2022 ergab alarmierende Zahlen. Jede sechste der befragten Firmen plant, die Produktion zu stoppen oder zurückzufahren. Besonders betroffen ist die energieintensive Wirtschaft, etwa Stahl, Glas oder Papier.[20] All das passiert ohne, dass es über Nacht einen vollständigen Importstopp gäbe. Einer der Co-Autoren der Bachmann-Studie, der Bonner Ökonom Christian Bayer, interpretierte die Umfrage als sinnvollen Beitrag zum Gassparen: »Solange alle den gleichen Gaspreis zahlen, heißt das, dass die Produktion zurückgefahren wird, auf die wirtschaftlich am ehesten verzichtet werden kann.«[21] Mit anderen Worten: Der Markt regelt das schon. Eine sehr einfache Sicht auf komplizierte Entscheidungen einzelner Firmen.

Feinde der Wissenschaft?

Am 28. März 2022 war Kanzler Scholz bei Anne Will zu Gast. Der Krieg ist zu diesem Zeitpunkt einen Monat alt, die Öffentlichkeit will wissen, wo es lang geht. Scholz hatte sich etwas zurückgezogen, um ruhig und tastend die nächsten Schritte abzuwägen. So startete er auch in das Gespräch, ließ sich aber schnell von Anne Will aus der Reserve locken. Angesprochen auf das Embargo und die Bachmann-Studie platzte ihm für nordische Verhältnisse förmlich der Kragen. »Die sehen das falsch«, entgegnete er in pampigem Tonfall. Es sei »ehrlicherweise unverantwortlich, irgendwelche mathematischen Modelle zusammenzurechnen, die dann nicht funktionieren«. Stattdessen warnte der Kanzler vor den Folgen. »Wir würden eine erhebliche Wirtschaftskrise auslösen, wenn wir das machen würden«, sagte Scholz.

Unterstützung erhielt er ein paar Tage später von Vizekanzler Habeck, der im ZDF-Interview allerdings die Abwägung etwas souveräner einordnete. Im Unterschied zu den Ökonomen, die sich auf Modelle und Simulationen stützten, versuchten er und sein Team im Ministerium »die Physik der Transporte zu durchdringen und zu reparieren und uns darauf vorzubereiten – also hier ist Physik und Technik und dort sind die Modellrechnungen«. Und die Ergebnisse seien durchaus unterschiedlich. »Ein durchschnittlicher Verlust von Wachstum sagt eben nichts dazu, ob bestimmte Gasströme oder Olströme bestimmte Regionen erreichen und dann ist die Durchschnittsrechnung am Ende nicht aussagekräftig. Wir zählen LKWs, wir suchen Kesselwagen, wir versuchen, die Drucksysteme in den Pipelines aufrechtzuerhalten, wir versuchen die Pumpsysteme zu verstehen und dann hat das eben nichts mehr mit Durchschnittsberechnungen zu tun«, erläuterte Habeck. Das seien eben unterschiedliche Herangehensweisen, aber er habe am Ende auch eine andere Aufgabe als die Wissenschaftler. »Ich muss am Ende die Energiesicherheit für Deutschland garantieren, das müssen die anderen Kollegen nicht«, stellte er klar.

Im Laufe der Zeit wurden aber auch andere Studien erstellt, die deutlich düstere Prognosen für einen Importstopp ergaben. Die Bundesbank kam in ihrer Studie auf einen Rückgang der Wirtschaftsleistung von insgesamt fünf bis sieben Prozent, die Studie der fünf Wirtschaftsinstitute, die die sogenannte Gemeinschaftsdiagnose erstellen, kam auf 5,3 Prozent und die Studie des Mannheimer Professors Tom Krebs für das gewerkschaftsnahe Institut für Makroökonomie und Konjunkturforschung (IMK) auf fünf bis zwölf Prozent.[22] Krebs war der größte Kritiker der Bachmann-Studie und kritisierte die Methoden in einem Artikel mit dem Titel »Wie man die Auswirkungen eines Gasembargos nicht berechnen sollte« scharf.[23] Die Studie von Bachmann und Co. habe »gravierende methodische Schwächen« und unterschätze deshalb die Folgen eines Embargos. Krebs war auch als Experte in der erwähnten Bundestagsanhörung des Energieausschusses geladen. Mit ruhiger, fast schüchterner Stimme sprach er in Wissenschaftsmanier Worte, die inhaltlich drastischer nicht hätten sein können: »Im ungünstigsten Fall könnte es sogar dazu kommen, dass wir eine Wirtschaftskrise erleben würden, die wir so in Westdeutschland noch nicht gehabt haben seit dem zweiten Weltkrieg« und ergänzte, dass »die sozialen Folgen einer solchen Wirtschaftskrise wahrscheinlich sehr gravierend und stärker wären als in der Finanzmarktkrise 2009 oder auch als 2020 in der Corona-Krise«. Denn diese Krise träfe die Industrie und damit das Rückgrat der deutschen Wirtschaft.[24]

Dieser Meinung waren im Übrigen auch die Ökonomen Sebastian Dullien, Direktor des gewerkschaftsnahen IMK, und Michael Hüther, Direktor des Instituts der deutschen Wirtschaft. Und das hat Schlagkraft, waren doch genau die beiden Anfang Mai 2022 als Vertreter der Arbeitnehmer- (Dullien) und Arbeitgeberseite (Hüther) zur Kabinettsklausur der Bundesregierung geladen. In einem gemeinsamen Aufsatz mit Tom Krebs warnte Dullien vor einem Wirtschaftseinbruch, einem »heftigen Inflationsschub« und mahnte, sich von dem Begriff »handhabbar« nicht einlullen zu lassen.[25] Eine Spitze gegen die Studie von Bachmann und Co., in deren Fazit steht, die Auswirkungen eines Embargos seien »wahrscheinlich substanziell, aber handhabbar«.[26] Hüther pflichtete ihm bei. »Sich nur die modellbasierte Reduktion des Bruttoinlandsproduktes anzusehen, greift zu kurz«, so Hüther im Interview. Besondere Sorgen mache er sich, weil die deutsche Grundstoffindustrie Ausgangspunkt für alle anderen Industrien sei und »wenn wir die Chemiebranche für eineinhalb Jahre stilllegen, wie es bei einem Gasembargo der Fall wäre, dann ist das nichts anderes als der Abschied von der Grundstoffproduktion in Deutschland«. Im schlechtesten Fall stünden inklusive Kurzarbeit mehr als zwei Millionen Jobs auf der Kippe. Auch seien die Auswirkungen nicht mit der Corona-Pandemie vergleichbar, weil es dort um Schließungen von Hotels, Museen und Restaurants ginge und nicht um Sektoren, die eng und komplex vernetzt sind. Der so lautende Vergleich »verkenne Arbeitsteilung und Spezialisierung in unserer industriellen Welt«. Angesprochen auf die moralische Verpflichtung, diesen Preis zu zahlen, entgegnete er: »Eine Moral, die Handlungen auslöst, die weder durchhaltbar noch wirksam sind, überzeugt nicht. Natürlich müssen wir unabhängig von Russland werden, das ist gar keine Frage. Aber wir sollten dort anfangen, wo es praktikabel ist.«[27]

Tatsächlich greift der Vergleich von Corona- und Embargo-Folgen meilenweit zu kurz. Die deutsche Industrie war von der Pandemie weit weniger betroffen als die Dienstleister und die Kulturschaffenden. Wenn der Friseur, das Kino oder das Café ein paar Wochen dicht machen müssen, fallen keine Vorprodukte für andere Branchen weg. Bei Gas sieht das ganz anders aus. Restaurants und Friseure wandern auch nicht ab. Stahl-, Glas- und Chemieproduzenten vielleicht schon, wenn die Anlagen einmal geplättet wurden. In einem Fridays For Future-Schreiben beziehen sich die jungen Klimaschutzaktivisten, die Forderungen nach einem Embargo auch mit voller Überzeugung in Megafone brüllen, auf Autoren der Bachmann-Studie und sagen: »Studien zeigen, dass die Einbußen eines Gasembargos etwa denen der Corona-Pandemie entsprechen«.[28] Hier hatte sich der irrtümliche Vergleich zur Pandemie schon eingeschlichen. Selbst wenn beides aber zu minus fünf Prozent Wirtschaftsleistung führen würde, wären die konkreten Folgen nicht vergleichbar, schon gar nicht über einen längeren Zeitraum.

Obendrauf wurde in der Debatte regelmäßig die Gefahr unterschätzt, dass Christian Lindner als Finanzminister der Ampel in der zu erwartenden Wirtschaftskrise auf eine konservative Sparpolitik setzt, die die Auswirkungen eines Importstopps noch verschlimmern könnten. Schon die Wirklichkeit ohne Gasembargo zeigt, wie berechtigt die Sorge ist. Lindner blockierte lange ein drittes Entlastungspaket, um 2023 auf Teufel komm raus die Schuldenbremse wieder einzuhalten. Als er dem Druck im September standgeben musste, schafft er das Paket immerhin so klein zu verhandeln, dass die Schuldenbremse formal eingehalten werden kann. Das Gegenteil dieser Erbsenzählerei bräuchte es aber, um Firmen zu stützen und in die Energiewende zu investieren. Statt den Gasimporteuren, denen das billige Putin-Gas durch dessen Machtspiele mit Nord Stream 1 im Sommer weggebrochen ist, die höheren Kosten für die Beschaffung am Energiemarkt zu ersetzen, führte die Ampel eine Gasumlage ein. Diese ist de facto eine Preiserhöhung für *alle* Gaskunden. Die Kosten der neuen Energiepolitik werden auf die Verbraucher abgewälzt. Obendrein hat die Europäische Zentralbank die Zinsen erhöht, um die Inflation einzufangen. Höhere Zinsen erschweren einerseits private Investitionen und – unter den Bedingungen der deutschen Schuldenbremse und der europäischen Fiskalregeln – andererseits auch öffentliche Investitionen. Zinserhöhungen gegen Inflation funktionieren, wenn überhaupt, nur über ein Abwürgen der Wirtschaft und auf Kosten der Lohnabhängigen, die dann Jobs und Einkommen verlieren, dazu kommen wir später auch noch im Detail. Gemessen an vom Winter geleerten Gasspeichern und einer anziehenden Geldpolitik wäre mit einem Embargo im Frühjahr 2022 die Situation noch drastischer geworden, als sie im Sommer dieses Jahres ist.

Man kann also festhalten: Eine durch das Gasembargo hervorgerufene, unkalkulierbare Wirtschaftskrise bewirkt wahrscheinlich schlimmere Verwerfungen als die Corona-Krise. Gezielt den Putin-Apparat trifft eine solche Sanktion aber nicht. Tatsächlich hätte es auch eine große rechtliche Hürde gegeben. Die meisten Verträge über Gaslieferungen haben lange Laufzeiten, teilweise bis ins Jahr 2030. Und es ist nicht unüblich, dass Gazprom nur einen kleinen Teil des Geldes für die Lieferung von Gas bekommt, wohingegen der Großteil der Vertragssumme an der Nutzung und Instandhaltung der Infrastruktur hängt. Sprich: Russland würde bezahlt, ob Gas kommt oder nicht.[29] Rechtliche Fragen sind aber in Kriegszeiten sowieso ein Fall für sich. Wie sieht es etwa aus, wenn Putin die Lieferungen drosselt? Oder angebliche Ersatzturbinen als Ausrede für Lieferungen nimmt, wie wir noch sehen werden?

Unterschätzt wurden zudem die politischen und soziökonomischen Konsequenzen in Deutschland und Europa. Hohe Arbeitslosigkeit und breite Einkommensverluste sind ein Konjunkturprogramm für rechte Parteien – ob in Deutschland, Frankreich oder Italien. Gleiches gilt für die generelle Akzeptanz für echte Klimapolitik. Verzweifelte Energiespar-Appelle, die aus der Not gegen einen möglichen Importstopp ins Feld geführt werden, sollten nicht grün angemalt und zu progressiver Klimapolitik hochgejubelt werden. Wirklich progressive Klimapolitik im Sinne der Malocherinnen und Malocher in diesem Land sollte dafür sorgen, dass der Alltag mit bescheidenem Einkommen bezahlbar bleibt und keine Wirtschaftskrise samt Entlassungswelle auslösen. Der ökologische Umbau der Wirtschaft funktioniert nur mit der Arbeiterklasse, nicht gegen sie. In der Anhörung des Energieausschusses im Bundestag sprach Frederik Moch, Abteilungsleiter für Industriepolitik im Bundesvorstand des Deutschen Gewerkschaftsbunds, auch die politischen Aspekte an: »Diese dramatischen Folgen werden natürlich nicht in Deutschland halt machen; wir werden diese Auswirkungen in der gesamten EU spüren. Und das wird zu einer Destabilisierung beitragen, da braucht man sich, glaube ich, keinen Illusionen hergeben. Und diese Destabilisierung, die darf natürlich nicht stattfinden, weil sie auch im Zweifel unsere liberale Demokratie unter Druck setzt.«[30]

Das Kaninchen und die Schlange

Am 3. August 2022 ging ein Foto durch Deutschland, das Putin in seinen Machtspielen als kleinen Sieg verbuchen konnte. Olaf Scholz besuchte das Siemenswerk in Mülheim an der Ruhr und ließ sich demonstrativ mit einer Gasturbine ablitzen. Vor der zwölf Meter langen und 18,5 Tonnen schweren Maschine wirkt der kleingewachsene Olaf Scholz hilflos. Man bekommt fast Mitleid. Die Turbine war zum Objekt eines langwierigen Machtkampfes zwischen Russland, Kanada und Deutschland geworden.

Normalerweise sorgte die Turbine in Portowaja, nahe der russischen Hafenstadt Wyborg an der Grenze zu Finnland, dafür, dass Gas durch die Nord Stream 1 Pipeline fließt. Die Turbine ist eine von vielen, die in sogenannten Verdichterstationen eingebaut ist. Betrieben wird die Anlage von der Gazprom-Tochter Nord Stream 1 AG. Hier kommt das Gas aus den Feldern in Westsibirien und von der Jamal-Halbinsel an und wird durch die Turbine bis nach Greifswald in Mecklenburg-Vorpommern gepumpt. Damit Gas immer fließen kann, sind an jeder Verdichterstation mehr Turbinen verbaut als eigentlich nötig. Die Riesenmaschinen werden außerdem regelmäßig zur Wartung nach Kanada geschickt. Man wundert sich wieso, aber offenbar betreibt Siemens da das einzige Werk, das so etwas kann. Als Putin in die Ukraine einmarschiert, ist die Turbine vom Kanzlerfoto auf Wartungsreise in Kanada. Zu der Zeit fließt Gas aber noch in vereinbarter Menge durch das Röhrennetz.

Als Teil der westlichen Sanktionskoaltion verhängte auch Kanada eine ganze Palette von Wirtschaftssanktionen, viele davon im Kreis der G7-Staaten abgestimmt. Eine der Sanktionen richtete sich auch gegen den Export von Gasturbinen. Die Turbine wurde zwar gewartet und war lieferbereit, saß aber in Kanada fest.

Putin witterte darin eine Chance. Für ihn ist es nichts Neues, Gas von der Handelsware zur Waffe zu machen, das hat er schon oft genug bewiesen. Bisher nur nicht gegen Deutschland. Er weiß um die deutsche und die europäische Abhängigkeit und er weiß, wie er Länder gegeneinander ausspielt. Außerdem kämpft er gegen die westlichen Sanktionen. Im Juni 2022 nahm er deshalb die Turbine zum Vorwand, um die Lieferungen durch Nord Stream 1 zu drosseln. Am 14. Juni 2022 verkündete Gazprom, dass die Gaslieferungen um 60 Prozent gekürzt werden müssten, weil am Startpunkt der Pipeline in Portowaja derzeit nur drei Turbinen einsatzfähig und die Übrigen nicht rechtzeitig aus der Reparatur von Siemens zurückgebracht worden seien. Zudem gebe es Störungen von Motoren, deshalb habe die russische Regulierungsbehörde Rostechnadzor zeitweise den Betrieb untersagt – auf Anweisung Putins.

[Grafik 6] **Gasflüsse aus Russland in GWh/Tag** 2022

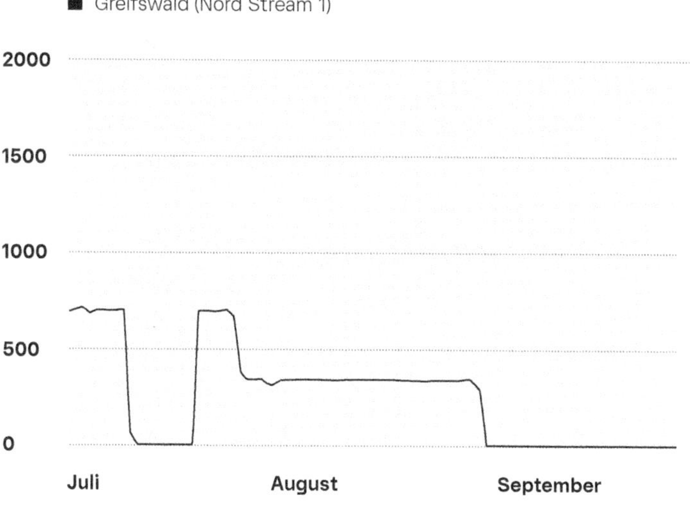

Die Bundesregierung war sich schnell sicher: Putin blufft. Um aber in der deutschen Öffentlichkeit die Schuld auf Putin zu schieben, trat sie den Beweis an. Sie forderte, dass Kanada die Turbine liefere. Habeck griff zum Hörer, um Kanada von einer Ausnahme für die Ausfuhr der Turbine zu überzeugen. Der Premierminister tat sich aber schwer damit, nicht zuletzt, weil es in Kanada eine große ukrainische Community gibt, um deren Stimmung Justin Trudeau gerade in diesen Tagen bemüht ist. Habeck aber war erfolgreich. Am 10. Juli 2022 teilte Kanada mit, die Ausfuhr zu erlauben, allerdings nicht nach Russland, sondern nach Deutschland. Von dort solle sie dann nach Russland geliefert werden. Ein gesichtswahrender Kompromiss. Der ukrainische Präsident Wolodymyr Selenskyj war natürlich empört und beschwerte sich telefonisch und öffentlich bei Trudeau.

Einen Tag nachdem Kanada grünes Licht für die Ausfuhr nach Deutschland gegeben hatte, starteten die jährlichen Wartungsarbeiten an der Pipeline Nord Stream 1. Eigentlich reine Routine, zudem lange im Voraus angekündigt: Stromversorgung, Brandschutz, Ventile; alles wird regelmäßig überprüft, um Sicherheit zu gewährleisten. Während der Wartung kommt durch die Pipeline allerdings nicht eine Wattstunde Gas in Deutschland an. Angesetzt waren die Arbeiten für 10 Tage, am 21. Juli 2022 solle wieder Gas fließen. In Deutschland geht derweil die Sorge um, Putin nutze die Wartungsarbeiten, um die Pipeline ganz dicht zu machen. Zeitgleich wird hektisch diskutiert, ob die Turbine schon in Deutschland angekommen sei oder wo sie sich gerade befinde. Habeck und Scholz äußerten sich nicht und könnten auch nicht versichern, ob am 21. Juli 2022 wieder Gas fließen würde. Deutschland blickte auf die Pipeline wie das Kaninchen auf die Schlange. Tatsächlich hieß es am Morgen des 21. Juli 2022 dann aber: »Das Gas fließt wieder.« Aufatmen! Allerdings werden seitdem nur 40 Prozent der möglichen Auslastung beansprucht, weil laut Gazprom noch die Turbine fehle. Ein Sprecher von Siemens Energy stellte klar, das aber liege an Gazprom: "Der Transport der Turbine ist vorbereitet und könnte sofort starten«, sagte der Sprecher. »Was allerdings fehlt, sind erforderliche Zolldokumente für den Import nach Russland. Diese Informationen können nur vom Kunden bereitgestellt werden.«[31] Mit anderen Worten: Gazprom will die Turbine nicht. Putin spielte das Spiel weiter und legte einige Tage später noch nach. Am 27. Juli 2022 halbierte Gazprom die Lieferungen abermals auf nunmehr 20 Prozent der möglichen Auslastung. Der Grund: Eine weitere Turbine sei ausgefallen, die Ersatzturbine noch nicht da. Innerhalb von 24 Stunden schoss der Gaspreis an der Rotterdamer Börse wieder um 30 Euro auf nunmehr über 200 Euro pro Megawattstunde. Einen Monat später treiben Panikkäufe den Börsenpreis sogar auf 300 Euro. Damit versetzte Putin Deutschland erneut einen Inflationsschlag. Wirtschaftsminister Habeck erklärte, die Pipeline Nordstream 1 sei »vollständig operabel« und die defekten Turbinen »russische Propaganda«.[32]

Um die Situation abzumildern, kündigte Olaf Scholz keine großzügigen Entlastungsprogramme an, sondern versuchte sich in Krisenkommunikation. Ergebnis: Das Foto vor der fehlenden Gasturbine und dazu ein Pressestatement. »Es ist offensichtlich, dass nichts, aber auch wirklich gar nichts dem Weitertransport dieser Turbine und ihrem Einbau in Russland entgegensteht«, sagte der Kanzler. »Die Turbine ist da, sie kann geliefert werden, es muss nur jemand sagen, ich möchte sie haben, dann ist sie ganz schnell da. [...] Die Reduzierung der Gaslieferungen über Nord Stream 1, die Nichterfüllung der Gaslieferungsverträge, hat keinerlei technische Gründe.« Scholz resümierte: »Mit der Lieferung der Turbine haben wir Putins Bluff auffliegen lassen.«[33] Niemandem musste Scholz aber noch beweisen, dass Putin blufft. Scholz' Auftritt wurde so zu einem Eingeständnis der Schwäche, nicht ein Zeichen von Souveränität. Im Internet wurde das Turbinenfoto zum Meme und ZDF-Entertainer Jan Böhmermann spottete auf Twitter: »Kanzler, die auf Turbinen starren«. Einige Minuten später legte er nach: »Kann Olaf solche Fotos Wladimir nicht einfach privat per Whatsapp schicken? Dann muss ich mich nicht so schämen.«.

Anfang September scheint einzutreten, was lange als Worst-Case beschrieben wurde. Nach angekündigten Wartungsarbeiten meldete Gazprom ein Öl-Leck an einer Gasturbine. Die Pumpen in der russischen Verdichterstation Portowaja müssten deshalb gestoppt werden. Ein Foto des vermeintlichen Öl-Lecks machte im Internet die Runde und sah aus, als hätte jemand Cola auf der Turbine verschüttet. Dass deswegen tausende Kilometer Pipeline ausfallen, ist nur schwer vorstellbar. Die Bundesnetzagentur, Robert Habeck und Gazproms Lieferant für Pipeline-Technik, Siemens Energy, halten das Leck für einen neuen Bluff. Ein Sprecher von Siemens Energy erklärte: »Solche Leckagen beeinträchtigen im Normalfall den Betrieb einer Turbine nicht und können vor Ort abgedichtet werden.«. Zudem gebe es in der Verdichterstation Portowaja genügend andere Turbinen für den Pipeline-Betrieb und in der Vergangenheit sei es wegen solcher Lecks auch nicht zum Stillstand gekommen.[34] Gazprom hingegen verkündet, die Lieferungen fielen auf unbestimmte Zeit aus. An der niederländischen Börse schoss der Gaspreis um 35 Prozent auf zeitweise 281 Euro nach oben. Der komplette Lieferstopp stärkte die Sorgen, dass ein dramatischer Winter auf Deutschland und Europa zukommt. Fast zeitgleich zum Lieferstopp kam die Meldung aus Russland, dass Gazprom im erst Halbjahr 2022 Rekordgewinne erzielt hat. Rund 42 Milliarden Euro hat Gazprom im ersten Halbjahr eingenommen. Zum Vergleich: Im ganzen Jahr 2021 waren es nur 27,5 Milliarden. Gazprom verkauft zwar weniger Gas, erlöst aber deutlich höhere Preise an den Spotmärkten.[35]

Putin aber führt offensichtlich mehr im Schilde, als das westliche Sanktionsregime zu spalten und die Inflation am anderen Ende der Pipeline zu befeuern. Die perfiden Spielchen sind wohl die Rache für das Ende von Nord Stream 2. Die Ampel hatte die Zertifizierung für die fertig gebaute Pipeline nach Putins Invasion auf Eis gelegt. Das Röhrennetz von Nord Stream 2 ist mehr als tausend Kilometer lang, auf dem neuesten Stand der Technik und sogar prall gefüllt mit 177 Millionen Kubikmetern Gas.[36] Nur der Hahn darf eben nicht aufgedreht werden. Bei seinem Besuch in Teheran sagte Putin, angesprochen auf die Probleme bei Nord Stream 1: »Wir haben noch eine fertige Trasse. Die können wir in Betrieb nehmen.«[37] Jüngst hat die AfD das Thema für sich entdeckt. Als Habeck die zweite Alarmstufe des Gasnotfallplans ausgerufen hatte, forderte AfD-Spitze Tino

Chrupalla »ein Ende der Russland-Sanktionen und die Inbetriebnahme von Nord Stream 2«. Auch Ex-SPD-Kanzler Gerhard Schröder, der nach seiner Kanzlerschaft zu Putins Öl- und Gaslobbyist Nummer Eins in Deutschland wurde, unter anderem mit Posten im Aufsichtsrat der Nord Stream AG und des Energieriesens Rosneft, forderte die Öffnung der Pipeline Anfang August dieses Jahres. Kurz vorher hatte er Putin getroffen. In einem großen Stern-Interview sagte er: »Die einfachste Lösung wäre, die Pipeline Nord Stream 2 in Betrieb zu nehmen. Sie ist fertig. Wenn es wirklich eng wird, gibt es diese Pipeline, und mit beiden Nord Stream Pipelines gäbe es kein Versorgungsproblem für die deutsche Industrie und die deutschen Haushalte.«[38] Gegen Schröder, der sich zu Putins Marionette machte, scheiterte kürzlich ein Parteiausschlussverfahren, das 17 Orts- und Kreisverbände der SPD angestrengt hatten. Bei Scholz hingegen ist ein Sinneswandel mit Blick auf Nord Stream 2 höchst unwahrscheinlich. Putin hat ihn aus 1.800 Kilometern Entfernung in die Ecke getrieben. Nicht weniger als Scholz' Glaubwürdigkeit steht auf dem Spiel – aber eben auch die Versorgung der deutschen Industrie und die Kaufkraft der Bevölkerung.

Ölschock für Ostdeutschland

Mit Mikrofon in der Hand stieg Habeck auf den Tisch. Vor ihm hatten sich hunderte Beschäftigte der PCK-Raffinerie in Schwedt versammelt. Der Minister kam zur Betriebsversammlung, um über seine Pläne für das Ölembargo zu sprechen. Ein empfindliches Thema in der Stadt, die in der Uckermark liegt und von der Raffinerie lebt. Diese ist das industrielle Herz der Stadt mit 30.000 Einwohnern. Rund 1.200 Beschäftigte arbeiten in der Raffinerie, einige Hundert bei Firmen direkt auf dem riesigen Raffineriegelände. Mehrere tausend Familien sind also von der Raffinerie abhängig. Vor der Wende waren im Betrieb sogar bis zu 9.000 Beschäftigte angestellt. Die Raffinerie ist Dreh- und Angelpunkt der Stadt. Im Grunde wurde die Stadt, die im Zweiten Weltkrieg fast ganz zerstört wurde, als Gürtel um die Raffinerie herum gebaut. Seit 1963 fließt russisches Öl durch die fast 3.000 Kilometer lange Pipeline mit dem russischen Namen »Druschba«, was übersetzt »Freundschaft« heißt. Damals wohnten weniger als 10.000 Menschen in der Stadt, 1980 waren es schon 50.000. Arbeiter zogen scharenweise mit ihren Familien in die großen Plattenbausiedlungen nach Schwedt. Weil es eben gute Arbeit gab; neben der Raffinerie auch bei großen Papierwerken. Man kann sagen: Schwedt ist mit der Raffinerie gewachsen. Diese galt in der DDR gar als staatliches Symbol für moderne Industrie und Schwedt war eine stolze Arbeiterstadt. Doch mit der Wende kam der Einbruch. Die PCK wurde 1990 von der Treuhandanstalt privatisiert. Ebenso die Papierwerke. Rationalisierungsmaßnahmen haben tausende Menschen arbeitslos gemacht, 20.000 sind seitdem aus Schwedt abgewandert, gerade die Jungen, die vor Perspektivlosigkeit flüchten. Reihenweise wurden leerstehende Wohnungen und überflüssig gewordene Straßenzüge abgerissen. Einfamilienhäuser stehen heute neben den letzten Platten. Die Arbeitslosigkeit zählt mit über zehn Prozent zu einer der höchsten in Deutschland.[39] Vor zehn Jahren waren es noch 16 Prozent, davor war die Quote noch höher. Nicht, dass es vor der Wende besser war. Aber: Schwedt hat schon einmal einen harten Strukturbruch erlebt. »Die Menschen hier haben die Erfahrung der De-Industrialisierung von ganzen Regionen in Ostdeutschland nach der Wende gemacht. Dieses gesellschaftliche und persönliche Trauma darf sich nicht wiederholen«, sagte Rolf Erler, Bezirksleiter der Industriegewerkschaft Bergbau, Chemie und Energie (IG BCE). Und jetzt stand da Robert Habeck mit dem Mikro auf dem Tisch und sprach vom nächsten Strukturbruch!

»Ich will Sie nicht vergackeiern und Ihnen auch nicht irgendwie den Himmel rosarot malen«, sagte Habeck mit demütigem Tonfall bei der Betriebsversammlung Anfang Mai dieses Jahres. Er kündigte an, dass Deutschland russisches Öl boykottieren wolle. Zu dem Zeitpunkt gibt es noch keinen Beschluss der EU, Habeck und Scholz wollen einen solchen aber mit Kommissionspräsidentin von der Leyen auf den Weg bringen. Weil Habeck sich der Brisanz der Entscheidung bewusst war, fuhr er hin. Vom Tisch aus blickte er in besorgte, skeptische Mienen. »Ich würde mich freuen, wenn Sie mich nicht nur als ihren Feind sehen, sondern als jemanden, der versucht, diesen Standort zu retten«, beendete Habeck seine Ansprache. Die PCK-Beschäftigten wissen genau, dass in der Raffinerie ohne russisches Öl nicht viel läuft. Die Raffinerie hängt bis zu diesem Zeitpunkt vollständig am russischen Öl und gehört seit 2011 mehrheitlich dem russischen Staatskonzern Rosneft. Das Geschäftsmodell ist schnell erklärt: Russisches Öl über russische Pipelines nach Deutschland pumpen, daraus Benzin, Diesel, Kerosin, Bitumen und Heizöl machen und verkaufen. Geliefert wird nach Polen, Mecklenburg-Vorpommern und vor allem in die Region Berlin-Brandenburg. Letztere wird zu ganzen 95 Prozent aus der PCK-Raffinerie versorgt. Wer in Brandenburg tankt oder vom Berliner Flughafen abhebt, nutzt mit großer Wahrscheinlichkeit PCK-Kraftstoff. Es geht also um weit mehr als die paar tausend Arbeitsplätze, es geht um die Versorgungssicherheit. Ohne Schwedt drohen Engpässe und enorme Preissprünge. Nicht auszudenken, würde dadurch eine neue Ost-West Benachteiligung entstehen, wo doch schon Renten, Löhne und Jobs in Ostdeutschland knapper sind. Höhere Preise drohen ohnehin für ganz Deutschland, weil viele Raffinerien neue Lieferanten brauchen und mit teureren Einkaufspreisen rechnen müssen. Wenn West-Raffinerien zudem Ostdeutschland mitversorgen müssen, steigen die Transportkosten und damit auch der Preis an der Tankstelle.

Die mögliche Lösung, die Habeck bei der Betriebsversammlung präsentierte, hat einige Tücken. Das Öl soll zukünftig aus anderen Ländern per Schiff am Hafen in Rostock ankommen und von dort über eine bestehende Pipeline nach Schwedt transportiert werden. Das Problem: Die Pipeline ist zu klein. Mit der Kapazität von rund 6 Millionen Tonnen pro Jahr kann die Raffinerie nur zu 55 Prozent ausgelastet werden. Dann wird das Raffinieren aber zum Minusgeschäft für die Inhaber und würde eingestellt. Deshalb soll die Pipeline schnell ausgebaut werden. Ein Wettlauf gegen die Zeit. Einige kleine Baumaßnahmen wie der Einsatz von Dosierstationen sei bis Anfang 2023 machbar und würde fünf bis zehn Prozent mehr Auslastung ermöglichen, so die Aussage von Habecks Ministerium.[40] Um die

Auslastung auf 78 Prozent zu erhöhen, müssten zusätzlich drei neue Pumpen eingebaut werden. Das sei laut Habecks Staatssekretär Kellner der Flaschenhals und könne bis zu zwei Jahre dauern.[41] Damit nicht genug: Auch der Hafen Rostock droht zum Flaschenhals zu werden, weil er nicht auf große Tanker ausgelegt ist. Auch hier müsste ausgebaut werden. Ob 65 Prozent Auslastung ab Januar 2023 für einen profitablen Betrieb der Raffinerie geschweige denn für die Versorgungssicherheit ausreichen, wird angezweifelt. »Aktuell fehlt uns die Fantasie, wie ohne die Rohölzufuhr über die Druschba-Pipeline unsere Raffinerie weiterhin wirtschaftlich gut betrieben werden kann«, sagt Anis Ben-Rhouma, Bezirkssekretär der Gewerkschaft IG BCE, die auch PCK-Beschäftigte vertritt. Theoretisch könnte Öl auch über Tanker im polnischen Danzig angelandet und von dort per Pipeline nach Schwedt transportiert werden. Damit wären weitere 15 Prozent Auslastung möglich. Mehr jedoch nicht, weil die Kapazitäten für Polen und die andere ostdeutsche Raffinerie in Leuna gebraucht werden. Doch Polen schließt aus, russische Firmen zu beliefern. PCK ist mehrheitlich im Besitz von Rosneft, die Verhandlungen zwischen Habeck und Polen sind zäh wie Leder. Kurios: Rosneft hatte erst im November 2021 die Shell-Anteile an PCK in Höhe von 37,5 Prozent übernommen. Das Kartellamt hatte schon grünes Licht gegeben, die Beteiligung von Rosneft wäre so von 54,17 Prozent auf 91,67 Prozent gestiegen, aber Habeck hatte ein Veto eingelegt. Bei kritischer Infrastruktur muss jede Übernahme durch Nicht-EU-Investoren vom Wirtschaftsministerium genehmigt werden. Habeck leitete sogar ein sogenanntes Investitionsprüfverfahren ein. Dabei prüft das Wirtschaftsministerium, ob die Übernahme die öffentliche Ordnung oder Sicherheit der Bundesrepublik Deutschland gefährdet. Die Energieversorgung gilt als kritische Infrastruktur. Habeck könnte die Übernahme also endgültig verhindern und sogar noch weitergehen. So wie Gazprom Germania seit dem 5. April 2022 von der Bundesnetzagentur treuhänderisch verwaltet wird, könnte es auch mit der PCK-Raffinerie geschehen. Sogar eine vollständige Enteignung ist möglich, seitdem das Energiesicherungsgesetz im Mai 2022 angepasst wurde. Tatsächlich hat Habeck das auch bei seiner Tisch-Rede auf der Betriebsversammlung in Aussicht gestellt, die juristischen Vorbereitungen hierzu laufen im Ministerium. Offenbar gibt es auch einige interessierte Käufer, etwa das österreichische Handelsunternehmen Alcmene, die schon letztes Jahr die Shell-Anteile kaufen wollten, aber daran scheiterten, dass Rosneft ein Vorkaufrecht hatte. Da Rosneft wohl ohnehin nicht zulassen wird, dass die PCK 2023 Öl aus anderen Quellen als Russland raffiniert, ist der Schritt wohl unumgänglich. Zu früh ankündigen kann Habeck die Enteignung allerdings nicht. Wenn Putin als Konter den Hahn abdreht, bevor Öltanker über Rostock liefern und die Pipeline modernisiert wurde, liegt Schwedt trocken und Berlin-Brandenburg gleich mit. Diese Katastrophe will Habeck unbedingt verhindern. Übrigens: Die restlichen 8,3 Prozent an PCK besitzt der italienische Mineralölkonzern Eni, der in Italien die neuerdings eingeführte Übergewinnsteuer zahlen muss. Und Rosneft hält neben der Raffinerie in Schwedt auch Anteile an anderen Raffinerien, etwa 24 Prozent an der Miro in Karlsruhe und 28,57 Prozent an der Bayernoil in Bayern. Putin hat sich mit seinen

Staatskonzernen Gazprom und Rosneft jahrelang tief in die deutsche Energieversorgung eingekauft – nicht zuletzt durch den Einsatz von Ex-Kanzler Gerhard Schröder.

Für Mehrkosten durch die Umstellung auf andere, teurere Lieferanten verspricht Habeck Finanzhilfen aus dem Bundeshaushalt. Das gilt auch für Investitionen in die Umrüstung der Raffinerie. Das ist nötig, weil der Schwefelgehalt des russischen Öls besonders hoch ist und die PCK-Anlagen darauf eingestellt sind. Auch diese Umrüstung ist laut Verfahrenstechniker schwierig, teuer und braucht Zeit.[42]

Um all diese Probleme aus dem Weg zu räumen, hat Habeck Ende Mai 2022 die Taskforce Schwedt ins Leben gerufen. Sein parlamentarischer Staatssekretär im Bundeswirtschaftsministerium, Michael Kellner, auch ein Grüner, leitet die Taskforce. Per Redaktionsschluss hat sich der Arbeitskreis, zu dem Vertreter verschiedener Bundesministerien und Vertreter der Länder Brandenburg und Mecklenburg-Vorpommern gehören, zweimal getroffen. Handfeste Lösungen und Abkommen gibt es noch nicht. Derweil wachsen Zweifel, Sorgen und Ungeduld in Schwedt. »Die Stimmung in der Belegschaft und in der Region ist schon dramatisch«, gibt Anis Ben-Rhouma zu Bedenken. Er ist Bezirkssekretär der Gewerkschaft IG BCE. Auch die Bürgermeisterin Schwedts, Annekathrin Hoppe, ist skeptisch. In der Experten-Anhörung im Bundestag sagte sie: »Es sind so viele Stellschrauben bei dieser ganzen Geschichte zu betrachten, dass ich große, große Sorgen habe, ob das alles innerhalb einer kurzen Zeit umgeswitcht werden kann.«[43] Schwedt sei PCK und PCK sei Schwedt, stellte sie die Bedeutung der Raffinerie für die Stadt klar. Längst hat sich ein Bürgerbündnis gegründet. »Zukunft Schwedt« ist der Name. Ende Juni 2022 organisierten sie eine Demonstration, zu der auch Habeck, Hoppe und Brandenburgs Ministerpräsident Dietmar Woidke (SPD) sprachen. 4.000 Menschen kamen zur Demo, die eine der größten Kundgebungen in der Uckermark seit 1990 war. Habeck beteuerte seine Versprechen, alles dafür zu tun, dass Schwedt weiterlaufe, aber verteidigte auch den Sanktionskurs der Regierung – begleitet von Pfiffen und Buhrufen der Teilnehmenden. Ein deutscher Öl-Boykott treffe Russland hart. Außerdem sei es wohlfeil für die Beendigung des Krieges zu klatschen, »wenn man dann nicht etwas dafür tut«. Schwedt, muss man dazu sagen, ist ohnehin kein gutes Pflaster für die Grünen. Bei Bundestagswahlen springt regelmäßig nicht mehr als vier Prozent raus. In Schwedt dominiert die SPD. Dahinter rangiert die AfD mit knapp 20 Prozent. Auf der Demo machten sich auch vereinzelt Russlandfahnen und das Schild »Grüne an die Ostfront« bemerkbar.[44] Dabei lautete die Forderung des Bürgerbündnisses recht pragmatisch: »Erst Lösung, dann Embargo.« So vertritt es auch die Bürgermeisterin Hoppe. Dass Schwedt nicht ewig auf Öl setzen kann, sei klar gewesen. Bauchschmerzen bereite ihr aber der Hau-Ruck-Boykott. »Der Wandel hin zu neuen Technologien wäre ohnehin gekommen, nun vermutlich eben etwas eher«, sagte Hoppe. In Schwedt solle ein Innovationscampus entstehen, der war allerdings schon vor Kriegsbeginn geplant. Die Raffinerie solle irgendwann grün werden. Weg vom Öl, hin zu Wasserstoff. Wann genau, wie genau und unter welchem Eigentümer – all das ist Zukunftsmusik.

Wie beim Gas gibt es auch beim Öl diverse Produktionsketten, die man nicht einfach mit der politischen Axt durchtrennen kann, ohne Chaos zu stiften. Nur ein Beispiel: PCK stellt aus dem russischen Öl Bitumen her. Bitumen wird als Bindemittel für Asphalt oder für Abdichtungen in Bauten genutzt. In Schwedt stellt PCK ein Drittel des Bitumens her, das in Deutschland für den Straßenbau verwendet wird. Kein Wunder, dass sich die Bauindustrie um Engpässe bei Bitumen-fähigem Öl sorgt. »Ohne Bitumen aber kein Asphalt, ohne Asphalt keine Modernisierung von Straßen, Brücken und Hochbauten«, sagt Peter Hübner, Präsident des Hauptverbands der Deutschen Bauindustrie. Darauf habe Habeck keine Antworten.[45] Engpässe und steigende Preise beim Bau stoppen dringend benötigte Investitionen, öffentlich und privat.

Wieder muss man die Frage stellen: Ist ein Embargo mit kurzer Ausstiegsfrist ein cleverer Schachzug? Stehen Kosten und Nutzen in einem angemessenen Verhältnis? Putin hat sechs Monate Zeit, um sein Öl anderweitig zu verkaufen. China und Indien sind dankbare Großabnehmer, Türkei und Südkorea ebenso. Deutschland und die EU wiederum haben sechs Monate Zeit, um Öl woanders einzukaufen. Da Öl nicht im Überschuss vorhanden ist, müssen die EU-Länder anderen Ländern das Öl wegkaufen und diese Länder wiederum dann bei Putin kaufen. So funktionieren Weltmärkte. Alle kaufen folglich woanders und bezahlen dafür höhere Preise. Verbraucher werden ärmer, Putin reicher. Und wenn Infrastruktur und Logistik bei dem Hin und Her nicht mitkommen, wie etwa in Schwedt, drohen Engpässe. Denn wenn Pipelines nicht mehr genutzt werden, braucht es mehr Schiffe zum Energietransport.

Das ist mindestens ineffizienter und teurer, führt aber auch zu Lieferproblemen, wenn nicht genügend zusätzliche Schiffe unmittelbar eingesetzt werden können.

Für Deutschland sind Risiko und Kosten hoch, für Putin hingegen eher klein. All der Aufriss mit Schwedt für ein Runzeln auf Putins Stirn? Selbst wenn er geringere Mengen Öl verkauft, der Preis aber wegen der Unsicherheit am Markt und der allgemeinen Knappheit steigt, läuft das Geschäft. Im Mai 2022 sind Russlands Einnahmen aus Ölverkäufen um 20 Milliarden US-Dollar gestiegen.[46] Öl anderweitig zu verkaufen ist einfacher, als Gas anderweitig zu verkaufen. Weil Gas viel mehr an Pipelines hängt als Öl. Und wenn das Kosten-Nutzen-Verhältnis so schlecht ist, wieso dann das Hau-Ruck-Embargo statt eines graduellen Ausstiegs? Weil die Sanktionspolitik auf Symbole angewiesen ist? Vielleicht. Blöd nur, wenn sich Symbole schnell entzaubern und am Ende nur Probleme übrig bleiben.

Im April 2022 kündigte Habeck noch an, dass Deutschland schon nicht mehr ein Drittel seines Rohöls aus Russland beziehe, sondern nur noch zwölf Prozent. So schnell hatte Habeck das Land aus der Abhängigkeit befreit. Per Instagram-Video erklärte der Minister, dass überall dort, wo Öl per Schiff komme, einfach neue Verträge mit anderen Lieferanten aus anderen Ländern geschlossen würden. In Schwedt blockiere Rosneft den Ablauf. Zwei Monate später muss er sich korrigieren. Sein Ministerium teilt auf Anfrage mit, dass sich die russischen Ölimporte bisher lediglich auf 28 Prozent reduziert hätten. Habeck gesteht im Zeit-Interview, dass die Übergangsfrist von den Firmen genutzt werde, um so lange wie möglich noch günstiges russisches Öl zu bekommen. Weil es eben betriebswirtschaftlicher sei. Die realen Abhängigkeiten von infrastrukturellen Bedingungen und Logistik sowie das Handeln nach den Logiken der Betriebswirtschaft und des Welthandels schlagen auch beim Öl die unterkomplexen Embargo-Forderungen, welche vornehmlich mit Moral und Opferbereitschaft legitimiert werden. Die moralische Perspektive darf ökonomische Zusammenhänge nicht außer Acht lassen. Nicht nur, weil sich der erhoffte Nutzen, der Einfluss auf Putins schlimmen Krieg, vielleicht nicht realisiert. Sondern auch, weil gut gemeinte Sanktionspolitik in Wahrheit bösen Schaden anrichten kann, wenn ihre Auswirkungen auf Preise, Stadtentwicklung und Drittländer nicht sorgsam in den Blick genommen wird.

Kapitel V
Macht und Märkte in Kriegszeiten

Kriege sind ein Fenster in Machtstrukturen. In Kriegszeiten werden neue Gefälle deutlich und manche Wahrheiten formieren sich neu. Etwa, dass Putin besser auf unsere Euros verzichten kann als wir auf sein Gas – zumindest kurzfristig. Dass man ein Land wie Russland nicht weltweit isolieren kann, solange es produziert, was die Welt braucht, zeigt sich aktuell ganz gut. Öl ist das beste Beispiel. Wenn Deutschland nicht kauft, kauft ein anderes Land. Und dies nicht einmal aus schlechten Motiven, sondern weil es muss, wenn es für westliche Sanktionen nicht selbst verzichten will und zugleich Deutschland das knappe Öl wegkauft. Auch zeigt sich, dass das rohstoffreiche Russland auf Hightech-Einfuhren angewiesen ist und deshalb chirurgische Sanktionen wie Exportverbote effizienter sind als Embargos mit dem Vorschlaghammer. Dass Länder mit großen Exportüberschüssen den Kurs ihrer Währung stabilisieren können, selbst wenn ihr die Währungsreserven eingefroren werden. Es wird sichtbar, dass die neoliberale Globalisierung mit *Just-in-Time* Lieferketten zwar effizient, aber anfällig ist. Andersherum sieht man, dass *Just-in-Case* Lieferketten in unsicheren Zeiten Goldwert sind. Dass kritische Infrastruktur wie Gasspeicher und Ölraffinerien nicht in die Hände ausländischer Staatskonzerne gehört. Und vielleicht auch nicht in die Hände privater Konzerne, die sich ein gemütliches Oligopol aufgebaut haben. Während bei Energiekonzernen Korken knallen und Gewinne sprudeln, zahlen die Verbraucher die Zeche. Erst recht diejenigen, die ohnehin nicht viel verdienen und keine Lobby im Parlament haben. Wir sehen, dass Oligopole die Versprechen der Marktwirtschaft brechen, wenn es kein Kartellamt mit Klauen und Zähnen gibt. Dass Oligarchen und Kriminelle gut lachen haben, wenn Behörden gelähmt und Gesetze lückenhaft sind. Dass es problematisch ist, wenn man der FDP das wichtige Finanzministerium überlässt, erst recht, wenn der Finanzminister Christian Lindner heißt und für eine grundsätzlich andere Finanzpolitik als die größeren Regierungsparteien SPD und Grüne eintritt. Dass verschleppte Investitionen in Wind, Solar und die Energiewende die Außenpolitik blockieren können. Dass Inflation ein Verteilungskonflikt mit Gewinnern und Verlierern ist, der die Zentralbank überfordert. Dass Ideologie und Ideale hintenanstehen, wenn unsichere Zeiten Pragmatismus fordern.

Der Markt regelt nicht (mehr)

Schon die Corona-Krise hat den »der Markt regelt alles«-Glauben erschüttert, der Krieg macht es ihr gleich. Manches regelt der Markt gut – unter bestimmten Bedingungen. Wenn es viele Anbieter und viele Nachfrager gibt, wenn Wettbewerb herrscht, wenn Informationen über Produkte und Anbieter transparent sind, wenn Angebot und Nachfrage stark von Preisen abhängen, wenn Profit und Gemeinwohl einigermaßen zusammenpassen. Gerade im Energiebereich lernt Deutschland in dieser Zeit, dass der Markt eben doch nicht so viel regelt wie bisher angenommen. Laut wie nie sind die Rufe nach staatlichen Eingriffen. Und die kommen längst nicht nur von Gewerkschaften, sondern auch von Arbeitgebern. Deutschland diskutiert Enteignungen,

Firmenrettungen, schärfere Kartellgesetze und Rationierungen. Wer hätte das gedacht?

Selbst die FDP zeigt sich offen. »Seit Beginn des Angriffskrieges in der Ukraine steht hierzulande die Unabhängigkeit von russischen Energieimporten im Fokus. Dafür kann es im Ernstfall erforderlich sein, Unternehmen der kritischen Infrastruktur treuhänderisch zu verwalten oder gar zu enteignen«, sagte Christian Dürr, Fraktionschef der FDP im Bundestag, als im Parlament ein Update des Energiesicherungsgesetzes beschlossen wird – in Vorbereitung darauf, Rosneft die PCK-Raffinerie in Schwedt abzunehmen.[1] Auch die Übernahme von Gazprom Germania hat die FDP mitgetragen. Die Geschäfte führt übergangsweise der Staat, vertreten durch die Bundesnetzagentur. Die deutsche Tochter des russischen Staatskonzerns ist in Deutschland für 40 Prozent der Gasversorgung zuständig. Gazprom Germania betreibt über die Tochter Astora den größten Gasspeicher Deutschlands und ist über Firmen wie Wingas mit der Belieferung von Stadtwerken und dem Importgeschäft befasst. »Sie ist im Bereich Gashandel, Gastransport und -speicher tätig und für die Gasversorgung in Deutschland von überragender Bedeutung«, stellte Wirtschaftsminister Habeck klar.[2] Offen ist, ob aus der treuhänderischen Übernahme eine dauerhafte Enteignung wird. Wahrscheinlich schon. Das Unternehmen wurde schon in »Securing Energy for Europe GmbH« umbenannt. Unwahrscheinlicher hingegen ist, dass der Staat dauerhaft Eigentümer bleibt. Statt in das Eigenkapital einzusteigen, hat der Bund Garantien für einen zehn Milliarden Euro KfW-Kredit übernommen. Gazprom Germania kämpft nämlich wie Uniper und andere Gasimporteure mit den hohen Gaspreisen, die nicht unmittelbar an die Kunden weitergegeben werden können.

Apropos Uniper. Hier ist der deutsche Staat eingestiegen. Der Bund übernimmt 30 Prozent des großen Gasimporteurs zu rabattierten Aktien-Kursen, steht für einen 7 Milliarden Euro KfW-Kredit ein und kauft Pflichtwandelanleihen im Wert von 7,7 Milliarden Euro. Bei Pflichtwandelanleihen bekommt der Bund nicht das Geld zurück, sondern am Ende der Laufzeit neue Aktien in Höhe der Anleihe. Die Anleihen sind also versteckte Kapitalerhöhungen. Unipers Hauptaktionär und Mutterkonzern Fortum bekommt allerdings das Recht eingeräumt, dem Bund 70 Prozent der Pflichtwandelanleihen abzukaufen. Sonst wäre am Ende der Bund noch Hauptaktionär und nicht mehr Fortum. Nötig geworden war das, weil mit Uniper der größte Gasimporteuer des Landes auf die Pleite zusteuerte. Seit Gazprom die Lieferungen durch Nord Stream 1 drosselt und weniger als vertraglich vereinbart liefert, muss Uniper das günstige russische Gas mit Gas aus anderen Ländern ersetzen. Weil es darüber keine langfristigen Verträge zu günstigen Konditionen abschließen konnte, muss es den teuren Marktpreis zahlen. Die Einkaufskosten sind damit förmlich explodiert. Gleichzeitig hat Uniper auf der Verkaufsseite Verträge mit Stadtwerken und Versorgern zu fixen Preisen, an die es sich halten muss. Die entsprechenden Preise waren aber auf Basis der langfristigen Verträge über günstiges Russland-Gas kalkuliert, nicht für spontane Einkäufe von teurem Gas aus anderen Ländern am Spotmarkt. Der Spotmarkt ist der Teil der Börse, an dem Gas ohne langfristige Verträge und zur Lieferung innerhalb weniger Tage gehandelt wird.

Weil am Spotmarkt plötzlich alle das Russland-Gas ersetzen wollen, ist der Preis besonders hoch. Folglich strich Uniper üble Verluste ein. Zusammen mit Abschreibungen für die Pipeline-Nord beträgt der Halbjahresverlust 2022 satte zwölf Milliarden Euro. Wäre der Staat nicht eingestiegen und Uniper pleite gegangen, stünde die Versorgung von Stadtwerken und Versorgern auf dem Spiel. Eine Katastrophe.

Der Staat rettet dieses Jahr wichtige Energiefirmen wie Banken während der Finanzkrise. Dabei geht es gar nicht immer um die Firmen selbst, sondern um die Gefahr eines Dominoeffekts, bei welchem eine Firmenpleite die nächste auslöst. Eine solche Kettenreaktion soll unbedingt vermieden werden. Deshalb hat der Bund Ende April 2022 auch andere Hilfen für energieintensive Firmen aufgelegt, darunter ein zinsgünstiges Kreditprogramm der staatlichen Förderbank KfW, Bürgschaften, Staatskredite, um die Liquidität von Energieversorgern am Markt abzusichern (sogenanntes Margining) und Zuschüsse für Firmen, deren Energiekosten sich verdoppelt haben. Schon im März 2022 hatte der Kohlekraftwerk-Betreiber Leag aus der Lausitz einen KfW-Kredit in Höhe von 5,5 Milliarden Euro erhalten. Beim Energiekonzern Steag aus Essen, einem der größten Stromerzeuger des Landes, war es eine KfW-Kreditlinie in Höhe von 400 Millionen Euro.

Die neueste und wohl umstrittenste Maßnahme ist allerdings die Gasumlage. Gaskunden in Deutschland müssen ab Oktober 2022 2,4 Cent pro Kilowattstunde mehr bezahlen – unabhängig von ihrem Vertrag. Mit der Umlage soll den Gasimporteuren unter die Arme gegriffen werden, die wie Uniper von den hohen Kosten erdrückt werden. Deren Problem: Sie bekommen durch Putins Machtspiele am Gashahn weniger geliefert und müssen die fehlenden Mengen teuer am Weltmarkt nachkaufen. Das ist ein Minusgeschäft, weil sie mit ihren Kunden viel günstigere Preise vereinbart haben. Rund 90 Prozent der Extrakosten sollen die Firmen mit der Umlage kompensiert bekommen. Die 2,4 Cent wurden von der Trading Hub Europe GmbH errechnet. Trading Hub Europe ist ein Gemeinschaftsunternehmen der Ferngas-Netzbetreiber und spielt eine zentrale Rolle im deutschen Gasmarkt. Wer als Unternehmen die Umlage beantragt hat, musste die Bücher aufmachen und Minusgeschäfte durch fehlendes Putin-Gas nachweisen. Insgesamt haben das zwölf Firmen gemacht. Über 18 Monate soll die Umlage schätzungsweise 34 Milliarden Euro aufbringen. Zahlen müssen die Umlage die Kunden der Importeure, also die Versorger und Stadtwerke. Die wiederum legen die höheren Preise auf ihre Kunden, also Firmen und Privathaushalte, um. Schätzungsweise verteilt sich die Summe auf 24 Milliarden Euro für Firmen und 10 Milliarden Euro für Haushalte. Ganz schön viel Holz! Und es kann noch mehr werden, wenn Putin den Hahn ganz zudreht. Alle drei Monate will die Trading Hub Europe die Umlage an die neuen Marktgegebenheiten anpassen.

In der Bevölkerung kam die Umlage gar nicht gut an. Erst die hohe Inflation, die Güter des täglichen Bedarfs verteuert, dann die erste Heizkostenerhöhung, jetzt auch noch die Umlage auf Gas. Aufs Jahr gerechnet soll die Umlage für einen Singlehaushalt bei normalem Verbrauch rund 120 Euro ausmachen, bei größeren Haushalten entsprechend mehr. Energieintensive

Firmen, etwa Papierwerke oder Stahlhersteller, trifft es noch härter. Für sie entstehen durch die Umlage Kosten von mehreren Millionen Euro. Kosten, die sie am Ende natürlich in Form höherer Preise auf die Endkunden abzuwälzen versuchen. Die Gasumlage, die für Bäcker Lutze, die Chemiefabrik, die Wäscherei, den Papierhersteller und die Versorger mit Strom und Fernwärme nun anfällt, landet damit früher oder später auch beim Verbraucher und in der Inflationsrate. Man muss es so klar sagen: Mit der Gasumlage retten die Gaskunden den Importeuren das Geschäft, ohne anteilsrechtlichallerdings beteiligt zu werden und ohne etwas von den Milliardengewinnen, die in den Jahren zuvor erwirtschaftet wurden, abzubekommen. Die Gasumlage ist damit ein guter Deal für die Versorgungssicherheit, aber ein schlechter Deal für den sozialen Zusammenhalt und die Ungleichheit in Deutschland. Obendrauf hat die Ampel die Umlage fatal kommuniziert, weil lange Zeit unklar war, ob auch noch die Mehrwertsteuer darauf anfällt. Christian Lindner hat die EU um eine Ausnahmeregelung gebeten, aber eine Abfuhr kassiert. »Na toll, nochmal 19 Prozent oben drauf«, dachten viele.

Einige Tage später folgte die Kehrtwende. Olaf Scholz verkündete, dass die Mehrwertsteuer auf Gas von 19 auf 7 Prozent abgesenkt werde, solange es die Gasumlage gebe. Wichtig: Nicht nur die Steuer auf das Entgelt der Umlage wird gesenkt, sondern auf Gas insgesamt. »Mit diesem Schritt entlasten wir die Gaskunden insgesamt deutlich stärker als die Mehrbelastung, die durch die Gasumlage entsteht«, sagte der Kanzler. Aber stimmt das?

Wie stark Gaskunden von der Steuersenkung profitieren, hängt von ihrem Vertrag ab. Je teurer der Vertrag, desto größer die Entlastung. Wer heute einen Vertrag über schwindelerregende 30 Cent pro Kilowattstunde abschließen muss, hätte mit Umlage ab Oktober 2022 32,6 Cent bezahlt, spart aber durch die Steuersenkung rund 3,3 Cent und zahlt unterm Strich dann 29,3 Cent pro Kilowattstunde. Die Ersparnis beträgt also lächerliche 0,7 Cent pro Kilowattstunde. Das macht bei einem typischen Jahresverbrauch von 10.000 Kilowattstunden in Summe 70 Euro weniger. Verbraucher mit alten Gasverträgen über 6 Cent pro Kilowattstunde hätten plus Gasumlage 8,6 Cent gezahlt, sparen durch die Steuersenkung aber 0,9 Cent und zahlen deshalb am Ende 7,7 Cent pro Kilowattstunde. Also in Summe 1,7 Cent mehr als ohne Umlage und Steuersenkung. Macht bei einem typischen Jahresverbrauch von 10.000 Kilowattstunden in Summe also 170 Euro mehr. Erst ab Vertragspreisen von circa 22 Cent pro Kilowattstunde spart man durch die Steuersenkung. Das sind aber ohnehin nur Kleckerbeträge im Vergleich zur drei- bis sechsmal teureren Heizkostenabrechnung! An den Betrieben läuft die Steuersenkung vorbei, weil die Mehrwertsteuer ohnehin ein durchlaufender Posten ist. Und: Was für ein Wirrwarr! Erst Umlage, dann Mehrwertsteuer, dann Steuersenkung auf alles. Am Ende wird die Umlage als Bürokratiemonster zum Konjunkturprogramm für Steuerberater.

Die Alternative wäre gewesen, das Minusgeschäft der Importeure nicht über eine Umlage, sondern aus dem Bundeshaushalt zu bezahlen, als Zuschuss oder als Beteiligung am Eigenkapital. Habeck wollte es aus dem Haushalt zahlen, Lindner blockte ab. Die Umlage war der Kompromiss. Die Mehrwertsteuersenkung auf Gas wiederum geht wohl auf die FDP zurück.

Gerade Lindner hatte sich sehr stark dafür gemacht, eine Steuererhöhung zu verhindern. Da die Schuldenbremse 2022 wegen der Notsituation durch den Krieg in der Ukraine noch ausgesetzt ist, hätte die Regierung die Milliarden einfach mit einem Nachtragshaushalt auf den Weg bringen können. Ein paar mehr Staatsanleihen ausgeben können und fertig wäre der Deal gewesen. Oder warum nicht ein Sondervermögen Energiesicherheit mit 34 Milliarden Euro, das von der Schuldenbremse ausgenommen wird? Für die 100 Bundeswehrmilliarden ging das schließlich auch. Die Lösung über den Bundeshaushalt wäre schlank und pragmatisch gewesen. Sie hätte zudem weitere Belastungen im Energiebereich verhindert. Beim Hin und Her mit der Umlage und der Steuersenkung müssen sich Millionen Menschen aufregen, hunderte Firmen den Steuersatz unterjährig in der Buchhaltung ändern, tausende Buchhalter Rechnungen korrigieren, tausende Steuerberater Stunden damit zubringen – und, und, und. Teurer wird es am Ende trotzdem, denn die 24 Milliarden Euro an Umlage für die Firmen bleiben ja bestehen. Die Ampel, die sich Fortschritt auf die Fahnen schreibt und die FDP, die einen schlanken, modernen Staat will, machen Politik zum Gegenteil. Und damit spielen sie unabsichtlich Putin und seinen perfiden Machtspielen in die Karten. Diese zielen ja darauf ab, Deutschland und Europa zu spalten. Die chaotische, unsoziale Gasumlage hat in Deutschland ihren Beitrag dazu geleistet.

»Gießkanne«, meckerten einige Ökonomen. Dabei entlastet die Steuersenkung genau jene Gaskunden, die die höchsten Preise in den Verträgen haben. Transfers wären außerdem noch mehr Bürokratie, andere Steuersenkungen wiederum nichts für

Gaskunden. »Fatales Signal«, wetterte Energieökonom Volker Quaschning.[3] »Besser wäre, Preise wirken zu lassen, um zum Sparen anzureizen«, schrieb Grünen-Landesfinanzminister Danyal Bayaz auf Twitter.[4] Man fragt sich: Wie teuer soll es denn noch werden? Die meisten Mieter haben kaum noch Möglichkeiten zum Sparen und die Vermieter und Eigenheimbesitzer finden kaum Handwerker, um die Gasheizung zu ersetzen. Der Anreiz, den gerade Grüne sich von hohen Preisen wünschen, ist längst ausgereizt. Der Markt kann mit Preisen nicht regeln, wo die Nutzung von Gas alternativlos ist. Wenn Preise immer weiter steigen, ist das sozialer Sprengstoff und kostet zudem noch gesellschaftliche Akzeptanz für Klimaschutzmaßnahmen in der Zukunft.

Außerdem hätte es noch eine bessere Möglichkeit gegeben, um Gasfirmen aus der Patsche zu helfen und zugleich Verbraucher gerecht zu entlasten. Der Vorschlag lag seit April 2022 auf dem Tisch und nannte sich Gaspreisdeckel. Die Ökonomin Isabella Weber von der Universität Massachusetts Amherst in den USA und der Ökonom Sebastian Dullien vom gewerkschaftsnahen Institut für Makroökonomie und Konjunkturforschung hatten zusammen ein Konzept erarbeitet und in der *Süddeutschen Zeitung* veröffentlicht.[5] Weber hatte schon im Dezember des Vorjahres im *Guardian* einen Gastbeitrag geschrieben, der die Zunft der Mainstream-Ökonomen empörte. Weber schrieb über strategische Preiskontrollen zur Dämpfung von Inflation. Aus Sicht eines Mainstream-Ökonomen ist das der Hochverrat an der Marktwirtschaft. Das Letzte, aber wirklich Allerletzte, das man tun sollte, ist in die Preise einzugreifen, wird der Preismechanismus doch als heiliger Grahl verehrt. Gott behüte. Über

Weber brachte ein peinlicher Shitstorm ein. Dabei, das schrieb Weber auch, waren Preiskontrollen gegen frühere Inflationsprobleme in den USA erfolgreich. Webers Artikel erschien noch vor Putins Invasion. Seitdem ist das Thema fast Mainstream geworden. Selbst EU-Kommissionspräsidentin Ursula von der Leyen und Italiens Ministerpräsident Mario Draghi, wahrlich keine Linken, haben sich im April dieses Jahres bemerkenswerterweise für Eingriffe wie über einen Preisdeckel beim Gas ausgesprochen.[6] Selbst Jens Spahn, der Ex-Gesundheitsminister, der sich bei der CDU jetzt um Wirtschaft kümmert und sich als überzeugter Marktwirtschaftler versteht, macht sich seit Juli 2022 dafür stark. Ironie der Geschichte: Wirtschaftsminister Habeck lehnt einen Deckel ab, weil er nicht in die Preise eingreifen wolle. Hohe Preise seien der beste Anreiz zum Gassparen, so das Credo. Dass das Argument in sich zusammenfällt, sehen wir, wenn wir uns die Details einer Preisdeckelung anschauen.

Wie genau soll der Gaspreisdeckel aussehen? Dullien und Weber schlagen einen Höchstpreis von 7,5 Cent pro Kilowattstunde für einen Grundverbrauch von 8.000 Kilowattstunden pro Jahr und Haushalt vor. Das liegt etwas über dem durchschnittlichen Gaspreis von 6,8 Cent je Kilowattstunde, den Verbraucher im zweiten Halbjahr 2021 gezahlt haben.[7] 8.000 Kilowattstunden entsprechen in etwa dem halben Gasverbrauch in einer durchschnittlichen 100-Quadratmeter-Wohnung. Für Einpersonenhaushalte liegt der durchschnittliche Gasverbrauch im Jahr bei 125 Kilowattstunden pro Quadratmeter. Macht bei 50 Quadratmetern dann 6.250 Kilowattstunden. Für Familien und Lebensgemeinschaften könnte der Grundverbrauch je nach

Personenzahl gestaffelt und nach oben angepasst werden. Natürlich sollen die Versorger nicht zu Verlusten gezwungen werden, indem sie das Gas im Großhandel teurer einkaufen, als sie es den Haushalten verkaufen. Das wäre mit der Marktwirtschaft nicht vereinbar, die Gasversorger würden in Finanznot geraten. Deshalb soll der Bund den Gasversorgern die Differenz zwischen Verkaufspreis und Einkaufspreis (ggf. plus einer kleinen Marge) kompensieren. Man könnte also sagen: Der Staat würde den Grundverbrauch von Gas subventionieren. Allerdings nur so lange, wie der Marktpreis für Gas über der Grenze von 7,5 Cent pro Kilowattstunde liegt. Damit wäre Gas zwar etwas teurer als im Vorjahr, aber der Anstieg nicht astronomisch, so die Überlegung von Dullien und Weber. Fällt der Marktpreis darunter, würde der Deckel automatisch nicht mehr greifen und entsprechend auch keine staatliche Kompensation gezahlt. Zur Einordnung: Als Weber und Dullien den Vorschlag gemacht haben, lag der Preis für Neukunden noch bei 12,5 Cent pro Kilowattstunde, bei Redaktionsschluss des Buches liegt er bei bis zu 30 Cent pro Kilowattstunde. Er hat sich also nochmal verdoppelt. Wichtig ist: Der Deckel gilt nur für den Grundverbrauch. Für jede Kilowattstunde über diesem Sockel solle der Versorger den Preis selber festlegen. Was das für den Bundeshaushalt bedeuten würde, rechnete Dullien im April 2022 vor: »Subventioniert der Staat die Differenz zwischen den jetzigen Preisen und denen vor der Erhöhung, ist das günstiger oder teurer – je nachdem, was das Gas kostet. Es gibt etwa 20 Millionen Haushalte mit Gasanschluss in Deutschland. Wenn jeder Haushalt 8.000 Kilowattstunden bekommen würde, und der Staat müsste jede Kilowattstunde mit fünf Cent subventionieren, wären wir bei etwa acht Milliarden Euro. Diese Rechnung basiert auf den jetzigen Preisen.«[8] Die Rechnung stimmt für August 2022 nicht mehr. Der Durchschnittspreis für Gasverträge liegt bei 18 Cent, der Preis für neue bei 30 Cent pro Kilowattstunde. Der Staat müsste also eher 10 bis 20 Cent subventionieren und damit im Haushalt 16 bis 32 Milliarden Euro einplanen. Auch Jens Spahn machte einen konkreten Vorschlag; Die ersten 5.000 Kilowattstunden Gas sollen nicht mehr kosten als im letzten Jahr. Gleiches schlägt er für die ersten 2.000 Kilowattstunden Strom vor.

Die Vorteile des subventionierten Grundverbrauchs liegen auf der Hand. Kleine Einkommen verbrauchen weniger Gas als Spitzenverdiener, müssen aber einen größeren Teil ihres kleinen Einkommens dafür ausgeben. Die Kassiererin mit bescheidener Mietwohnung würde stärker entlastet als der Bankmanager mit Einfamilienhaus und Jacuzzi auf der Terrasse. Der von liberalen Ökonomen und grünen Politikern hochgejubelte Anreiz zum Sparen bliebe erhalten, weil jede Kilowattstunde über dem Grundverbrauch zu dann höheren Marktpreisen abgerechnet würde. Wenn der Grundverbrauch günstiger als der Zusatzverbrauch ist, würde der Anreiz sogar stärker. Dass selbst der grüne Wirtschaftsminister Robert Habeck den Deckel ablehnt, darf also verwundern.

Die Debatte um Sparanreize durch Mondpreise wurde längst nicht nur beim Gas geführt. Am heftigsten wurde darüber gar beim Sprit gestritten, vor allem über die Preise an den Zapfsäulen Deutschlands! Putins Invasion hat die Kraftstoffpreise explodieren lassen. Diesel stieg in der Spitze um 70 Cent pro Liter, Super um 50 Cent.

[Grafik 7] **Durchschnittskosten Super** (E5), **Super** (E10), **Diesel** 2022

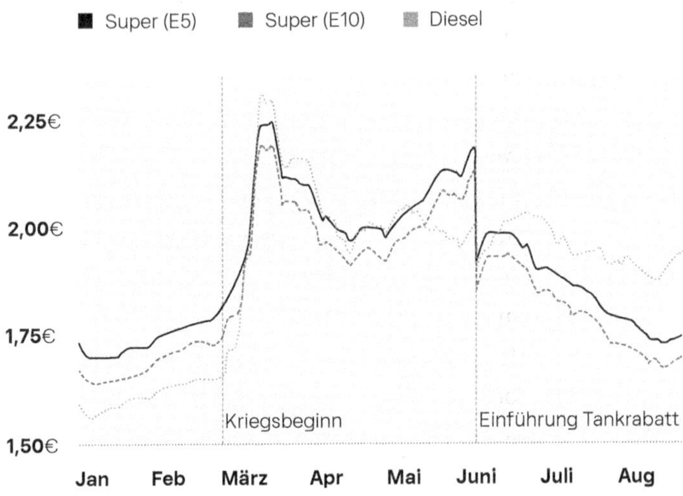

Russland ist der zweitgrößte Ölproduzent der Welt, liefert rund jeden zehnten Liter Öl, der im Weltmarkt gehandelt wird und ist Teil des erweiterten Kartells der großen Ölproduzenten OPEC (Organisation erdölexportierender Länder). Kein Wunder also, dass der Weltmarktpreis für Rohöl hochgeschossen ist, als Putin den Einmarsch startete und Länder wie die USA früh ein Ölembargo verhängten. Zur Vollständigkeit gehört gleichwohl, dass der Ölpreis auch schon vor dem Krieg deutlich angestiegen ist. Die Pandemie hat die Weltwirtschaft und damit auch die Ölnachfrage gelähmt, entsprechend lag der Rohölpreis lange unter 50 US-Dollar pro Barrel. Der Ölpreis stieg erst mit der wirtschaftlichen Erholung wieder, angetrieben durch höhere Nachfrage und der Entscheidung des OPEC-Kartells, das Ölangebot zu verknappen. Schon der Begriff »Kartell« verrät, dass der Markt für Rohöl kein gewöhnlicher ist. Der Markt regelt auch hier nichts, er wird vielmehr geregelt. Ein Großteil der Produzenten spricht sich regelmäßig ab, welche Mengen von wem produziert werden. Die Mitglieder dieses Kartells sind allerdings Staaten, keine Firmen. Damit aber nicht genug. Auch die späteren Abschnitte der Lieferkette sind verkrustet und vermachtet – über die Raffinerien, die das Rohöl zu Kraftstoffen machen bis hin zu den Tankstellen. Diesel und Benzin wurden nicht nur teurer, weil Rohöl teurer wurde, sondern auch weil marktmächtige Konzerne wie Shell, BP, Total und ExxonMobil ihre Gewinnmargen vergrößert haben. Normalerweise entwickeln sich die Preise für Rohöl und Sprit einigermaßen im Gleichklang. Nach der Invasion stieg der Spritpreis aber deutlich stärker als der Rohölpreis. Einerseits, um in der Gunst der Stunde mehr Profite zu machen. Andererseits, um tatsächlich anfallende höhere Produktionskosten zu decken. Wenn Raffinerien andere Ölsorten einkaufen, erfordert das teure Umrüstungen im Betrieb. Außerdem kostet das Raffinieren viel Energie, allen voran Strom und Gas. Strom und Gas sind aber ebenso teurer geworden, was die Produktionskosten treibt. Gleiches gilt für Chemikalien und Transportkosten! Obendrein hatten viele Raffinerien Schwierigkeiten, ihre Kapazitäten auszuweiten, um die gestiegene Nachfrage zu bedienen. Viel wurden während der Pandemie heruntergefahren, da sich das Geschäft zu niedrigen Preisen nicht rechnete. Erschwerend kamen noch Wechselkursverluste hinzu. Der Euro verlor gegen den US-Dollar an Wert. Da Rohöl in US-Dollar gehandelt wird, wurden die Öl-Einkäufe in Euro gerechnet teurer. All das führte zu den hohen Spritpreisen, die wir aus den Schlagzeilen kennen und die gerade Pendler finanziell belasteten.

Der ADAC prangerte die Preisentwicklungen als »Abzocke der Autofahrer« an, Habeck veranlasste eine Sektoruntersuchung durch das Kartellamt. Die gab es bei Tankstellen im Jahr 2011 schon einmal. Ergebnis: Auf dem Tankstellenmarkt herrscht ein Oligopol, die Marktwirtschaft ist gestört. Als Reaktion wurde die Markttransparenzstelle gegründet, an die alle Tankstellen täglich ihre Preise melden müssen. Über Transparenz sollte die Kundin besser in der Lage sein, den günstigsten Zapfhahn zu finden. Heute geht es weniger um die Tankstellen als vielmehr um die Raffinerien und Großhändler, bei denen das Kartellamt die Preisentwicklung unter die Lupe nimmt. Stutzig machte Kartellamtschef Andreas Mundt der Abstand zwischen dem Rohölpreis und dem Raffineriepreis, besonders beim Diesel. Der lag im Februar 2022 noch bei etwa 30 Cent pro Liter und explodierte im März 2022 auf zwischenzeitlich mehr als 80 Cent. »Der Krieg in der Ukraine und seine Folgen führen zu zahlreichen Verwerfungen im Kraftstoffmarkt«, sagte Kartellamtschef Andreas Mundt im April dieses Jahres. »Rohölpreise, die Abgabepreise der Raffinerien und die Preise an der Tankstelle sind in den vergangenen Wochen deutlich auseinandergelaufen.« Schon im März 2022 kündigte Habeck an, das Kartellamt per Gesetz zu stärken. Als die Ampel mit dem zweiten Entlastungspaket dann den dreimonatigen Tankrabatt einführte, um Autofahrer von Spritpreisen deutlich über der 2-Euro-Marke zu entlasten, ging die Sorge um, der Rabatt käme nicht bei den Autofahrern an, sondern würde von den Mineralölkonzernen einkassiert. Auf den ersten Tag des Rabatts waren alle gespannt. Würden die Preise fallen? Und wenn ja, wie viel? Bei voller Weitergabe wäre Benzin um 35,2 Cent und Diesel um 16,7 Cent pro Liter günstiger geworden. Das Problem: zur gleichen Zeit sind sowohl die Weltmarktpreise für Rohöl und die Großhandelspreise an der Rotterdamer Börse wieder gestiegen und haben damit auch die Preise an den Zapfsäulen getrieben. Der Preisvergleich vor und nach der Steuersenkung war also gar nicht ohne weiteres möglich. Genau der wurde aber von vielen fälschlicherweise vorgenommen. Gerade diejenigen, die vorher schon prophezeiten, der Tankrabatt würde von den Firmen einfach eingesteckt, sahen sich bestätigt. Auch Scholz, Habeck und Lindner waren anfangs skeptisch, ob der Rabatt wirklich ankommt. Sie steckten im Vorfeld viel Kritik für den Rabatt ein und fürchteten einen Flop. Dabei kommt der Rabatt in der Bevölkerung mehrheitlich gut an.[9] Habeck legte deshalb beim Kartellrecht nach, um gegen anhaltend hoher Spritpreise vorzugehen und versprach ein schärferes Gesetz: »Wir machen ein Kartellrecht mit Klauen und Zähnen.«[10] Die Markttransparenzstelle soll damit künftig nicht nur die Preise an der Zapfsäule beobachten, sondern auch die von Raffinerien und Großhändlern. Das Kartellamt bekommt mehr Ermittlungsbefugnisse und Eingriffsmöglichkeiten. Die Behörde, die ihren Sitz noch in Bonn hat, soll Auskünfte und Einsicht in Geschäftsunterlagen bei allen Firmen in der Produktionskette verlangen dürfen. Wenn nötig, kann sie auch Durchsuchungen anordnen und Firmen mit zu viel Macht am Markt entflechten. Selbst Christian Lindner, der eigentlich ein großer Fan von Märkten ist, befürwortet ein stärkeres Kartellamt. »Ich bin dafür, dass das Kartellamt mit aller Härte tätig ist«, sagte der Finanzminister mit Blick auf den Missbrauch von Marktmacht.[11] Lindners Logik ist tatsächlich gut verträglich mit seinen ordoliberalen Überzeugungen. Und mit denen seines ökonomischen Chefberaters Lars Feld. Den Tankrabatt fand Feld gar nicht gut, einen fähigen Schiedsrichter auf vermachteten Märkten muss es aber geben, gesteht auch Feld zu.

[Grafik 8] **Preise für Superbenzin E10** in Euro pro Liter in Frankreich und Deutschland 2022

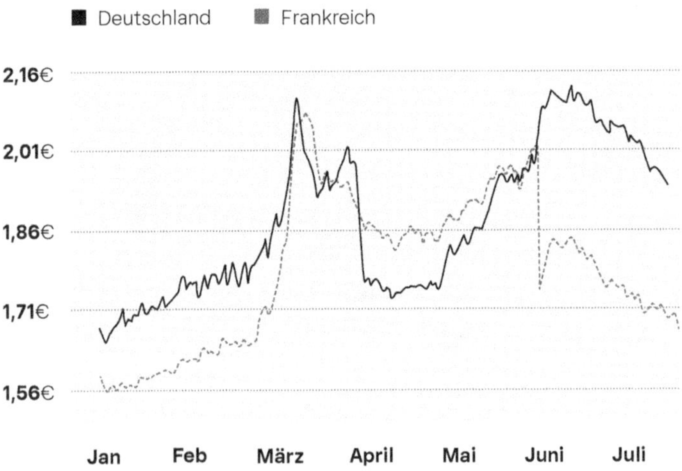

All jene, die überzeugt prognostizierten, die drei Milliarden für den Tankrabatt würden in den Taschen der Firmen verpuffen, wurden von der Wirklichkeit entlarvt. Nicht alle ließen sich jedoch auf die Wirklichkeit und die Datenlage ein, sondern blieben stumpf beim Vergleich: alter Preis, neuer Preis. Damit lässt sich aber nichts belegen. Entscheidend für die Wirkung ist nicht, wie viel günstiger Benzin im Vergleich zur Zeit vor dem Tankrabatt ist, sondern wie viel teurer es am gleichen Tag ohne Rabatt wäre. Um genau das zu überprüfen, haben das Ifo-Institut und das Leibniz-Institut für Wirtschaftsforschung (RWI) in zwei Studien Frankreichs Spritpreise aus den Monaten Mai und Juni 2022 als Vergleichswerte genommen. Die Annahme: Die Preise in beiden Ländern folgen dem gleichen Trend, also müsste die Steuersenkung in Deutschland das Preisniveau auch bei sonst steigenden Preise nach unten verschieben. Genau das kann man an den Zahlen für Juni 2022 ablesen. Der Tankrabatt hat das Preisniveau nach unten verschoben, aber von da an haben sich die Preise wie in Frankreich verändert. Dass die Spritpreise nach Einführung des Tankrabatts wieder gestiegen sind, heißt also nicht, dass der Rabatt nicht gewirkt hätte. Die Preise sind unabhängig vom Rabatt wieder gestiegen, weil Rohöl und Großhandelspreise gestiegen sind. Das Ergebnis der Ifo-Berechnung: Beim Diesel haben die Tankstellen den Rabatt zu 100 Prozent weitergegeben, beim Super-Benzin zu 85 Prozent.[12] So auch das Fazit der RWI-Studie: »Lagen die E10-Preise in Deutschland im Mai zumeist noch über denen in Frankreich, im Mittel um rund 3,5 Cent je Liter, fielen sie im Juni deutlich geringer aus als in Frankreich. Im Mittel lagen die E10-Preise im Juni um rund 28 Cent je Liter tiefer als in Frankreich. Zusammengenommen ergibt sich eine Differenz von rund 31,5 Cent für die beiden Monate, unmittelbar vor und nach der Einführung des Tankrabatts. Diese Differenz ist nah bei der steuerlichen Entlastung von rund 35 Cent pro Liter Superbenzin und deutet darauf hin, dass der Tankrabatt bei

Superbenzin E10 weitgehend an die Verbraucherinnen und Verbraucher weitergegeben worden ist.«[13]

Es gab noch eine andere Kritik. Eine, bei der sich neoliberale Ökonomen wie ifo-Präsident Clemens Fuest und Klimaaktivisten von Fridays for Future einig waren. Der Rabatt setze »die falschen Anreize« und »hält nicht dazu an, weniger Benzin und Diesel zu verbrauchen«, sagte etwa Fuest. »Aus ökologischen Gründen und um die Abhängigkeit von Russland zu vermindern, wäre aber das genaue Gegenteil notwendig."[14] Das Auto muss teuer werden, damit weniger gefahren wird, so das Credo. Auch hier hat die Wirklichkeit die Vorstellung widerlegt, Mondpreise fürs Tanken seien ein guter Hebel für die Verkehrswende. Der schockartige Preisanstieg sorgt nicht dafür, dass die Leute ihre Art der Fortbewegung in großem Stil verändern. Gerade bei Spritpreisen ist es so, dass die Leute auf kurzfristige Preisveränderung nicht mit geändertem Fahrverhalten reagieren. Weil sie gar nicht können. Ob man zur Arbeit pendelt oder den Sohn zum Fußballspiel fährt, macht man nicht vom Preis an der Tankstelle abhängig. Die Preisexplosion wird geschluckt und stattdessen in anderen Bereichen gespart – etwa beim Friseur, beim Shoppen und beim Kinobesuch. Wenn Tanken teurer wird, aber besonders in ländlichen Regionen Bus und Bahn keine alltagstauglichen Alternativen zum Auto sind, steigen die Leute nicht um. Heißt: Die Spritpreisexplosion ist kein sinnvoller Beitrag zum Klimaschutz, sondern ein Verarmungsprogramm, das der Friseurin und dem Kino die Kunden vergrault. Andersherum sind dann aber auch drei Monate Tankrabatt keine Klimasünde. Der heilige Preisanreiz der Ökonomen wird in beide Richtungen überschätzt.

Nur weil der Liter Benzin dank Tankrabatt 1,90 Euro statt 2,20 Euro kostet, fahren die Leute ja nicht mehr oder verschwenderischer. Zumindest nicht in entscheidendem Maße. Auch mit Tankrabatt bleiben das Pendeln zur Arbeit, die Fahrt zur Fernbeziehung, die Reise in den Urlaub, der Reha-Besuch der Großmutter oder der Weg zum Fußballplatz deutlich teurer als vor dem Krieg. Seit dem Krieg ist der Spritpreis sogar höher als von der Fridays for Future-Bewegung noch im Wahlkampf 2021 gefordert. Denn selbst mit einer CO_2-Abgabe von 180 Euro pro Tonne – wie von Fridays for Future vorgeschlagen – hätte Benzin nicht mehr als 1,90 Euro pro Liter gekostet. Ergo, auf den Preismechanismus des Marktes und die damit verbundene Anreizlogik ist kein Verlass. Erst recht nicht bei Energie, auf die schlecht verzichtet werden kann. Ökonomen wissen das eigentlich längst. Das Konzept dahinter nennt sich Preiselastizität. Um wie viel Prozent sinkt die Nachfrage nach Benzin, wenn der Benzinpreis um ein Prozent steigt? Weil auf Grundbedürfnisse wie Mobilität, Heizen, Duschen und Kochen als letztes verzichtet wird, ist die Preiselastizität bei Sprit, Strom und Gas gering. Heißt: Auch wenn dort die Preise steigen, ändert sich das Konsumverhalten kaum. Erst recht ohne grünere, günstigere und verlässliche Alternativen. Kriegsbedingte Mondpreise zum Klimaschutz zu deklarieren und Entlastungen wie Tankrabatte madig zu reden, ist politisch kurzsichtig. Wem der Klimaschutz am Herzen liegt, der muss sich eher sorgen, dass die Preisexplosionen Akzeptanz für wirkliche Klimaschutzpolitik verspielen. Mehrheiten für ambitionierte Klimapolitik gewinnt man nicht, indem man auf Tankrabatt oder Pendlerpauschale eindrischt. Ohne Großzügigkeit im Kleinen, keine Akzeptanz im Großen. Genau die braucht es aber, um das Klima zu schützen und schnell unabhängig von schmutzigem Putin-Gas zu werden. Ohne Investitionsoffensive in Alternativen verpufft jede Lenkungswirkung durch Preise und wird zur reinen Belastung der kleinen Geldbeutel. Das ist weder grün oder sozial, noch gegen Putin oder zum Wohle der Ukrainer.

Unterhaken: Auch die Gewinner?

Wir werden alle ärmer. Das sagen zumindest Habeck und Lindner, wenn sie auf Forderungen nach weiteren Entlastungen gegen die hohe Inflation angesprochen werden. Und der Satz stimmt – zumindest in der makroökonomischen Betrachtung. Wenn Deutschland ausländischen Firmen mehr für Öl, Gas und Kohle zahlen muss, wird Deutschland ärmer, dann werden wir alle ärmer. Alle, aber nicht jeder – ein wichtiger Unterschied!

Denn während viele Menschen in diesem Land den Gürtel enger schnallen müssen und darunter viele sind, die ihn eigentlich gar nicht mehr enger schnallen können, knallen in einigen Firmenzentralen die Sektkorken. Zum Beispiel bei den Energieriesen und deren Aktionäre. Und zwar vor Freude über Krisengewinne. Steigende Weltmarktpreise, größere Raffineriemargen, boomender Strommarkt: Für Energieriesen sind paradiesische Zeiten angebrochen. Woche für Woche neue Berichte über Rekordergebnisse. Europas größter Ölkonzern Shell verbuchte im zweiten Quartal 2022 einen Gewinn von umgerechnet über 17 Milliarden US-Dollar. Das ist fünfmal mehr als im

Vorjahresquartal. Nicht viel anders sehen die Gewinnsteigerungen bei den Konkurrenten Eni, ExxonMobil oder Total aus. Und auch der deutsche Energieriese RWE schraubte zum Halbjahr seine Gewinnprognose nach oben: von 4 auf 5,5 Milliarden Euro.

Allein für Europa schätzt die Internationale Energieagentur, dass Energiekonzerne durch den Preisschock rund 200 Milliarden Euro zusätzliche Gewinne machen werden.[15] Das Netzwerk Steuergerechtigkeit schätzt die zusätzlichen Gewinne allein in Deutschland auf 113 Milliarden Euro.[16] »Zusätzlich« heißt, die Gewinne kommen auf die ohnehin erwarteten Gewinne oben drauf. Kein Wunder also, dass Politiker auf die Idee kommen, Krisengewinne höher zu besteuern. Sogar die sonst zurückhaltende EU-Kommission hat genau das mit Verweis auf die Internationale Energieagentur empfohlen, manche Länder haben es sogar schon beschlossen – etwa Italien, Spanien, Großbritannien, Ungarn und Griechenland. Italien wurde bei Einführung gar noch vom wirtschaftsliberalen Mario Draghi regiert! Einige werden ihn kennen, weil er vorher Präsident der EZB war und die berühmte Whatever-it-takes Rede gehalten hat. Draghis Konzept für eine Übergewinnsteuer sieht so aus: Alle Gewinne von Energiekonzernen, die im Zeitraum von Oktober 2021 bis März 2022 mehr als fünf Millionen Euro höher sind als die Gewinne im Vorjahreshalbjahr, werden zusätzlich mit einer Übergewinnsteuer von 25 Prozent belegt. Zuerst plante Draghi nur mit einem Steuersatz von zehn Prozent, passte das Anfang Mai 2022 aber nach oben an. Betroffen von Draghis Plan ist zum Beispiel der italienische Öl- und Gaskonzern Eni. Allein im ersten Quartal 2021 stieg der Nettogewinn auf 3,58 Milliarden Euro gegenüber

856 Millionen Euro im Vorjahreszeitraum. Der Umsatz wurde von 14,49 Milliarden Euro im Vorjahr auf 32,13 Milliarden Euro mehr als verdoppelt, obwohl die Produktion von Öl sogar um 0,05 Millionen Barrel Öläquivalent pro Tag gesunken ist. Mit anderen Worten: Eni profitiert von fetten Preiserhöhungen. Und Eni kassiert natürlich auch trotz der Übergewinnsteuer zusätzliche Gewinne, nur eben etwas weniger. Sicher kein Grund, den Sekt im Kühlschrank zu lassen.

Draghis Umsetzung der Steuer ist innovativ. So innovativ, dass sie deutlich einfacher funktioniert, als man vermuten würde. Gemeinhin wäre man ja davon ausgegangen, dass sich die Übergewinnsteuer wie andere Unternehmenssteuern auf den Gewinn der Firmen bezieht. Der Gewinn ist das, was übrigbleibt, nachdem alle Aufwendungen von allen Erträgen im Geschäftsjahr abgezogen wurden. Das ist allerdings häufig kompliziert festzustellen und dauert lange. Da muss man dann Inventur machen, Abschreibungen vornehmen, Bilanzen aufstellen und und und. Das kostet Zeit, Nerven und ist ein Einfallstor für listige Steuertricks der Großkonzerne. Wenn dann auf die normale Gewinnbesteuerung obendrauf auch noch die Übergewinnsteuer käme, würde alles noch komplizierter. Bis man die Übergewinne besteuert hätte, wäre längst 2024 oder noch später und viele Firmen hätten die Löcher im Steuernetz längst genutzt. Nicht aber mit Draghis Variante! Weil Draghi Nägel mit Köpfen machen wollte, wird die italienische Übergewinnsteuer nicht als Ertragssteuer, sondern als Umsatzsteuer erhoben. Klingt technisch, ist aber einfach zu verstehen: Maßgebend für die Steuer sind nicht die Gewinne, sondern die Umsätze, genauer gesagt, er Überschuss aus Ausgangs- minus Eingangsumsätzen. Verglichen wird der Überschuss im Zeitraum vom 1. Oktober 2021 bis zum 31. März 2022 mit dem aus dem Vorjahreshalbjahr (1. Oktober 2020 bis zum 31. März 2021). Ist der Umsatzüberschuss mindestens fünf Millionen Euro und mindestens zehn Prozent höher als im Vorjahreshalbjahr, dann wird er mit der Übergewinnsteuer von 25 Prozent belegt. Ist der Überschuss kleiner, fällt die Firma aus der Übergewinnsteuer heraus. Technisch gesprochen ist Draghis Steuer also eher eine Überumsatzsteuer und keine Übergewinnsteuer. Das hat Vorteile. Die Umsätze sind deutlich einfacher festzustellen als der Gewinn, weil die Firmen ihre Umsatzsteuermeldungen in der Regel monatlich oder quartalsweise bei den Finanzämtern abgeben. Das können die Finanzämter dann als Basis nehmen, um den pauschalierten Umsatzüberschuss festzustellen. Für die Bemessung sind natürlich nur die Nettoumsätze, also ohne Umsatzsteuer, relevant. In Italien ist die Steuer als einmalige Abgabe vorgesehen und muss bis zum 30. Juni 2022 angemeldet und anteilig bezahlt werden. 40 Prozent bis Ende Juni, der Rest bis November dieses Jahres. Die Steuer ist auf Energiekonzerne begrenzt, gilt also nicht für Rüstungskonzerne, die durch volle Auftragsbücher auch von der Krise profitieren. Der von der Steuer erfasste Übergewinn wird in Italien auf rund 39,8 Milliarden Euro geschätzt. Heißt: Die Energiekonzerne werden einmalig rund 10 Milliarden Euro zahlen müssen. Selbst dann bleiben aber 30 Milliarden Euro Übergewinne. Das Geschäft hätte sich somit auch trotz zusätzlicher Steuer gelohnt. Da das Gesetz der Steuer in Italien erst Ende März 2022 in Kraft getreten ist und sich auf die Umsätze von Oktober bis

März desselben Jahres bezieht, blieb den Firmen kaum Gelegenheit, der Steuer auszuweichen und mit ihren Beratertrupps findige Tricks zur Senkung der Bemessungsgrundlage finden. Der wissenschaftliche Dienst des Bundestages schreibt in einem Gutachten: »Die Anknüpfung an die Umsätze führt jedenfalls zu einer erheblichen Vereinfachung der Erhebung der Steuer, da die erforderlichen Daten in Gestalt der Umsatzsteueranmeldungen bzw. -erklärungen sofort verfügbar sind. Zugleich werden die Schwierigkeiten der Bemessung des Übergewinns nach einkommensteuerlichen Methoden vermieden.«[17]

In Deutschland hat Grünen-Chefin Ricarda Lang die Debatte über die Steuer so richtig angeheizt, als sie Anfang Mai 2022 bei einer Pressekonferenz sagte: »Wenn es offensichtlich ist, dass einige Konzerne wissentlich und vor allem übergebührlich am Horror dieses Krieges verdienen, dann sollten wir doch eine Übergewinnsteuer einführen, die genau dem aktiv entgegenwirkt.«[18] Bei der Debatte ging regelmäßig unter, dass Übergewinne nicht immer mit der Geschäftsstrategie zu tun haben. Die sprudelnden Gewinne von Mineralölkonzernen kommen anders zustande als etwa die von Windkraftanlagebetreibern oder Kohlekraftwerken. Eigentlich müsste man Übergewinne und Zufallsgewinne unterscheiden: Übergewinne resultieren aus Marktmacht, Zufallsgewinne aus dem Marktdesign. Mineralölkonzerne, die Knappheit bei raffiniertem Öl für Preisaufschläge nutzen oder die ihr Rohöl dank langfristiger Verträge auch dann noch günstig beschaffen können, wenn der Börsenpreis pro Barrel steigt, steigern ihre Gewinne aus wirtschaftlichem Kalkül. Sie nutzen ihre Marktmacht gezielt, um im Schatten von Krieg und mangelnder Versorgungssicherheit ihre Gewinnspanne zu erhöhen. Das hat etwa dazu geführt, dass die Spritpreise an der Tankstelle schnell mit den Börsenpreisen gestiegen, aber dann nicht ebenso schnell gefallen sind. Ein Segen für die Marge. Das sind Übergewinne.

Zufallsgewinne wiederum sind allen voran am Strommarkt entstanden. Das liegt an dem Regelwerk, nachdem Strom auf dem europäischen Strommarkt gehandelt wird – dem sogenannten *Merit-Order-Modell.* Das Prinzip gibt die Reihenfolge vor, nach der Strom aus den Kraftwerken in das Netz gespeist wird: Nämlich erst der Strom mit den niedrigsten Grenzkosten, zum Beispiel Wind- und Solarkraft, dann der teurere Strom aus Kohle und Atom. Wenn das auch nicht reicht, um die Nachfrage zu decken, dann erst werden die noch teureren Gaskraftwerke zugeschaltet. Das letzte Kraftwerk wird dann Spitzenlastkraftwerk genannt. Die Krux: Alle Anbieter erhalten denselben Preis für den bereitgestellten Strom. Und der wird wegen des Merit-Order-Prinzips durch das Spitzenlastkraftwerk bestimmt. Auch die günstigen Anbieter bekommen die hohen Preise der Spitzenlastkraftwerke und machen große Gewinne. Günstiger Strom aus Windenergie erlöst also so viel als wäre er aus Gas produziert worden. Die letzten fünf Jahre war der Gaspreis niedrig und damit der Strompreis entsprechend auch. Als das System Anfang der 2000er eingeführt wurde, war Strom aus Wind und Sonne noch teurer als aus Gas und Atom. Das hat sich mittlerweile geändert. In besonders absurder Weise, als der Gaspreis zuletzt explodiert ist. Die teuren Gaspreise haben den Verkaufspreis für Strom aus allen Kraftwerken hochgetrieben und für extreme

Gewinne bei denen gesorgt, die günstig produzieren. Das Deutsche Institut für Wirtschaftsforschung schätzte im März dieses Jahres, dass allein den Betreibern von Wind- und Solaranlagen aus dem Merit-Order-Prinzip zusätzliche Gewinne von 9 Milliarden Euro zufallen.[19] Womöglich werden es noch deutlich mehr. Im August 2022 lag der Strompreis an der Börse während der Hitzewelle nämlich ganze 2.000 Prozent höher als im Vorjahr.[20] Der Grund: Wassermangel lähmte diesen August die Produktion von Wasserkraft in Italien und der Schweiz genauso wie die Produktion von französischem Atomstrom. Bei zu wenig Wasser können die Atomkraftwerke nicht verlässlich gekühlt werden und werden abgeschaltet. Deutschland hilft aus und exportiert Strom in die Nachbarländer. Da Gas gleichzeitig zu Mondpreisen angeboten wird, geht der Strompreis an der Börse durch die Decke. Ein Geldregen für Windparkbetreiber, aber auch für die Kohlekraft von RWE. RWE selbst kann aber gar nichts dafür, dass sie mit der längst totgesagten Kohle plötzlich wieder so viel Geld verdienen. Ohne Krieg und teuren Gaspreis hätten sie die Gewinne am Strommarkt nicht gemacht. Selbst Finanzminister Christian Lindner nannte das einen »Rendite-Autopiloten«.[21] Mit innovativen Investitionen oder guter Wettbewerbsstrategie hat das wenig zu tun, mit purem Zufall hingegen viel. Deshalb wäre auch der Begriff »Zufallsgewinne« viel treffender. Sie entstehen durch das Marktdesign, nicht durch bloße Marktmacht einzelner Anbieter.

Wirtschaftsminister Habeck unterstützte die Idee einer Übergewinnsteuer gut. Es sei richtig, »dass diejenigen, die im Moment hohe Gewinne machen – zulasten der Allgemeinheit – davon einen Teil zurückgeben«.[22] Auch die Chefetage der SPD, bestehend aus Saskia Esken, Lars Klingbeil und Kevin Kühnert, sprach sich dafür aus. Kanzler Scholz traut sich bisher nicht aus der Deckung. Einen Antrag der Linksfraktion lehnten alle anderen Fraktionen ab. Die Linke schlug eine Übergewinnsteuer nach italienischem Vorbild vor. Der größte Gegner aber ist Finanzminister Lindner selbst. Eine Übergewinnsteuer ist deshalb mit der Ampel nicht zu machen. Lindners Argumente sind aber dünn. Übergewinne seien schwierig zu identifizieren und würden den Firmen Investitionsanreize nehmen. Die Ablehnung des Finanzministers liegt noch viel tiefer begründet. Höhere Steuern lehnt Lindner generell ab. Weil das so auch im Koalitionsvertrag steht, kann er sich gut dahinter verstecken. Das muss er auch, weil ihm sonst die eigene Partei auf das Dach steigt. Er ist eben nicht nur Finanzminister, sondern auch FDP-Parteichef. Und nichts läge der FDP-DNA ferner als höhere Unternehmenssteuern. Dass die Gasumlage oder die beschlossene Erhöhung des Zusatzbeitrags für die gesetzliche Krankenversicherung auch staatlich verantwortete Belastungen sind, die vorher nicht im Koalitionsvertrag standen, stört ihn in seinem Versteck nicht. Seine Sorge um fehlerhafte Investitionsanreize ist aus mehreren Gründen ungerechtfertigt. Erstens werden ja nicht alle Übergewinne wegbesteuert, sondern nur ein Teil davon mit einem Steuersatz belegt. Der Anreiz zu investieren, um höhere Gewinne einzufahren, bleibt auch mit der Steuer bestehen. Zweitens ist die Übergewinnsteuer eine zeitlich begrenzte Maßnahme, Investitionen in diesen Industrien werden aber langfristig geplant. Dafür sind die Gewinnerwartungen der nächsten Jahre viel relevanter als das kurzfristige Zusatzgeschäft, was durch explodierende Preise möglich ist. Drittens haben die großen Energiekonzerne wahrlich keine Liquiditätsprobleme, die sie nur mit den Übergewinnen lösen können. Im Gegenteil: Die einbehaltenen Gewinne, die unproduktiv im Unternehmen herumliegen und für investive Zwecke genutzt werden könnten, sind in Deutschland im internationalen Vergleich sehr hoch. Ein Beleg dafür: Die sieben größten westlichen Energiekonzerne planen in diesem Jahr nach Berechnungen von Bernstein Research und RBC Capital Aktienrückkäufe von fast 40 Milliarden US-Dollar und Dividendenausschüttungen von rund 50 Milliarden US-Dollar.[23] Shell allein nutzt einen zweistelligen Milliardenbetrag aus den Gewinnen im ersten Halbjahr, um Aktien zurückzukaufen. Obendrauf wurde die Dividende erhöht. Übergewinne werden für die Anlegerparty statt für Investitionsoffensiven genutzt. Zumal Lindner sich selbst widerspricht, wenn er Investitionen anreizen will, aber die Zinserhöhungen der EZB begrüßt. Teurere Kredite sind alles, aber kein Investitionsanreiz. Viertens sind die Zufallsgewinne am Strommarkt ohnehin gar kein vernünftiger Investitionsanreiz. Ohne Energiepreiskrise wären die Gewinne am Strommarkt gar nicht so hoch ausgefallen. Die Firmen brauchen Planungssicherheit, keine Zufallsgewinne.

Bisweilen konnte man den Eindruck gewinnen, die Übergewinnsteuer sei zur Identitätsfrage der Wirtschaftsliberalen geworden. Die *FAZ* titelte: »Lasst den Firmen ihren Gewinn.«[24] Die dort vorgebrachten Argumente ähneln denen, die auch Lindner wie einstudierte Phrasen abspult. Von »fatalen Signalen für künftige Investitionen aller Unternehmen« sprach auch Monika Köppl-Turyna, Chefin der wirtschaftsliberalen

Denkfabrik Eco-Austria. Sie ergänzte: »Zum Markt gehören nun mal gute und schlechte Zeiten.«[25] Gute Zeiten, die auf gute Konjunktur und sich auszahlende Investitionen in innovative Produktionsverfahren zurückgehen – das wäre vielleicht ein Argument. Dies ist hier aber nicht der Fall. Die guten Zeiten der Energiekonzerne fallen mitten in den Krieg. Und die Energiemärkte sind keine Märkte, wie Wirtschaftsliberale sie in ihren Lehrbüchern herbeifantasieren. Diese Märkte sind oligopolistische Märkte mit mächtigen, teils sogar subventionierten Teilnehmern und staatlich festgelegten Preisstrukturen. Das beste Beispiel ist das Merit-Order-Prinzip am Strommarkt. Mit »gute Zeiten, schlechte Zeiten« und normalen marktwirtschaftlichen Ausschlägen der Konjunktur hat das nichts zu tun. Das schwächste aller Argumente kam aber am Ende doch aus dem FDP-geführten Finanzministerium. Nicht von Lindner selbst, sondern von dessen parlamentarischer Staatssekretärin, Katja Hessel. Sie warnte vor der Übergewinnsteuer und begründete das so: »Unsere Unternehmen sind bereits mehrfach belastet: durch die Nachwehen der Corona-Pandemie, die hohen Energiepreise sowie zusammengebrochene Lieferketten.«[26] Die Begründung muss man sich auf der Zunge zergehen lassen. Denn die Übergewinnsteuer fiele ja nur auf die Unternehmen an, die außerordentliche Gewinne gemacht haben. Die Unternehmen, die den von Hessel erwähnten Belastungen ausgesetzt sind, haben ja zuletzt gerade keine (!) außerordentlichen Gewinne erwirtschaftet. Wer belastet ist, ist von der Übergewinnsteuer nicht betroffen. Das ist ja gerade das Überzeugende an der Steuer. Sie trifft die Krisengewinner, nicht die Krisenverlierer.

Hessels Punkt läuft also völlig ins Leere. Ebenso ein Argument von FDP-Politikerin Strack-Zimmermann. Sie wehrte sich im August dieses Jahres bei Markus Lanz schon gegen die Definition: »Es gibt keinen Übergewinn. Es gibt einen Gewinn oder es gibt keinen« und auf Gewinne zahlten Unternehmen ja steuern, hielt sie fest.[27] Wegen der Steuerprogression würden die Firmen, die besonders hohe Gewinne erzielten, »entsprechend mehr Steuern zahlen«.[28] Was Strack-Zimmermann behauptet, mag auf Personengesellschaften zutreffen, bei denen Inhaber und Gesellschafter die Gewinne aus der Firma über die persönliche Einkommenssteuer versteuern. Energieriesen sind aber Kapitalgesellschaften. Die bezahlen den pauschalen Satz der Körperschaftsteuer von 15 Prozent. Die Aktionäre wiederum bezahlen den pauschalen Satz der Abgeltungssteuer von 25 Prozent, wenn sie Gewinne als Dividenden oder als Kapitalerträge über Aktienrückkäufe ausgezahlt bekommen. Da gibt es keine Progression. Auch Strack-Zimmermann argumentiert ins Leere.

In der Koalition findet sich keine Mehrheit zur Übergewinnsteuer. Wirtschaftsminister Habeck hat zudem recht, wenn er zu bedenken gibt, die Umsetzung sei alles andere als trivial. Die genaue Besteuerungsgrundlage, der Umgang mit Firmen, die ausländischer Gewinnbesteuerung unterliegen, wie etwa Shell oder BP und die steuerliche Diskriminierung der Energiebranche gegenüber anderen Branchen könnten rechtliche, gar verfassungsrechtliche Probleme erzeugen. Auch gaben sich einige der Illusion hin, Sprit würde an der Tankstelle günstiger, wenn man nur die mächtigen Mineralölkonzerne besteuert. Das Gegenteil ist wahrscheinlicher. Marktmächtige Unternehmen können höhere Steuern genau wie höhere Kosten über höhere Preise auf die Konsumenten abwälzen. Zur Entlastung der Verbraucher taugt die Steuer also nicht. Dennoch knallen ohne eine solche Steuer bei Shell und Co. weiterhin die Korken, während das Gerechtigkeitsgefühl der Gesellschaft verletzt wird. Geringverdiener sollen Opfer bringen, während Aktionäre sich die Taschen voll machen – das schadet dem sozialen Zusammenhalt und schwächt potenziell die Akzeptanz für Sanktionen gegen Putin. Wenn Kanzler Scholz »wir müssen uns unterhaken« sagt, warum dann nicht die Krisengewinner mit in die Pflicht nehmen?[29]

Die große Abwanderung

»Wir verurteilen den Krieg in der Ukraine und haben beschlossen, unsere industriellen Geschäftsaktivitäten in Russland in einem geordneten Prozess zu beenden«, verkündete Roland Busch, Vorstandsvorsitzender von Siemens, im Mai 2022.[30] Die bekannte Baumarktkette Obi hatte schon im März 2022 beschlossen, ihre 27 Märkte in Russland zu schließen. Weil die russischen Manager die Läden aber einfach wieder aufmachten, trennte die deutsche Führung die Kassen der russischen Märkte von den Servern und verkaufte die Kette Hals über Kopf an einen russischen Investor. Sogar ohne Kaufpreis. Die einzige Bedingung: Die Marke Obi darf nicht mehr verwendet werden. »Bloß raus hier« war das Motto, denn wegen des Konfliktes mit den russischen Managern fürchtete die Leitung in Deutschland eine Enteignung.[31] Obi beschäftigte in Russland 4.900 Mitarbeiter. Ein paar Hundert mehr waren es bei Rewe im Großraum Moskau. Auch die Rewe-Gruppe verkaufte ihre 161 Supermärkte zügig und zog sich aus Russland zurück. Übernommen wurden diese von der russische Kette Lenta, die 215 Millionen Euro dafür auf den Tisch legte und nun die Zahl ihrer Supermärkte in Russland verdoppelt.[32] Deutsche Autobauer wie VW, BMW und Mercedes ziehen ebenfalls die Reißleine und stoppen Verkauf und Produktion in Russland. Insgesamt sind es quer durch alle Branchen rund 100 deutsche Unternehmen, die ihr Russlandgeschäft stoppen, abwickeln oder verkaufen. Darunter sind auch BASF, Miele, DHL, Hapag-Lloyd, Lufthansa, Allianz, Münchener Rück, Fraport, Bayer, Henkel, SAP, Telekom und Adidas.[33] Weltweit sind es per Redaktionsschluss mehr als 1.118 Firmen, darunter Shell, ExxonMobil, McDonalds, Starbucks, Coca-Cola, Goldman Sachs, Netflix, Disney, Universal Music Group, Sony, Apple, Intel, Microsoft, Dell, Paypal, Visa, Mastercard, Ikea, General Electric, Nike, H&M, Prada, UPS, Maersk, Oracle, Nokia und viele Weitere.[34] 50 davon gehören zu den 100 größten Firmen in Russland. Laut einer Studie der Universität Yale vereinten die ausländischen Firmen Geschäfte im Wert von 40 Prozent der jährlichen russischen Wirtschaftsleistung und 5 Millionen Jobs auf sich.[35] Das heißt natürlich nicht, dass Russland 40 Prozent der Wirtschaftsleistung verliert. Noch sind nicht alle Geschäfte gestoppt, das geht häufig gar nicht so schnell. Andere haben an russische Investoren verkauft. Dann fehlt es zwar an westlicher Technik, Finanzierung und Knowhow, aber die Geschäfte werden fortgeführt. Die vollen Auswirkungen wird man erst in einigen Jahren mit Blick in den Rückspiegel messen können. Klar ist aber: Die russische Wirtschaft verliert in kurzer Zeit vieles von dem, was über Jahrzehnte mit ausländischen Investitionen aufgebaut wurde. Sie verliert Innovation, Produktivität und Jobs – und kluge Köpfe. Gerade IT-Spezialisten sehen nach Abwanderung der westlichen Firmen keine Perspektive mehr. Weil Nerds weltweit gefragt sind, fällt es ihnen leicht, woanders einen Neuanfang zu wagen. Hunderttausende gut ausgebildete Köpfe sollen weggezogen sein. Ökonomen nennen das *Braindrain*. Holger Schmieding, Analyst der Berenberg-Bank, erklärt: »Diejenigen, die wegziehen, stammen meist aus der jungen, unternehmerischen und technikaffinen städtischen Elite.« Andersherum gilt aber auch: Die älteren, ländlichen, weniger technikaffinen und schlechter ausgebildeten Russen bleiben. Sie finden nicht so einfach anderswo Anschluss. Sie haben Familie in Russland, sich dort etwas aufgebaut und schon häufiger schlechte Zeiten durchgemacht. Sie sind längst leiderprobt und beißen die Zähne zusammen. Der Wirtschaftskrieg trifft auch in Russland die Schwachen.

Um den Schaden der Kapitalflucht und der westlichen Exportverbote in Grenzen zu halten, zieht Russland alle Register und hebelt auch die zivilrechtliche Haftung für Markenrechte aus. Anfang Mai 2022 veröffentlichte das russische Handelsministerium eine Liste mit Produkten, für deren Einfuhr keine Zustimmung der Hersteller nötig ist. Obwohl zum Beispiel Apple alle Geschäftsbeziehungen mit Russland beendet, den Verkauf der Geräte ausgesetzt und sogar Lieferungen gestoppt hat, können in Russland derart wieder iPhones gekauft werden. Die großen Elektrohändler haben die neuesten Geräte im

Angebot. Ebenso Samsung-Smartphones, Playstations von Sony und Notebooks von Microsoft.[36] Dahinter stecken sogenannte Parallelimporte, die eigentlich illegal sind. Russische Händler importieren Markenprodukte ohne Erlaubnis. Das Konzept ist aus anderen sanktionierten Ländern wie Iran oder Nordkorea bekannt. Dabei geht es längst nicht immer nur um beliebte Konsumgüter wie iPhones, sondern auch wichtige Bauteile für die Industrie. Mehr als ein teurer Notnagel sind die Parallelimporte aber nicht. Die Abwicklung ist kompliziert, weil mehr Händler dazwischengeschaltet werden. Und sie ist teuer, weil alle daran verdienen wollen. Bei den russischen Elektrohändlern kostet das iPhone deshalb zehn bis 20 Prozent mehr.[37] Reparaturen und Gewährleistungen sind obendrein problematisch, weil die iPhones den Weg zu Apple nicht mehr zurückfinden. Theoretisch könnten russische Firmen die Export- und Geschäftsverbote des Westens auch umgehen, indem sie Tochterfirmen im Ausland gründen und gebrochene Lieferketten nach Russland über Drittländer neu organisieren. Dafür müssen die Drittländer mitspielen. Nicht immer ist das der Fall, weil die Sorge vor Sekundär-Sanktionen groß ist. Gerade die US-Behörden sind da streng hinterher. Wenn chinesische Firmen dabei helfen, US-Sanktionen zu umgehen, landen sie gleich mit auf der Sanktionsliste der USA. Für China sind die Vereinigten Staaten aber der größte Handelspartner. China versucht sich deshalb im Spagat. Man verhängt selbst keine Sanktionen, kauft mehr russische Energie, aber lässt eigene Unternehmen ihr Russlandgeschäft reduzieren, um Sanktionen zu vermeiden. Ein Drahtseilakt.

Gut fürs Geschäft sind Exportverbote und Kapitalflucht aus Russland für westliche Firmen natürlich nicht. Im Gegenteil: Sie bedeuten das Wegbrechen ganzer Absatzmärkte und gehen daher mit milliardenschweren Abschreibungen, Preiserhöhungen und teilweise sogar Produktionsengpässen einher.

Die Inflation ist wieder da

Apropos Preiserhöhungen: Sie ist wieder da. Jahrelang war sie weg und wurde von niemandem vermisst, doch seit dem Jahreswechsel ist sie in aller Munde. Die Rede ist von der Inflation. Einkaufen, Tanken, Duschen: Der Alltag ist teurer geworden, die Inflationsrate im Juli 2022 mit 7,5 Prozent so hoch wie seit der ersten Ölkrise in den 1970ern nicht mehr. Laut Umfragen zählen Menschen die steigenden Preise zu ihrer größten Sorge. Wer arm ist, führt einen finanziellen Überlebenskampf. In Deutschland sind das immerhin fast 14 Millionen Menschen. Leere Kühlschränke am Monatsende und lange Schlangen bei den Tafeln sind die Folge. Und selbst Normalverdiener müssen mittlerweile aufs Geld achten und verzichten: Kochen statt Restaurantbesuch, Margarine statt Butter, Netflix statt Kino, Ostsee statt Teneriffa. Die Mehrheit der Deutschen spart gegen die Inflation. Bundesfinanzminister Christian Lindner will das bald nachmachen. Nach drei Jahren der Ausnahmeregelung soll es endlich zurück zur Einhaltung der Schuldenbremse gehen. Die sei nämlich eine »Inflationsbremse«.[38] Schluss mit »Politik auf Pump«, findet Lindner. Eine gute Idee?

Dafür muss man sich angucken, welche Produkte teurer werden und weshalb. Das Statistische Bundesamt schlüsselt Monat für Monat auf, welche Preise wie stark steigen. Die Inflationsrate lag im Juli dieses Jahres bei 7,5 Prozent. Heißt: Der Alltag ist 7,5 Prozent teurer als noch vor einem Jahr. Der größte Preistreiber ist Energie. Benzin, Diesel, Heizöl, Gas und Strom sind im Schnitt ganze 35,7 Prozent teurer als noch vor zwölf Monaten. Davon betroffen sind auch die Produkte – wie zum Beispiel Lebensmittel – deren Produktion, Lieferung und Auslage in den Kühltheken viel Energie benötigen. Lebensmittel kosten deshalb im Schnitt fast 15 Prozent mehr als noch vor einem Jahr. Zum Vergleich: Dienstleistungen sind in diesem Zeitraum nur zwei Prozent teurer geworden, wie etwa der Besuch beim Friseur oder im Kino.[39] Dass Energie teurer wird, liegt vor allem am Krieg in der Ukraine, der die Preise für die nun unsicheren und knappen Güter Öl, Gas und Kohle in die Höhe treibt. Deutschland hat bislang alle drei Energieträger aus Russland eingekauft. Weil Deutschland, die EU und westliche Partner russische Energie sanktionieren und nicht mehr beziehen wollen, konkurrieren sie am Energiemarkt als Abnehmer um Öl, Gas und Kohle aus anderen Ländern – und treiben damit die Preise nach oben. Wie beschrieben ist Deutschland vor allem beim Gas von Russland abhängig. Weil Putin seine Lieferverträge nicht einhält und die Pipeline Nord Stream 1 per Redaktionsschluss auf 20 Prozent gedrosselt hat, schießt der Gaspreis auf Rekordhöhen. Energie ist längst Spielball dieses Wirtschaftskrieges geworden, den Putin gezielt nutzt, um seinen Gegnern einen Preisschock zu verpassen. Aus Unsicherheit vor einem drohenden Gasmangel sind die Preise an der

Börse ein Vielfaches höher als noch vor einem Jahr. Weil etwa der deutsche Gasversorger Uniper weniger billiges Putin-Gas bekommt, muss er Gas am Markt zu deutlich höheren Preisen kaufen. Ein milliardenschweres Verlustgeschäft für Uniper, denn seine Kunden muss der Konzern noch zu Vertragspreisen beliefern. Die hohen Gas-, aber auch Strompreise sind wegen der Vertragsbindung noch nicht bei allen Kunden angekommen. Anfang 2021 kosteten neue Gasverträge 5 bis 7 Cent pro Kilowattstunde, im August 2022 hingegen bis zu 30 Cent. Beim Strom waren es 2021 etwas mehr als 20 Cent pro Kilowattstunde, im August 2022 bis zu 53 Cent. Das ist eine Versechsfachung der Gas- und eine Verdoppelung der Stromrechnung. Das Ende der Fahnenstange ist per Redaktionsschluss noch längst nicht erreicht, weitere Preissteigerungen wahrscheinlich. Die Juli-Inflationsrate ist auch insofern geschönt, als dass positive Einkommenseffekte durch Maßnahmen wie das 9-Euro-Ticket, der Tankrabatt und die Abschaffung der EEG-Umlage die tatsächlichen Ausgaben der Haushalte teilweise oder kurzfristig abfedern. Ebenso stehen vielen Mietern mit Indexmietverträgen noch drastische Erhöhungen ins Haus. Bei Indexmieten werden die Kaltmieten an die Inflationsrate angepasst. Man kann sich schnell ausrechnen, was das bedeutet. Im Schnitt geben Mieter 26 Prozent des Einkommens für die eigene Wohnung aus. Alleinerziehende und Geringverdiener deutlich mehr, Spitzenverdiener weniger.[40] Wer eine Indexmiete hat, verliert dann schnell etwa zwei Prozent an Kaufkraft, Geringverdiener sogar fast vier Prozent. Obendrauf kommen Versorgungsengpässe mit allerlei Hightech-Produkten: Halbleiter, Chips, Akkus und vieles mehr. Schon die Pandemie hatte die Lieferketten unterbrochen und für Engpässe gesorgt, als China oder Taiwan Häfen lahmgelegt haben. Dazu kommt nun, dass China und Taiwan auf Rohstoffe und Metalle aus Russland und der Ukraine angewiesen sind. Beide sind wichtige Lieferanten von Metallen, Gasen und Rohstoffen wie Nickel, Platin, Palladium, Neon, Argon, Krypton und Xenon. Ohne die gibt es keine Hightech-Ware, keine Elektrifizierung, keine Digitalisierung. Nicht ausgeschlossen also, dass die Inflationsrate in Deutschland im kommenden Winter zweistellig und damit fast so hoch sein wird wie in Russland. Das bedeutet selbstverständlich nicht, dass die Sanktionspolitik Deutschland genau so viel schadet wie Russland, aber das könnte von vielen so interpretiert werden.

Der Begriff »Inflation« ist eigentlich schlecht gewählt, um die derzeitige Lage zu beschreiben. Denn Inflation bezeichnet eigentlich ein nachfrageseitiges Phänomen einer sich selbst verstärkenden Dynamik, die nahezu alle Preise steigen lässt, typischerweise auch Lohn-Preis-Spirale genannt. Ein klassisches Beispiel: Gewerkschaften boxen über Branchen hinweg Lohnzuwächse durch, das treibt die Kosten der Firmen, die wiederum ihre Preise erhöhen, um so ihr Stück vom Kuchen wieder zurückzuholen. Anschließend geht das Spiel wieder von vorne los. Diese Spirale existiert jedoch derzeit nicht, weil die Löhne seit der Corona-Pandemie kaum steigen. Das gibt selbst Arbeitgeberpräsident Rainer Dulger zu. Auch kann man nicht behaupten, dass Firmen die Preise erhöhen und investieren, weil die Menschen so viel Geld ausgeben und die Wirtschaft boomt, die Nachfrage also wächst. Nach zwei pandemischen

Jahren steht die ohnehin gebeutelte Wirtschaft vor der nächsten Flaute. Die Konsumstimmung der Verbraucher ist im Juni 2022 auf ein Rekordtief gefallen, die Geschäfte im Einzelhandel laufen schlecht. Weil die Leute mehr für Energie ausgeben müssen, sparen sie bei Lebensmitteln, Möbeln und Kleidung und gehen seltener ins Kino oder zum Friseur. Im Einzelhandel sind die Umsätze eingebrochen – bis Juni 2022 preisbereinigt um fast neun Prozent.[41] Private Käufe und Investitionen sind immer noch deutlich unter dem Niveau von vor der Corona-Krise; die Industrieproduktion ist auf dem Niveau von 2017. Boom? Fehlanzeige. Nachfrageseitige Inflation? Fehlanzeige. Angebotsschock? Bingo!

Die Unterscheidung ist wichtig. Über Inflation wird oft gesprochen wie über eine Krankheit. Das Symptom? Klar, steigende Preise. So wie ein Arzt aber eine genaue Diagnose braucht, um die richtige Medizin zu verschreiben, braucht die Politik eine akkurate Diagnose, um die Inflation einzudämmen und in Zukunft bestenfalls zu verhindern. Wenn die Diagnose »Angebotsschock« ist, dann sollte die Politik die Knappheit beim Angebot beseitigen oder Preise in der Übergangsphase abfedern. Lindner versucht das Gegenteil: Er will die Nachfrage verknappen, um sie dem knappen Angebot anzupassen. Daher rührt sein staatlicher Sparkurs und der unbedingte Wille, die Schuldenbremse wieder einzuhalten. Sparen würde helfen, wenn die Wirtschaft überhitzt wäre, also alle Arbeitskräfte und Ressourcen im Einsatz wären und das Angebot nicht weiter ausgeweitet werden könnte. Oder auch, wenn wir eine typische Inflation, getrieben von viel Nachfrage und Lohnwachstum, hätten. Haben wir aber nicht. Was wir sehen ist ein temporärer, aber heftiger

Energiepreisschock. Staatliches Sparen riskiert, dass aus dem Energiepreisschock auch ein allgemeiner Nachfrageschock wird, weil durch hohe Energiekosten eben nach und nach andere Ausgaben gestrichen werden. Das wäre ein tödlicher Cocktail für die Friseure, die Kinos, die Bäcker und die Händler in den Innenstädten dieses Landes. Die sind durch die steigenden Energiepreise nicht nur höheren Kosten ausgesetzt, sondern können auch weniger verkaufen, weil den Kunden durch den Energiepreisschock die Kaufkraft wie Sand durch die Finger rinnt. Die Kaufkraft geht an die Länder verloren, die uns mehr für Öl, Gas und Kohle berechnen – allen voran also immer noch: Russland. Ein staatlicher Sparkurs macht aus Putins gewolltem Energiepreisschock noch einen Nachfrageschock. Wenn der Staat Unwillens ist, die steigenden Energiepreise abzufedern, spielt das Putins Angriff in die Karten. Wenn die Bürger sparen, darf sich der Staat nicht noch daran beteiligen. Mehr Kosten und weniger Geschäft ebnen vielen mittelständischen Betrieben den Weg in die Pleitewelle. Einer Umfrage des Bundesverbands mittelständische Wirtschaft zufolge sehen 42 Prozent der befragten Mittelständler ihre Existenz wegen der Energiepreisexplosion in Gefahr. 72,5 Prozent geben an, dass ihnen die hohen Preise für Energie zu schaffen machen.[42]

Jede Pleite riskiert dann wieder andere Pleiten, weil Angebot und Nachfrage an verschiedenen Stellen komplexer Lieferketten wegbrechen. Ein Teufelskreis, der auch für Lindners Staatskasse teuer wird, weil er dann weniger Steuern einnimmt und mehr für Transfers ausgeben muss. Man braucht keine Glaskugel, um zu erkennen: Arbeitslosigkeit und

Einkommensverluste verschärfen den sozialen Sprengstoff und kratzen an der Akzeptanz für Sanktionsmaßnahmen. Beides hilft Putin und nicht den Ukrainern.

Das Gegenteil wäre bessere Politik: Angebot ausweiten, Schock abfedern und Zeit erkaufen. Es klingt nicht intuitiv, aber Schuldenmachen kann die Preise senken. Dafür gibt es zwei Wege. Erstens kann der Staat durch Schulden hohe Preise auf seine eigene Kappe nehmen, indem er Steuern senkt, Zuschüsse zahlt oder etwa die Grundversorgung mit Gas und Strom subventioniert. Der Tankrabatt und das 9-Euro-Ticket beispielsweise haben die Inflationsrate um rund einen Prozentpunkt gesenkt. Seit Juli 2022 müssen Stromkunden zudem keine EEG-Umlage mehr bezahlen, auch das entlastet die Menschen von den hohen Preisen. Ein großer Hebel für die Preise im Supermarkt wäre die Abschaffung der Mehrwertsteuer auf Grundnahrungsmittel. Früher war das von der EU verboten, seit April 2022 ist es erlaubt. Das wäre auch geboten, weil die Mehrwertsteuer selbst Preistreiberin ist, denn die Steuer-Prozente werden ja erst am Ende auf den Produktpreis aufgeschlagen. Je teurer die Butter wird, desto mehr Mehrwertsteuer fällt an. Zweitens könnte der Staat dafür sorgen, dass wir Energie günstiger beschaffen oder effizienter nutzen. Etwa, indem Wind- und Solarenergie ausgebaut werden, indem Gebäude energetisch saniert und Heizungen modernisiert werden, oder indem Bus und Bahn so ausgebaut werden, dass weniger Pendler auf das Auto angewiesen sind. Ob Entlastungen oder Investitionen: Beides kostet Geld. Für beides müsste Finanzminister Lindner zu neuen Schulden bereit sein, seine Sparpläne also ad acta legen. Die geplante Rückkehr zur Schuldenbremse im Jahr 2023 kommt zur Unzeit. Im Rückblick lässt sich sogar sagen: Hätte der Staat in den letzten zehn Jahren mehr Schulden gemacht, um mehr Geld in die Energie- und Verkehrswende zu investieren, wären wir heute nicht so abhängig von teuren Öl-, Gas- und Kohleimporten aus dem Ausland. Je mehr Strom zum Beispiel aus den günstigen Erneuerbaren kommt, desto seltener muss das teure Gas verstromt werden, desto günstiger ist der Strompreis und desto niedriger ist die Inflationsrate! Heißt: Mit großzügigen Entlastungspaketen und klugen Investitionen kann eine Brücke gebaut werden. Unsichere Zeiten führen so zu weniger sozialen und wirtschaftlichen Verwerfungen. Entlastungen und Sparanreize schließen sich dabei gewiss nicht aus. Der schon erwähnte Gaspreisdeckel ist dafür das beste Beispiel. Der Staat subventioniert die Grundversorgung, an der ohnehin kaum gespart werden kann und dafür steigen die Preise für jede Kilowattstunde, die darüber hinaus verbraucht wird. Ohne eine solche Brücke fallen nicht die Großverbraucher ins Wasser, sondern die kleinen und mittelständischen Betriebe, die schon unter Corona ihre Felle hergeben mussten und denen der Energiepreisschock die Kunden vergrault. Gassparen per Pleitewelle ist keine gute Idee. Vielmehr brauchen auch Firmen diese Brücke, um zu investieren und neue Kapazitäten aufzubauen, von Gas auf andere Energieträger umzustellen oder energieeffizienter zu werden. Wenn die Verbraucher und der Staat aber im Gleichschritt sparen, verliert die Wirtschaft an Einnahmen und wird ausgebremst. In einer taumelnden Wirtschaft schrecken Firmen vor Investitionen zurück. Zu groß ist das Risiko, dass die Investitionen in Erneuerung und Nachhaltigkeit sich nicht rechnen. Dann werden Investitionen aufgeschoben und das Geld beisammen gehalten, um die schlechten Zeiten durchzustehen.

Entscheidend für die Politik ist der Zeitfaktor. Je eher der Krieg vorbei geht, desto eher schwindet die hohe Inflationsrate. Wenn Strom und Gas wieder günstiger werden und das Preisniveau fällt, ist übrigens auch eine negative Inflationsrate nicht ausgeschlossen. Auch wenn Energie so teuer bleibt wie heute, wird die Inflationsrate voraussichtlich sinken. Das liegt an der Berechnungslogik. Die Rate misst das heutige Preisniveau im Vergleich zum Vorjahr. Spätestens ab Dezember 2022 wird die Putin-Inflation also gegen die schon erhöhte Corona-Inflation gemessen – und im Vergleich vermutlich niedriger ausfallen. Ab März 2023 wird die dann aktuelle Putin-Inflation gegen die anfängliche Putin-Inflation gemessen – und wohl noch mal niedriger ausfallen, sofern Gas- und Strompreise nicht weiter durch die Decke gehen. Von einer dauerhaft hohen Inflationsrate ist also nicht auszugehen. Dafür müsste es immer wieder neue Angebotsschocks geben. Die werden aber mit jedem Tag, an dem Deutschland sich etwas mehr aus dem Klammergriff von Putins Machtmaschine lösen kann, ungefährlicher. Je mehr Zeit Deutschland für die kontrollierte Umstellung auf andere Energiequellen hat, desto besser und sicherer kann die Brücke gebaut werden. Dauerhaft würde die Inflation nur, wenn die Lohn-Preis-Spirale entfacht würde. Davon ist derzeit nicht auszugehen, weil die Gewerkschaften nicht stark genug sind und keine übertriebenen Tariferhöhungen fordern. Auch die Ampel wird eine solche Entwicklung in der konzertierten Aktion unbedingt verhindern wollen. Dafür ein Tipp an die Ampel: Je stärker der Staat Firmen und Haushalte entlastet, desto weniger Druck haben die Gewerkschaften, den Preisschock für die Beschäftigten mit hohen Löhnen abzufedern und desto eher kann die Spirale vermieden werden. Leider gibt es auch noch ein anderes Szenario, in welchem die Spirale verhindert würde. Nämlich dann, wenn Energiepreisschock und staatlicher Sparkurs die Wirtschaft in die Knie zwingen und die Arbeitslosigkeit steigt. Je höher die Arbeitslosigkeit, desto geringer die Verhandlungsmacht der Beschäftigten und desto trüber die Aussichten für höhere Löhne.

All das zeigt: Inflation ist weder ein rein monetäres Phänomen, wie einst vom neoliberalen Ökonomen Milton Friedman behauptet, noch ein ein schwarzes Loch, in das unser aller Geld verschwindet. Inflation ist vor allem ein Verteilungskonflikt. Denn nicht alle werden zwangsläufig ärmer, wenn die Inflationsrate steigt. Wenn Preise sich verändern, gibt es immer wen, der relativ mehr bezahlt, aber auch immer wen anders, der entsprechend mehr verdient. Die Ausgaben des einen sind die Einnahmen eines anderen – eines der einfachsten ökonomischen Gesetze. Die Frage ist also: Wer kann seine Einnahmen erhöhen und damit ein größeres Stück vom Kuchen ergattern und wer muss mit weniger auskommen und von den Krümeln satt werden? Wenn Deutschland mehr fürs Gas bezahlt, gewinnt Putin und deutsche Gaskunden verlieren. Es gibt aber auch Gewinner in Deutschland. Etwa Mineralölkonzerne, die in Kriegszeiten ihre Margen ausweiten oder mit Kohleverstromung plötzlich deutlich größere Gewinne machen. Das sind Inflationsgewinner.

Die Kunden und Verbraucher sind die Verlierer. Es ist die Aufgabe der Regierung, diesen Verteilungskonflikt zum Wohle der Gesellschaft zu steuern.

Je mehr die Inflation in den letzten Monaten angestiegen ist, desto lauter wurden die Stimmen derer, die seit Jahren warnen, Inflation käme von zu viel Geldmenge. Gerade Crash-Propheten und ausgediente Ökonomen wie Hans-Werner Sinn fühlen sich bestätigt. Ihre jahrelangen Warnungen vor der Inflation seien jetzt eingetroffen, so die Auffassung. Das stimmt aber nicht und ist generell eine sehr unterkomplexe Lesart der Lage. Die Geldmenge hat mit der hohen Inflationsrate nichts zu tun. Man möchte doch fragen: Wieso braucht es erst eine Jahrhundert-Pandemie, gebrochene Lieferketten und einen Krieg in Europa, damit die Inflationsrate vorübergehend um ein paar Prozentpunkte steigt? Und wieso steigen dann insbesondere die Preise für Öl, Kohle, Strom und Gas? Wieso sind nicht auch Dienstleistungen 30 statt 2 Prozent teurer, wenn doch die Geldmenge per se das Problem ist? Fragen über Fragen, auf die Crash-Propheten keine Antwort haben.

Blinder Aktionismus aus Frankfurt

Man müsste Mitleid mit ihr haben. Sie ist verzweifelt, weil alle von ihr verlangen, was eigentlich unmöglich ist: Die Europäische Zentralbank (EZB) soll den Energiepreisschock bekämpfen und die Inflationsrate wieder senken. Wie aber soll das gelingen? Sie kann aus ihrem Büro-Tower in Frankfurt ja nur den

Zins festlegen und Anleihen handeln. Vielmehr Gerät hat die EZB nicht in ihrem kleinen Werkzeugkoffer. Je länger die Inflationsrate steigt, desto größer wird der Druck. Die rechte Seite des Bundestages – von AfD über die Union bis zur FDP – war sich schnell einig: Die EZB ist schuld und muss dringend etwas machen. Der finanzpolitische Sprecher der FDP, Markus Herbrand, sagte in einer Bundestagsrede gar, die Ursachen von Inflation könne »nur die Geldpolitik, also die Zentralbank bekämpfen«. Auch wenn die Ursache ist, dass Putin den Gashahn zudreht? Da darf man die Stirn schon mal in Falten legen. Noch weiter gehen die Abgeordneten Frank Schäffler (FDP) und Kay Gottschalk (AfD). Beide forderten sogar schon den Rücktritt der EZB-Präsidentin Christine Lagarde. Komisch, wo doch gerade Wirtschaftsliberale sonst immer die politische Unabhängigkeit der EZB predigen. Offenbar gilt die Unabhängigkeit bei Wirtschaftsliberalen nur, wenn es einem politisch gerade selbst in den Kram passt. Besonders verpönt ist, wenn sogar Finanzminister in der Eurozone Forderungen an die unabhängige EZB stellen. Christian Lindner hat es trotzdem gemacht, immer wieder – zwar indirekt, aber deutlich. So geschehen bei seiner Abschlusserklärung nach dem Ende des G7-Gipfels. Vor der Weltpresse sagte Lindner: »Ich hab es mal für mich nach meiner Überzeugung auf den Punkt gebracht mit dem Satz: Die Notenbanken sind sehr sehr sehr sehr unabhängig. Aber sie haben auch eine sehr sehr sehr große Verantwortung in dieser Zeit.«[43] Frei übersetzt: Die Zentralbank solle doch endlich den Zinshammer aus dem Werkzeugkoffer holen. So kam es dann auch. Um 0,5 Prozentpunkte hat die EZB den Leitzins Ende Juli

2022 angehoben. Es gibt nur ein Problem: Die Inflation ist gar kein Nagel!

Wie genau die Zinserhöhung Öl, Kohle, Gas und Strom günstiger machen soll, weiß die EZB selbst nicht so recht. Da aber kommt die Inflation ja her. Dienstleistungen sind kaum teurer als vor einem Jahr, Energie hat dafür Stand August 2022 im Schnitt satte 35 Prozent zugelegt. Alle Ökonomen, die auf die EZB zeigen und der Zinserhöhung seit Monaten das Wort reden, bauen auf drei mögliche Wirkungskanäle. Erstens: Zinserhöhungen machen Geld teurer. Genauer gesagt machen sie Kredite teurer. Das wiederum soll Investitionen abwürgen, weil die sich dann nicht mehr rechnen. Das bremst die Wirtschaft aus, macht Menschen arbeitslos und lässt Firmen pleitegehen. Das Kalkül: In einer stotternden Wirtschaft wird weniger Geld ausgegeben und dann sinken die Preise. Das Problem: Ausgaben für Energie sind unelastisch, wie Ökonomen sagen. Bevor also an Energie gespart wird, wird woanders gekürzt. Firmen sparen vielleicht an Werbung und Personal. Haushalte wiederum kürzen in der Not erst beim Friseur, im Restaurant oder beim Shoppen von Klamotten, bevor sie beim Tanken, Heizen oder Duschen sparen. Energie wird nämlich gebraucht, um Produktion und Alltag zu bewältigen. Mit dem Zins gezielt die Nachfrage nach Energie zu senken, ist deshalb schwierig. Alle, die es mit Angebotspolitik halten, sprechen zudem immer von Investitionsanreizen, die es jetzt braucht. Dabei bleibt völlig schleierhaft, wie teurere Kredite ein Anreiz für Investitionen sein sollen. Gleiches gilt auch für öffentliche Investitionen. Wenn die Zentralbank das Zinsniveau hochschraubt, muss der Staat wieder mehr Zinsen auf seine Staatsanleihen zahlen. Unter den Bedingungen der Schuldenbremse bedeuten mehr Zinsausgaben weniger Raum für andere Ausgaben. Gewiss nicht, weil Geld *per se* knapp ist, nein, sondern weil die Schuldenbremse den Handlungsraum politisch einschränkt – ein wichtiger Unterschied! Private wie öffentliche Investitionen zu verteuern, ist kontraproduktiv, wenn das Angebot an Energie ausgeweitet werden soll. Genau diese Investitionen braucht es doch, um grüner und effizienter zu werden – und unabhängiger von Russland. Obendrein ist es riskant, Kredite teurer zu machen. Bestes Beispiel: Bauzinsen. Die haben sich seit Jahresbeginn verdreifacht. Für zehn Jahre Zinsbindung lag der Satz im Dezember 2021 noch bei einem Prozent, im Juli 2022 dann bei über drei Prozent.[44] Und Bauzinsen werden wohl weiter steigen, wenn die Zentralbank den Kurs beibehält. Im August 2022 forderte der Präsident der Deutschen Bundesbank: »Bei den hohen Inflationsraten müssen weitere Zinsschritte folgen.« Joachim Nagel ist als Präsident einer nationalen Zentralbank einer von 21 stimmberechtigten Mitgliedern des EZB-Rats, der geldpolitische Entscheidungen für die Eurozone fällt. Als politisch und wirtschaftlich mächtigstes Land der Eurozone ist der Einfluss eines deutschen Notenbankpräsidenten weitaus größer als sein formelles Stimmrecht. Man darf also davon ausgehen, dass der Zins noch weiter angehoben wird. Häuslebauer, die eine Anschlussfinanzierung brauchen, bekommen dann große Probleme. Wenn die Kalkulation für die Eigenheimfinanzierung nicht mehr aufgeht, drohen Kreditausfälle. Je mehr die EZB an der Zinsschraube dreht, desto riskanter wird das Kreditgeschäft. Je mehr Kredite ausfallen, desto wahrscheinlich wird aus der Zinserhöhung eine handfeste Finanzkrise. Noch mehr wirtschaftliche Verwerfungen können wir aber nicht gebrauchen.

Zweitens soll die Zinserhöhung einen psychologischen Effekt haben. Mainstream-Ökonomen haben sich der Theorie der Zinserwartungen verschrieben. Damit ist gemeint: Die EZB soll dafür sorgen, dass die Leute stabile Preise erwarten, denn hohe Inflationserwartungen führen am Ende tatsächlich zu einer hohen Inflation. Etwa deswegen, weil die Leute geplante Einkäufe und die Firmen geplante Investitionen vorziehen, solange die Preise noch günstiger sind und dadurch die Wirtschaft zu überhitzen droht. Oder weil die Gewerkschaften höhere Löhne durchboxen, wenn sie hohe Inflation erwarten. Die Bundesbank schreibt dazu: »Dauerhafte Preisstabilität ist daher nur dann möglich, wenn die Inflationserwartungen stabil und niedrig sind.«[45] Die EZB ist vor allem für stabile Preise zuständig. So sieht es ihr Mandat vor und so lautet auch der Konsens über die Aufgaben einer Notenbank in der Mainstream-VWL. Am Rande: Die US-amerikanische Notenbank FED hat neben der Preisstabilität ein zweites, gleichwertige Ziel, nämlich das der Vollbeschäftigung. Wegen der Preisstabilität machen gerade Notenbanker großes Aufheben um die Inflationserwartungen. Die Idee: Die EZB müsse nur klar genug kommunizieren, welche Inflationsrate sie anstrebt, und schon würden sich alle Wirtschaftsakteure daran orientieren und ihre Inflationserwartungen sowie ihr Handeln daran anpassen. Sollte die Tonspur der EZB nicht reichen, kann sie mit der Zinspolitik immer noch Fakten schaffen. Zinserhöhungen drücken die Inflationserwartungen nach unten, Zinssenkungen ziehen sie hoch, so die Auffassung.

Und solange die EZB es nur schafft, die Erwartungen beim Inflationsziel von zwei Prozent zu verankern, wird schon alles gut werden. Dann werden die Gewerkschaften schon keine zu hohen Löhne fordern und die Firmen die Preise nur moderat anpassen. Wie viel Placebo und Küchenpsychologie dahintersteckt, erkennt man auch an dem Statement von DIW-Präsident Fratzscher. Die Zinserhöhung sei »ein starkes Signal an Märkte, Sozialpartner und Menschen«, dass »die EZB die Risiken erkannt hat und entschieden handeln wird«, sagte der Ökonom. Und weiter: »Zwar würde selbst ein rascher und erheblicher Anstieg der Zinsen kaum etwas an der hohen Inflation über die kommenden zwölf Monate ändern. Aber ein starkes Signal für einen entschiedenen Ausstieg aus der expansiven Geldpolitik ist essentiell für die EZB, um die Inflationserwartungen fest zu verankern und damit ihre Glaubwürdigkeit zu schützen. An den Ursachen für die derzeit hohen Preise ändern hohe Zinsen also nichts, wie er selbst eingesteht. Gegen teures Gas, teures Öl, teuren Strom und knappe Halbleiter kann die Zinspolitik nichts ausrichten. Egal! Hauptsache die »Märkte, Sozialpartner und Menschen« verstehen, dass die EZB »die Risiken erkannt hat« und »entschieden« handelt. Das Handeln hilft zwar gar nicht gegen die Inflation, aber wenn man nur fest dran glaubt, dann werden es die Inflationserwartungen schon richten, irgendwie, ganz bestimmt, na klar. Eine sich selbst erfüllende Prophezeiung.

Wenn man es herunter bricht, dann steht hinter dem »starken Signal« eigentlich eine harte Botschaft an die Gewerkschaften. Die EZB will mit den höheren Zinsen die ohnehin schwächelnde Wirtschaft noch weiter abwürgen,

Arbeitnehmervertreter, bitte zügelt eure Lohnforderungen und stellt auch auf höhere Arbeitslosigkeit ein! Das ist kein starkes, sondern ein zynisches Signal. Die ganze Theorie der Inflationserwartungen ist auch deshalb realitätsfremd, weil die Gewerkschaften seit Jahren nicht einmal die Zielinflation von zwei Prozent in den Lohnverhandlungen durchsetzen können. Die Abschlüsse liegen regelmäßig darunter. Dabei müsste eigentlich noch der mittelfristige Produktivitätsfortschritt mit dazu verhandelt werden, davon reden wir besser erst gar nicht. Wenn schon in normalen Zeiten die Löhne hinterherhinken, wie bitte sollen zeitweise höhere Inflationserwartungen dazu führen, dass Gewerkschaften plötzlich so hohe Löhne durchsetzen, dass aus dem Preisschock eine echte Lohn-Preis-Spirale wird? Und wieso sollten die verschiedenen Gewerkschaften einen allgemeinen Zinsanstieg zum Anlass nehmen, um für die eigenen Mitglieder weniger Lohnplus zu fordern? Dem Ganzen setzt die Krone auf, dass die Bundesbank regelmäßig Leute nach ihren Inflationserwartungen befragen lässt. Sie fragt, wie hoch die Inflationsrate in den kommenden 12 Monaten in etwa sein wird. Im ganzen deutschen Fernsehen gibt es niemanden, der Inflation vernünftig erklärt, aber die Notenbank soll ihre Politik an Befragungen orientieren?

Bitter ist zudem, dass dieselben Ökonomen, die diese Küchenpsychologie vertreten, bis heute nicht zur Kenntnis genommen haben, dass die EZB seit zehn Jahren mit der Aufgabe, die Inflationsrate bei zwei Prozent zu halten, ganz offensichtlich überfordert ist. Bis vor der Pandemie hat die EZB alles versucht – Nullzinsen, riesige Anleihekaufprogramme und, und, und – um die Inflation auf zwei Prozent zu bringen. Sie blieb aber ohne Erfolg und hat das Inflationsziel die meiste Zeit deutlich unterschritten. 2022 gilt das Gegenteil: Die Inflationsrate ist deutlich höher als beabsichtigt. Jedoch ist die EZB auch dagegen chancenlos. Corona, Putin und Investitionsstau sind schuld, nicht die Geldpolitik der EZB. Ehrlicher wäre es, EZB und Ökonomen würden zugeben, dass die EZB mit der Inflationssteuerung überfordert ist. Warum nicht die Aufgaben anders verteilen? Es würde doch ausreichen, wenn die EZB sich um stabile Finanzmärkte, die Abwicklung von Zahlungsverkehr und die Aufsicht von Großbanken kümmert. Für stabile Preise können Wirtschaftsminister Habeck, Finanzminister Lindner und Arbeitsminister Heil viel besser sorgen. Die haben nämlich viel größeren Einfluss auf die Inflation als die EZB.

Der dritte Kanal ist der Wechselkurs. Die Wirkung verläuft jedoch über drei Ecken und damit sehr prämissenlastig. Die Logik geht so: Hohe Zinsen sollen Anleger in den Euro locken. Je mehr Anleger ihre US-Dollar gegen Euro tauschen, desto mehr gewinnt der Euro gegen den US-Dollar an Wert. Je mehr US-Dollar man für einen Euro bekommt, desto weniger Euro müssen wir für unsere Ölimporte zahlen. Importe würden also günstiger. Dass die Eurozone sich einem flexiblen Wechselkurs verschrieben hat, also gar kein Kursziel für den Euro verfolgen soll, scheint einigen Ökonomen entgangen zu sein. Und überhaupt möchte man gerade die liberalen Ökonomen doch mit einem Augenzwinkern fragen: Wenn Märkte ach so effizient sind, vor allem die Finanzmärkte, wieso soll dann der Marktpreis für den Euro über die Zinsen der Zentralbank beeinflusst und nicht den

Marktakteuren überlassen werden? Findet der Markt nicht ohne staatlichen Eingriff die richtigen Preise? Ohne Augenzwinkern muss man feststellen: Der Finanzmarkt ist eben kein funktionierender Markt wie liberale Ökonomen ihn in ihre Lehrbücher zeichnen. Er findet nicht die richtigen Preise, erst recht nicht für Wechselkurse. Die sind außerdem auch nur bedingt von Zinsen abhängig. Wenn die FED an den Zinsen dreht, hat das zwar kurzfristig einen Effekt, der kann aber schon innerhalb weniger Tage verpufft sein, wenn die Investoren an den Märkten ihre Entscheidungen an neuen Informationen ausrichten. Schon der liberale Vordenker Hayek beschrieb das Problem, das an Finanzmärkten auftritt. Die Akteure tragen keine unterschiedlichen Informationen an den Markt, sondern interpretieren alle dieselben zentralen Wirtschaftsdaten – Zinsentscheide, Wachstumsprognosen, Arbeitsmarktdaten, Pressestatements von Zentralbanker und so weiter. Und sie interpretieren nicht nur dieselben Informationen, sondern interpretieren sie auch alle in ähnlicher Weise. Bei guten Daten wird gekauft, rein ins Risiko. Bei schlechten verkauft, raus aus dem Risiko. Die Akteure werden zur Herde am Finanzmarkt, die zentralen Informationen hinterherrennt. Damit Märkte gute Preise finden, brauche es aber dezentrale Informationsgewinnung, erklärte schon Hayek.

Man nehme also eine beliebige Kombination von Währungen und prüfe, ob Zinsunterschiede die Veränderungen des Wechselkurses erklären können. Das Ergebnis wird sein: eher nicht. Wer den Euro-US-Dollar-Kurs vorhersagen will, muss Kaffeesatz lesen oder Glaskugeln deuten können. Es gibt bis heute kein ökonomisches Modell, dass Wechselkursveränderungen vorhersagen kann. Das ist auch kein Wunder, denn der Wechselkurs bildet sich an den Währungsbörsen in Abhängigkeit von etlichen Variablen. Die wenigsten davon sind mit harten ökonomischen Fakten wie dem Zins, der Inflation oder der Handelsbilanz zu erklären. Vielmehr werden Preise an Finanzmärkten von Spekulation und Herdenverhalten getrieben. Der Finanzmarkt funktioniert gänzlich anders als ein Konsumgütermarkt: Steigt der Preis für Konsumgüter, etwa für Kartoffeln, sinkt üblicherweise die Nachfrage. Steigt aber der Preis für Finanzmarktprodukte wie Aktien oder Währungsderivate, interpretieren Spekulanten dies als Hinweis, dass es eine profitable Preisrallye geben könnte, die sie natürlich nicht verpassen wollen. Das treibt die Nachfrage an bis die ersten Spekulanten, der Kopf der Herde, die Gewinne realisieren und wieder aussteigen. Wer Wechselkurse in Abhängigkeit von Zinsänderungen vorhersagen kann, könnte problemlos viel Geld verdienen. Die Realität ist ein andere. Außerdem: Über Zinsen den Wechselkurs und damit die Inflation zu beeinflussen, bedeutete einen Zinswettlauf gegen die mächtigste Zentralbank der Welt, die FED. Ob das eine kluge Idee ist?

Übrigens: Neben dem Zins gibt es ja auch noch die Anleihekaufprogramme im Werkzeugkoffer der Zentralbank. Wenn die EZB Anleihen kauft, treibt sie den Preis der Anleihen nach oben, weil mehr Nachfrage auf das begrenzte Angebot an Anleihen trifft. Der steigende Anleihepreis senkt die Renditen, weil Anleger mehr Geld für die Anleihen hinlegen müssen, um deren Zinsen zu kassieren. Schlecht für Anleger, gut für den Staat, denn die Zinsaufschläge auf Staatsanleihen sinken durch die Anleihekäufe – und damit zur Freude der Euro-Finanzminister – auch deren Zinskosten. Das Gegenteil gilt, wenn die EZB weniger kauft – oder gar Anleihen, die sie besitzt, verkauft. Dann sinkt der Preis und die Rendite steigt. Kaufprogramme für Anleihen sollen den langfristigen Zins für langjährig laufende Anleihen nach unten drücken. In der Pandemie hat die EZB das Pandemie-Programm PEPP (*Pandemic Emergency Purchase Programme*) aufgelegt, damit alle Finanzminister der Eurozone günstig an Geld kommen und eine neue Eurokrise verhindert wird. Im Verlauf des Wirtschaftskrieges und der steigenden Inflationen hat die EZB aber einen Kursschwenk vorgenommen. Sie hat das große und sehr erfolgreiche PEPP beendet. Das hat die Anleger nervös gemacht, Spekulanten die Tür geöffnet und für steigende Risikoaufschläge auf Staatsanleihen von Italien, Spanien und Griechenland gesorgt. Für Italien und Co. ist es jetzt deutlich teurer als vorher, sich Geld am Kapitalmarkt zu beschaffen. Die Risikoaufschläge für Staatsanleihen aus diesen Ländern sind zudem deutlich stärker gestiegen als die in Deutschland. Das treibt einen Keil in die Eurozone. Deutschland wird gegenüber Italien bevorteilt.

Um den Anstieg der Risikoaufschläge in Südeuropa unter Kontrolle zu bringen, musste die EZB sich ein neues Programm aus den Rippen schneiden. Das trägt den Namen *Transmission Protection Instrument*, kurz: TPI. Das Programm ist nötig, um das Ende von PEPP zu kompensieren. Zwar werden auslaufende Anleihen beim PEPP noch ersetzt, aber netto keine neuen Anleihen mehr gekauft. Damit kann die EZB die Renditen der Südeuropäer noch beeinflussen, aber nicht mit aller Feuerkraft, nicht mehr in *Whatever-It-Takes* Manier. Denn PEPP war das Versprechen der EZB, dass sie in der Pandemie keine Staatspleiten zulassen wird und im Zweifel den Banken die Anleihen abnimmt. Als Schöpferin des Euros kann die EZB alle Posten in die eigene Bilanz nehmen, ohne Pleite zu gehen. Der Spekulation gegen Staatsanleihen von Italien, Griechenland und Co. hat sie mit dem Versprechen den Garaus gemacht – eine der wichtigsten Lehren aus der Eurokrise. Gegen die große Unsicherheit und die steigenden Risikoaufschläge soll das TPI helfen. Die Höhe der Anleihekäufe hat die EZB beim neuen Instrument nicht begrenzt, was ein wichtiges Zeichen ist. Doch es gibt einen Haken. Voraussetzung für den Kauf von Anleihen ist, dass die Länder verschiedene Kriterien erfüllen. Gegen das betroffene Land darf etwa kein Verfahren der EU wegen Verstößen gegen die Schuldenregeln oder aufgrund wirtschaftlicher Ungleichgewichte laufen. Auch sollen Bewertungen zur Schuldentragfähigkeit einfließen, bei denen sich die EZB an Analysen der EU-Kommission, des Europäischen Stabilitätsmechanismus (ESM) und des Internationalen Währungsfonds orientieren will. Was hier als »nachhaltig« gilt, ist sehr konservativ bemessen. So gut das Programm auf den ersten Blick scheint, so sehr darf man skeptisch sein, wie es eingesetzt wird, wenn es hart auf hart kommt. Im Juli dieses Jahres ließ die EZB deutsche, französische und niederländische Anleihen im Wert von rund 17 Milliarden Euro auslaufen und investierte das Geld in griechische, spanische und italienische Anleihen. Ein guter erster Schritt. Im schlimmsten Fall könnte das TPI trotzdem zum neuen Erpressungsinstrument werden. Dann gilt das Motto: Liebe italienische Regierung, entweder ihr fahrt eine Sparpolitik oder die EZB lässt die Risikoaufschläge steigen. Ein zweites Griechenland-Exempel würde die Eurozone sicher nicht überleben. Erst recht nicht, wenn es am politisch instabilen Italien statuiert würde und mitten in den Wirtschaftskrieg gegen Putin fällt.

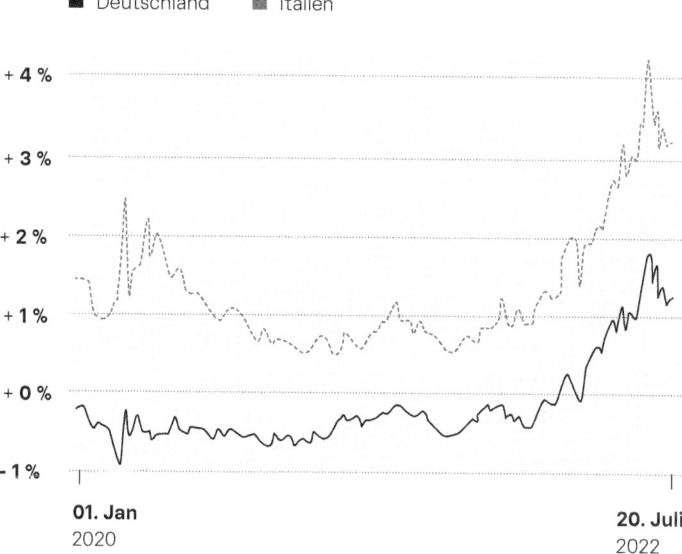

Unten wird ärmer

Der Wirtschaftskrieg kostet Wohlstand. Er macht den Kuchen kleiner. Mehrere hundert Milliarden Euro Wirtschaftsleistung stehen im Feuer. Am härtesten trifft das die, die schon vorher nur Krümel abbekommen haben. Besonders, weil Krisengewinner noch die Verteilung der Kuchenstücke in Frage stellen und sich ein unverschämt großes Stück herausschneiden. Bestes Beispiel: Die Energiekonzerne, die ihre Gewinne vervielfachen. Deren zusätzliche Gewinne sind die verlorene Kaufkraft der Kunden. Die Krümel werden nicht nur kleiner, sondern auch weniger Wert. Der Blick auf das Wirtschaftswachstum und die Inflationsrate verraten darüber aber nichts. Wie sagt man so schön: Der Durchschnitt ist das Leichentuch der Statistik. Die persönliche Inflationsrate der Friseure, der Kassiererin und der Bürokaufleute ist deutlich größer als die der Bankmanager, Herzchirurgen und Profifußballer. Denn es sind vor allem die Güter des Grundbedarfs, die teurer werden: Duschen, Kochen, Einkaufen, Tanken und so weiter. Die Güter, mit denen die Menschen ihren Alltag bewältigen. Bei den ärmsten 20 Prozent machten die Ausgaben für den Grundbedarf bisher nahezu zwei Drittel aller Ausgaben aus, bei den einkommensstärksten 20 Prozent werden nur etwa 44 Prozent dafür ausgegeben. Bei den Superreichen sind es nochmal deutlich weniger.

Die größten Einkommensfresser sind die Energiepreise. Ohne Energie geht nichts. Wir alle nutzen Energie, ob Gas für die Heizung, Strom für das Licht oder Sprit für das Auto. Je reicher die Leute sind, desto mehr Energie verbrauchen sie typischerweise. Der Dax-Manager mit großem Einfamilienhaus und schickem SUV verbraucht mehr Energie als die Kassiererin, die im Mehrfamilienhaus zur Miete wohnt und eine alte Twingo-Möhre fährt. Absolut gesehen geben Reiche also mehr Geld für Energie aus als Arme. Aber Vorsicht! Das sagt längst nicht alles über die Verteilungswirkung steigender Energiepreise oder politischer Maßnahmen gegen diese Preissteigerungen aus. Denn für die Verteilungswirkung ist nicht die absolute Höhe der Energieausgaben entscheidend, sondern die Höhe der Energieausgaben im Verhältnis zum Einkommen. Hier verändert sich das Bild nämlich drastisch. Je kleiner das Einkommen, desto höher ist der Einkommensanteil, der für Energie ausgegeben wird. Die Kassiererin verliert also einen größeren Anteil ihres Einkommens als der Dax-Manager.

Berechnungen des Deutschen Instituts für Wirtschaftsforschung von Ende April 2022 zeigen: Die hohen Energiepreise fressen bei den kleinsten Einkommen bis zu sieben Prozent auf, bei mittleren Einkommen bis zu vier Prozent und bei Spitzenverdiener gerade mal zwei Prozent.[46] Und das war per Stand April 2022. Je höher die Preise für Sprit, Gas und Strom werden, desto drastischer werden die Belastungen. Ähnlich ungleich verteilen sich Lasten für die Preisexplosion im Supermarkt. Im Juli dieses Jahres kostete der Einkauf von Lebensmitteln fast 15 Prozent mehr als im Vorjahr.[47] Kleine Einkommen geben einen 60 Prozent größeren Anteil ihres Einkommens für Lebensmittel aus als Spitzenverdiener.[48] Auch können sie die höheren Preise für den Alltag nicht einfach aus Erspartem tragen, was sie früher auf die hohe Kante gelegt haben. 40 Prozent der Deutschen haben quasi keine Ersparnisse, die unteren neun Prozent sogar ein negatives Nettovermögen, sind also überschuldet.[49] Ohne Reserven geht die Inflation gleich an die Substanz. Schuldnerberatungen fürchten einen Ansturm von Menschen, die die Krise in die Überschuldung gezwungen hat. Schon 2021 waren rund 6 Millionen Erwachsene in Deutschland überschuldet und konnten ihre

Rechnungen nicht mehr bezahlen.[50] Das ist nicht nur ein finanzielles Desaster, sondern auch eine enorme psychische Belastung. Nicht selten eine, die krank macht und Familien auseinanderbrechen lässt. Bei vielen reicht es nicht mehr bis zum Monatsende, der Andrang bei Deutschlands Tafeln ist riesig. In vielen Orten stoßen die Ehrenämtler an ihre Grenzen. Geschäftsführerin der Tafel Deutschland, Sirkka Jendis, berichtet, dass zwei von drei Aufnahmestellen keine neuen Kunden akzeptieren können. Eine Peinlichkeit für den deutschen Sozialstaat und die Ampel-Regierung.

Auch der Armutsbericht für 2022 muss einem Sorgen machen. Schon die Pandemie hat die Armut in Deutschland auf einen Höchststand katapultiert. Die Armutsquote lag 2021 bei 16,6 Prozent. 13,8 Millionen Menschen gelten in Deutschland als arm, das sind 300.000 mehr als im Jahr 2020. Ulrich Schneider, Hauptgeschäftsführer des Paritätischen Gesamtverbandes, machte bei der Vorstellung des Berichtes klar: »Deutschland droht am unteren Rand schlicht auseinanderzubrechen.«[51] Die jetzige Inflation wird diejenigen, die knapp zu viel verdienen, um vom Sozialstaat zu profitieren, in die Armutsfalle tappen lassen. Auch vielen in der Mittelschicht steht das Wasser bis zum Hals. Sparkassen-Präsident Helmut Schleweis geht davon aus, dass bald bis zu 60 Prozent der deutschen Haushalte ihr gesamtes Einkommen für die Lebenshaltung einsetzen müssten.[52] Sparen ist dann nicht mehr drin. Berechnungen des Statistischen Bundesamts und des Ifo-Instituts zeigen sogar, dass Ersparnisse im Rekordtempo abgebaut werden. Reparaturen, Urlaube und größere Anschaffungen werden damit für die breite Mehrheit des Landes zum finanziellen Stabhochsprung.

Der Kanzler stimmte zwar das große Unterhaken und »You'll never walk alone« an, aber die bisherigen Entlastungspakete reichen vorne und hinten nicht aus, um die Belastungen zu kompensieren. 2023 wird die Schuldenbremse weiteren, großzügigen Entlastungen im Weg stehen. Die Schuldenbremse wird dann Investitionsbremse und Armutsbeschleuniger zugleich.

Schon vor dem Krieg waren in Russland 20 Millionen Menschen arm. Arm zu sein heißt im armen Russland etwas anderes als im reichen Deutschland. Die Armutsgrenze liegt dort bei umgerechnet 150 Euro. Dabei gibt es große Unterschiede zwischen dem Leben im pompösen Moskau, der Vorzeigemetropole Russlands, und den ländlichen Gegenden, in denen die Infrastruktur marode, die Häuser in schlechtem Zustand und die Winter hart sind. Auch die russische Bevölkerung wird vom Wirtschaftskrieg in die Knie gezwungen. Die Inflation ist deutlich größer als in Deutschland, die Wirtschaft schon längst hüfttief in der Krise, Güter des täglichen Bedarfs teilweise knapp. Putin erließ zwar einige Sozialmaßnahmen, etwa erhöhte er Renten und Mindestlöhne um zehn Prozent. Doch der russische Sozialstaat hat große Löcher. Das Absicherungsniveau ist nicht mit dem in Deutschland zu vergleichen. Eine Arbeitslosenversicherung gibt es gar nicht. Das Arbeitslosengeld wird nur für wenige Monate gewährt und liegt weiter unter dem, was man zum Leben braucht. Thielko Grieß, Russland-Korrespondent für den Deutschlandfunk, erklärte im Jahr 2020: »Das Minimum beträgt 1500 Rubel – das sind etwa 20 Euro im

Monat. Das ist nicht viel Geld. Das Maximum sind 8.000 Rubel, ungefähr 110 Euro. Daran ist schon abzulesen, dass man davon eigentlich nicht leben kann. Das wird auch nur einige Monate gezahlt. Ich kenne persönlich niemanden, der Arbeitslosengeld bezieht. Die Arbeitslosenquote ist ganz gering in Russland. Das liegt aber daran, dass die allermeisten, die keine Arbeit haben, sich gar nicht arbeitslos melden, weil sie auf die Prozedur keine Lust haben, weil es wenig Geld gibt und weil sie sich stattdessen einen Job suchen, bei dem sie das Geld bar auf die Hand bekommen.«[53] Es braucht nicht viel Vorstellungsvermögen, um sich auszumalen, wie einfache Malocher, weit weg von Putins Machtapparat, in Russland unter dem Wirtschaftskrieg und Putins Wirtschafts- und Sozialpolitik leiden. Die Sanktionen beschleunigen Putins Verarmungsprogramm. Wie stark die Armut in Russland steigt, lässt sich nicht einschätzen. Und es wird sicherlich eine Zahl sein, die die russische Regierung als Geheimnis hüten wird. Schlechte Neuigkeiten, die Putins Politik in Zweifel ziehen, sind nicht willkommen.

Die härteste Zeit machen selbstredend die Menschen in der Ukraine durch. Wenn Hab und Gut zerbombt werden, wenn Angehörige sterben, wenn die aufgebaute Existenz unter den Füßen weggerissen wird, dann ist das ein unvergleichbares Leid. Das Land liegt im Chaos, Wirtschaftsdaten sind kaum verlässlich. Firmen gehen reihenweise pleite, Industriegebiete stehen still, Lagerhallen und Fabriken werden zerstört, Millionen Jobs gehen verloren. Die Arbeitslosenquoten ist laut Ukrainischer Nationalbank von 9 auf 35 Prozent gestiegen. Gehälter werden teils nicht mehr vollständig gezahlt.[54] Die Inflation ist nach offizieller Statistik von 10 auf 22 Prozent angestiegen. Wenn Güter fehlen oder Wohnungen, Wasserleitungen und Energienetze zerstört sind, sind Engpässe aber das größere Problem als Preise. Millionen Ukrainer wurden seit Kriegsbeginn vertrieben, nicht alle außerhalb des Landes. Es handele sich »um die größte Fluchtbewegung seit dem Ende des Zweiten Weltkriegs«, so die UNO-Flüchtlingshilfe.[55] Ukrainer, die als Flüchtlinge in anderen Ländern ankommen, mögen vielleicht sich in Sicherheit gebracht haben, leben dort aber am absoluten Existenzminimum. Forscher der Kiew School of Economics schätzen die Kosten von zerstörter Infrastruktur und Produktionsstätten, geflüchteten Arbeitskräften, den Verlusten der heimischen Wirtschaft und den ausbleibenden Auslandsinvestitionen allein in den ersten 100 Tagen Krieg auf 600 Milliarden Euro.[56] Das ist viermal so viel wie die jährliche Wirtschaftsleistung der Ukraine. Eine grauenvolle Entwicklung.

Kapitel VI
Am anderen Ende der Welt

Der Wirtschaftskrieg zwischen Russland und dem Westen trifft längst nicht nur die, die ihn aktiv führen. Im Gegenteil: Er krempelt den Welthandel um. Einige können davon profitieren und gute neue Geschäfte einfädeln. Indien oder die Türkei etwa nutzen die Situation, um ihren Handel mit Russland auszubauen. Die Türkei kauft jetzt doppelt so viel Öl aus Russland wie vor dem Krieg und das zu vorteilhaften Konditionen. Insgesamt ziehen Wirtschaftskrieg und Sanktionen aber eine Spur der Verwüstung durch die Weltwirtschaft. Besonders hart trifft es die ärmeren Länder der Welt. Wie zuvor erläutert: Wenn die EU kein russisches Öl mehr kauft, dann muss sie das Öl woanders einkaufen. Woanders ist aber kein neues Öl, sondern nur Öl, das vorher andere Länder eingekauft haben. Die EU kickt auf der Suche nach neuen Ölimporten andere Länder aus dem Markt – allen voran ärmere Länder. Das gilt auch für Gas, Kohle und Rohstoffe. Was sollen die ärmeren Länder jetzt machen? Das Wettbieten gegen reiche EU-Länder können sie nicht gewinnen. Wenn sie keine langfristigen Lieferverträge haben, müssen sie die Importe Hals über Kopf woanders herbekommen oder eben doch höhere Preise bezahlen. Beides ist problematisch, logistisch und finanziell. Längere Wege und fehlende Tanker machen Logistik kompliziert und teuer. Teuer wird es zudem, wenn reiche westlichen Länder mit ihrer Nachfrage die Börsenpreise hochtreiben. Sogenannte Entwicklungsländer müssen auf jeden US-Dollar achten, den sie für Importe ausgeben. Dann fehlt es dort an Technologie, Nahrungsmitteln oder Medikamenten. Je teurer die Energie, desto weniger andere Importe können sie nachhaltig finanzieren. Oder desto eher rutschen sie in die Schuldenfalle und müssen bei internationalen Kreditgebern wie dem Internationalen Währungsfonds (IWF) betteln. Auch macht es sich in diesen Ländern sofort bemerkbar, wenn die Weltwirtschaft ins Stottern gerät. Wird in den reichen Ländern weniger für Kleidung ausgegeben, kann etwa Bangladesch weniger dringend benötigte Devisen über seine Exporte einnehmen. So laufen viele Fäden zusammen, die man sonst nicht auf dem Schirm hat.

Am Ende kann es gar darauf hinauslaufen, dass die ärmeren Länder das russische Öl kaufen müssen, was die EU boykottiert. Besonders schräg: EU-Botschafter plädieren teilweise in den Ländern dafür, dass sie sich an den Sanktionen beteiligen sollen, obwohl sie ihnen auf dem Weltmarkt wegen der eigenen Boykotte die Importe wegkaufen. Weiße Weste für die EU, Probleme für die anderen. Die Sanktionspolitik offenbart viele blinde Flecken, wenn es um die Folgen für ärmere Länder geht. Dabei kommen regelmäßig auch neue Absurditäten an die Öffentlichkeit. Ägypten zum Beispiel kauft russisches Öl mit Preisabschlägen ein und verkauft das selbst geförderte Öl zu höheren Preisen am Weltmarkt. Unsinn, aber es lohnt sich. Saudi-Arabien, der größte Ölexporteur weltweit, macht es genauso. Indien wiederum kauft russisches Öl mit Preisabschlägen, raffiniert es zu Kraftstoffen und exportiert diese dann in die EU, die damit ihre eigenen Boykotte über Umwege missachtet.[1]

Nicht, dass einige wenige Absurditäten die Sanktionspolitik generell in Frage stellen. Aber es lauert eben die Gefahr, dass der Wirtschaftskrieg zu neuen Krisen am anderen Ende der Welt führt. Mehr Rücksicht darauf täte dringend Not, um Hunger- und Schuldenkrisen zu vermeiden.

Wetten auf Hunger

»Krise kann auch geil ein.« Der Spruch von Youtuber Fynn Kliemann, der in der Corona-Krise Gewinne mit dubiosen Maskendeals machte, gilt nicht nur für Mineralölriesen und Rüstungsfirmen, sondern auch für Rohstoffspekulanten. Über die ersten beiden wurde viel gesprochen, über die Spekulanten zu wenig. Investoren, die mit Kriegsbeginn auf steigende Weizenpreise gewettet haben, konnten fette Gewinne einfahren. Die Rechnung dafür zahlen Menschen in besonders betroffenen Ländern wie Afghanistan, Äthiopien oder Südsudan, die nicht mehr satt werden. Der europäische Börsenpreis für Weizen ist seit Beginn des Krieges durch die Decke gegangen: Von 260 Euro hoch auf 420 Euro pro Tonne, plus 60 Prozent! Erst im Juni 2022 sind die Preise gefallen, allerdings längst nicht auf das Vorkriegsniveau. Per Redaktionsschluss liegen sie immer noch 20 Prozent darüber.

Am Montag nach Kriegsbeginn titelte *Börse Online*: »Weizenpreis: Stärkster Preissprung seit 13 Jahren.«[2] Der Kriegsbeginn wurde an der Börse als Investment-Chance gesehen. Allein in der ersten Märzwoche 2022 sind 4,5 Milliarden US-Dollar in Fonds geflossen, die mit Agrarrohstoffen handeln – so viel wie sonst in einem ganzen Monat.[3] Die drohenden Engpässe in der Ukraine haben das schnelle Geld auf den Plan gerufen. Das niederländische Recherchenetzwerk *Lighthouse Reports* hat sich die

[Grafik 10] **Weizenpreis in Euro**

zwei größten Agrarfonds genauer angesehen, den Teucrium Weizenfonds und den Invesco DB Agriculture Fonds. 2021 sammelten die Fonds von Anlegern noch 197 Millionen US-Dollar ein. Jetzt der schockierende Vergleich: In den ersten vier Monaten 2022 waren es allein 1,2 Milliarden US-Dollar.[4] Symptomatisch stehen die zwei Fonds für den massiven Anstieg an Spekulationswut am Weizenmarkt. Das Internationale Expertenpanel für Nachhaltige Lebensmittelsysteme (IPES Food) hat im Mai 2022 einen lesenswerten Report herausgegeben. Im Untertitel warnen vor der »drohenden dritten Hungerkrise innerhalb von 15 Jahren«.[5] IPES-Expertin Jennifer Clapp sagt unmissverständlich: »Es gibt Hinweise darauf, dass sich Finanzspekulanten auf Rohstoffinvestitionen stürzen und auf steigende Lebensmittelpreise setzen, was die ärmsten Menschen der Welt noch tiefer in den Hunger treibt. Die Regierungen haben es versäumt, exzessive Spekulationen einzudämmen und die Transparenz der Lebensmittelvorräte und Rohstoffmärkte zu gewährleisten - hier muss dringend Abhilfe geschaffen werden.«[6]

An der Preisrallye ist aber nicht allein Spekulation schuld. Auch realwirtschaftliche Probleme haben den Kurs getrieben. Durch den Krieg können Weizenfelder auf den sonst so fruchtbaren Böden der Ukraine nicht normal bewirtschaftet werden. Außerdem hingen bis Ende Juli 2022 Millionen Tonnen geernteter Weizen in Silos am Schwarzen Meer fest. Der Weizen konnte nicht verschifft werden, weil Häfen vermint und blockiert waren. Putin hatte erkannt, dass Weizen ein Druckmittel auf Sanktionen sein kann. Wenn Weizen knapp wird, wachse seine Verhandlungsmacht, so der Gedanke. Zu Scholz, Macron und Draghi sagte er in einem Telefonat, dass er die Blockade aufgebe, wenn der Westen Sanktionen lockere.[7] Russland selbst hatte obendrein auch noch einen Ausfuhrstopp von Weizen und Düngemittel verhängt. Der türkische Präsident Recep Tayyip Erdogan bot die Vermittlung zwischen der Ukraine und Russland an, für ihn ein geeigneter Moment, um das leidende Image in der Türkei aufzupolieren. In Istanbul führten die Ukraine und Russland gemeinsam mit UN-Generalsekretär António Guterres wochenlange Verhandlungen über die Ausfuhr von ukrainischem Getreide aus den Häfen am Schwarzen Meer. Am Ende mit Erfolg. Seit Juli 2022 wird wieder Weizen aus der Ukraine verschifft. Weizen, der sonst in armen Ländern gefehlt und in Hafensilos verrottet wäre. Die Bedingung: Schiffe mit dem Ziel Ukraine werden in

Istanbul durchsucht, um sicherzustellen, dass keine Waffen oder Ähnliches verschifft werden. Etwas makaber: Die ukrainischen Minen sollen nicht aus den Häfen geräumt, stattdessen sollen die Schiffe daran vorbei gelotst werden. Der Verhandlungserfolg war so wichtig, weil die Ukraine und Russland wichtige Kornkammern für die Welt sind. Auf beide Länder zusammen fallen rund ein Drittel der weltweiten Weizenexporte. Viele Länder sind davon abhängig, dass die Ukraine und Russland liefern. 30 Länder erhalten mindestens 30 Prozent ihrer Weizenimporte aus der Ukraine und Russland, 20 Länder mindestens 50 Prozent, Libyen und Ägypten sogar knapp 70 Prozent, Eritrea und Somalia – zwei bitterarme Länder – kaufen fast 100 Prozent ihrer Importe von dort. Rund 400 Millionen Menschen weltweit beziehen Getreide aus der Ukraine.[8] Umso besser, dass Russland wegen eigener Rekordernten doch bereit war, das Exportverbot aufzugeben. Im Juli und August dieses Jahres lagen die Exporte zwar rund ein Viertel unter dem Vorjahresniveau, aber immerhin nicht bei null, wie zu befürchten war.[9] Die Preisrallye war überdies getrieben von der Sorge um schlechte Ernteerträge. Dürren, Hitzewellen, steigende Energiepreise und Düngemittelknappheit sorgten dafür, dass auch in anderen Ländern die Ernteerträge sanken. Rund 20 Länder hatten zwischen März und Mai 2022 mehr oder weniger starke Ausfuhrverbote für Getreide verhängt, um die eigene Versorgung zu sichern, darunter Großexporteure wie China und Indien. Die Mischung aus Krieg, Ernteverlust und Spekulation hat fatale Folgen. Wenn in armen Ländern Weizen fehlt oder so teuer wird, dass ihn sich viele nicht mehr leisten können, drohen Hunger und Mangelernährung.

In armen Ländern geben die Menschen schon unter normalen Umständen fast die Hälfte ihres Budgets für Lebensmittel aus, in Schwellenländern immerhin noch etwa 25 Prozent. Die Welthungerhilfe schlägt deshalb Alarm. Ernährungskrisen sind zudem nicht nur eine humanitäre Katastrophe, sondern auch ein politisches Pulverfass. Wenn Not, Frust und Wut überkochen, geht politische Stabilität verloren. Aufstände, Umstürze und massenhafte Fluchtbewegungen sind typische Folgen.

Sind denn alle Spekulationen schlecht? Termingeschäfte an der Börse sind nicht per se schlecht und sogar mehr als 100 Jahre alt. Wenn Bauer und Abnehmer sich schon weit vor der Ernte auf Preis und Menge einigen, haben beide Planungssicherheit und sind geschützt vor Preisschwankungen. Bauern können etwa ihre Ausgaben wie Saatgut, Dünger und Co. über den vorgezogenen Verkauf ihrer Ernte finanzieren. So das klassische Lehrbuchbeispiel. Heute treffen sich dort an den Märkten aber nicht mehr Bauer und Abnehmer, sondern auch ganz viele Finanzanleger. Seit der Deregulierung der Finanzmärkte ist das traditionelle Absichern durch Finanzinstrumente mehr und mehr in den Hintergrund gerückt. Zwischen 50 und 80 Prozent aller Börsenpositionen werden von Finanzanlegern gehalten, etwa durch Fonds oder Investmentbanken. Heißt: Finanzanleger handeln vor allem Papiere mit anderen Finanzanlegern und bestimmen mit ihrem auf Kursgewinne getrimmten Verhalten die Preise. Ihnen geht es um die Papiere an sich, ganz gleich, ob dahinter Getreide, Devisen oder Immobilien stecken. Sie mischen an den Märkten nur mit, weil sie hoffen, die Papiere zu einem späteren Zeitpunkt zu besseren Preisen wieder zu verkaufen. Bauer und Abnehmer stehen am Anfang und Ende des Spielfeldes und gucken mit hochgerissenen Augenbrauen auf das hektische Börsengeschacher. Dass dieser Markt für Absicherungsinstrumente Finanzanleger braucht, liegt in der Natur der Sache. Damit die Sicherungsgeschäfte, im Englischen *hedge* genannt, flüssig laufen, sind nach Auffassung liberaler Ökonomen möglichst viele Marktteilnehmer sogar gewünscht. Je mehr Anleger allerdings ihr Geld ins Spiel bringen und die Papiere als Selbstzweck handeln, desto mehr öffnen sich Tür und Tor für Spekulationen, die mit dem eigentlich Zweck, der Absicherung für den Bauern oder den Abnehmer, nicht mehr viel gemein haben. Ebenso ist es eine Illusion, zu glauben, dass durch solche Sicherungsgeschäfte das Risiko verschwindet. Eine Partei gibt das Risiko, dass zum Beispiel der Weizenpreis bei der Ernte viel höher sein kann als bei der Saat, nur an eine andere Partei ab. Der Hedger gibt das Risiko an den Spekulanten ab. Wenn Spekulanten dann unter ein andere sich das Risiko mit Finanzpapieren hin- und herschieben, macht das vielleicht den Anschein, das Risiko wäre weg. Das ist aber ein Trugschluss. Die Finanzialisierung der Landwirtschaft ermöglicht Finanzspekulanten, den Bauern und physischen Händlern das Risiko abzunehmen und damit Geld zu verdienen. Wie weit sich die Börse von der realen Landwirtschaft entfernt hat, zeigt auch diese Statistik: 2019 wurden in den USA und Europa Termingeschäfte über fünf Milliarden Tonnen Weizen abgeschlossen, obwohl die weltweite Jahresernte nur 731 Millionen Tonnen betrug. Spekuliert wurde also mit dem 7-Fachen der Ernte, wie die Bürgerbewegung Finanzwende in einer Petition gegen Weizenspekulation schreibt.[10] Die Börsengeschäfte sind von der Wirklichkeit der Bauern entkoppelt. Mit echten Knappheiten und Veränderungen der Produktionsmenge haben die Börsenpreise daher häufig nicht mehr viel zu tun. Die Preise fahren zwischendurch immer wieder Achterbahn, wenn die Finanzmarktjongleure loslegen. Das war 2007 der Fall, das war 2012 der Fall und das ist jetzt wieder der Fall. Der dritte Weizenpreisschock in 15 Jahren.

Das Problem ist aber grundsätzlicher. Finanzmärkte sind eben das Gegenteil von effizienten Märkten aus Lehrbüchern, die vernünftige Preise finden sollen. Der Grund ist das Herdenverhalten, das typisch für Finanzmärkte ist. Finanzmärkte funktionieren deshalb auch ganz anders als Gütermärkte. Einer von vielen blinden Flecken im VWL-Mainstream. Nochmal das Beispiel vom Kartoffelmarkt: Wenn der Preis für Kartoffeln steigt, sinkt üblicherweise die Nachfrage. Konsumenten weichen dann auf Reis und Nudeln aus. So weit, so trivial. Genau das gilt an der Börse aber nicht. Wenn der Börsenpreis für Weizen steigt, wird das von Investoren als Einstiegschance in eine Preisrallye verstanden. Steigende Börsenpreise ziehen andere Investoren an, alle wittern die Chance auf Kursgewinne. Das begünstigt das Herdenverhalten an den Finanzmärkten. Alle Anleger interpretieren Preisinformationen danach, wie wohl wiederum andere Anleger die Informationen interpretieren. Stark steigende Preise deuten auf eine Anlegerparty hin, bei der alle mittanzen wollen. Wie sagte der Chef der Citigroup 2007 im Kontext der Finanzkrise so treffend: »Solange die Musik spielt, muss man aufstehen und tanzen«.[11] Der Preisanstieg an der Börse schürt also neue Nachfrage und lässt die Preise weiter steigen – so lange, bis die Spitze der Herde anfängt, die Party mit Gewinnen zu verlassen. Diese Logik ist das komplette Gegenteil zu Logik auf dem Kartoffelmarkt. Man muss es so klar sagen: Der Finanzmarkt ist kein effizienter Markt. Das Herdenverhalten ist davon getrieben, dass Spekulanten dann kaufen, wenn sie erwarten, dass andere erwarten, dass wiederum andere bereit sind, für Finanzpapiere einen bestimmten Preis zu zahlen. Erwartungen über Erwartungen über Erwartungen. Gewinne macht, wer vor der Herde kauft und verkauft, wenn die Herde da ist. Der Ökonom John Maynard Keynes nannte das »Spekulation dritten Grades«. Und je mehr Spekulanten mitmachen, desto ineffizienter wird der Markt. Die Spekulanten tragen häufig keine neuen, unabhängigen Informationen an den Markt, die helfen, einen vernünftigen Preis zu finden. Im Gegenteil: Spekulanten an den großen Märkten nutzen oft dieselben zentralisierten Informationen und interpretieren sie nach identischen Mustern. Herdenverhalten führt zu falschen Preisen, jeden Marktwirtschaftler sollte das stören. Die extremen Preisschwankungen helfen auch den Bauern nicht. Wie sollen sie ihre Produktion an die Preissignale anpassen, wenn hohe Preise spekulativ sind und gar keine Knappheiten anzeigen? Sie können sich dann nur falsch entscheiden. Die Signalfunktion von Preisen ist dann völlig außer Kraft.

Dass die hohen Weizenpreise so fatale Folgen für arme Länder haben, liegt auch an falscher Entwicklungspolitik. Das darf man in diesem Zusammenhang nicht außer Acht lassen. Zu viele Länder sind in einer gefährlichen Sackgasse: hohe Schulden in US-Dollar, hohe Importabhängigkeit bei Energie, Medizin und Lebensmitteln und dazu eine eigene Landwirtschaft, die auf Exporte für den Weltmarkt statt auf Versorgung heimischer Märkte ausgelegt ist. Statt Getreide zur Selbstversorgung werden sogenannte *Cash Crops* wie Kaffee, Tabak oder Baumwolle für den Weltmarkt angebaut. Häufig passiert das in intensiver Landwirtschaft, die den Boden ruiniert und abhängig von Dünger, Saatgut und Pestiziden wird, die wieder aus dem Ausland eingekauft werden müssen. Die Cash Crops sollen US-Dollar bringen, um die Auslandsschulden zu bedienen. Wenn aber Importpreise für Energie und Nahrung durch die Decke gehen, entwickelt sich diese Abhängigkeit zur Todesspirale.

Die Spekulation mit Nahrungsmitteln im gegenwärtigen Ausmaß muss unterbunden werden, indem physische Händler von Spekulanten getrennt und die Höhe der Positionen noch stärker begrenzt werden. Die einfache Daumenregel muss sein: Wer nicht nachweisen kann, dass er Weizen anbauen, ernten, lagern oder transportieren kann, der ist ein Spekulant. Es braucht harte Regeln, die verhindern, dass die Spekulanten nicht zu dominanten Preistreibern werden. Langfristig braucht es außerdem eine neue Entwicklungspolitik, die sich von der stumpfen Exportorientierung löst und vor allem in der Landwirtschaft auf nachhaltige Selbstversorgung setzt. Auch der internationale Handel muss sich ändern, hier hängt wegen der Globalisierung eben vieles mit vielem zusammen. Weltbank und IWF werden ihrer Rolle nicht gerecht. Ausgaben für Entwicklungshilfe sollten in Deutschland von der Schuldenbremse ausgenommen und deutlich ambitionierter werden!

Unser Zinshammer, deren Staatspleite

Die europäische, die amerikanische und die britische Zentralbank verfolgen den gleichen Plan: Zinsen hoch, Inflation runter. Nicht nur, dass das gegen teures Öl und Gas wenig nützt, es erzeugt auch Kollateralschäden am anderen Ende der Welt. Den aggressivsten Zinsanstieg hat die amerikanische Zentralbank FED hingelegt. Sie hat den Leitzins von 0,25 auf 2,5 Prozent hochgezogen, Tendenz per Redaktionsschluss steigend. Hohe Zinsen in den USA machen den US-Dollar zwar stark, weil viele Anleger angelockt werden, aber sie lassen die ärmsten Länder der Welt in die Pleite schlittern. Vielen von ihnen werden US-Dollar fehlen, um Kredite und Staatsanleihen in US-Dollar zu bedienen. Wie brutal das werden kann, zeigt der Fall Sri Lanka. Dort fehlen US-Dollar, um Lebenswichtiges zu importieren: Benzin, Medikamente, Gas, Lebensmittel. 60 Prozent Inflation und eine Hungerkrise sind der Zündstoff für das politische Fiasko in dem Land, das eigentlich als asiatischer Musterschüler des Neoliberalismus galt. Sri Lanka ist nämlich eigentlich so etwas wie das Chile Asiens. Mittlerweile herrscht das blanke Chaos. Nach monatelangen Protesten der Bevölkerung wurden zuletzt Regierungsgebäude besetzt und die Residenz des Präsidenten gestürmt. Der ist nach Singapur geflohen. Armut und Hunger grassieren weiter. Schreckliche Bilder.

Nach Schätzungen von IWF und Weltbank stehen mehr als die Hälfte der ärmsten Länder vor der Überschuldung, zum Beispiel der Senegal, Ghana oder Kenia.[12] Hinzu kommen noch einige Entwicklungsländer wie Tunesien oder Pakistan. Die Gründe sind schnell ausgemacht.

Einer davon ist die neoliberale Wirtschaftspolitik der Entwicklungsländer. Üblicherweise sind die Länder extrem auf Importe angewiesen, die sie in US-Dollar bezahlen. Und das bei Gütern, auf die sie nicht verzichten können: Treibstoff, Gas, Medizin, Getreide, Lebensmittel, Dünger und so weiter. US-Dollar können sie natürlich nicht selbst erzeugen, das kann nur die USA. US-Dollar müssen sie sich also verdienen oder leihen, um Importe zu bezahlen. Deshalb ist die Politik stark auf Exporte und Tourismus ausgerichtet. Für Verkäufe ins Ausland gibt es nämlich US-Dollar. Das gilt auch, wenn Touristen aus dem Ausland kommen. Die Strategie ist aber fast immer eine tickende Zeitbombe. Wenn die Länder irgendwann nicht mehr an genug US-Dollar herankommen oder die Zinslast zu groß wird, müssen sie sich entscheiden: Zinsen oder Importe bezahlen? Das ist dann der Moment, in dem sie vor dem IWF auf die Knie gehen müssen und gegen neoliberale Auflagen neue Kredite oder Zahlungsaufschübe verhandeln. Die Corona-Pandemie und der Ukraine-Krieg sind für ärmere Länder ein enormes Problem. Corona hat Lieferketten unterbrochen und große Handelsplätze lahmgelegt, dadurch stockte das so wichtige Geschäft im Außenhandel. Auch der Tourismus kam streckenweise zum Erliegen. Beides hat den US-Dollar-Fluss trockengelegt. Obendrein stiegen die Gesundheitskosten und Arbeitskräfte fielen krankheitsbedingt häufiger aus. Als wäre das nicht genug, hat Putins Angriff auf die Ukraine und der darauf folgende Wirtschaftskrieg dafür gesorgt, dass die Preise für Energie und Rohstoffe, die international gehandelt werden, Achterbahn fahren. Das Geschäftsmodell der Entwicklungsländer kommt damit vollständig unter die Räder.

Der zweite Faktor ist die neue Zinspolitik aus Washington. Die amerikanische Zentralbank FED macht den US-Dollar gerade teuer, indem sie die Zinsen anhebt. Damit versucht sie, die Inflation zu bekämpfen. Zu den Kollateralschäden gehören neben den Arbeitslosen in den USA auch die höheren Zinskosten für arme Länder. Auch sie müssen dann für neue US-Dollar-Schulden, die sie aufnehmen, höhere Zinsen bezahlen und das teilweise auch schon auf bestehende Schulden. Denn bei Entwicklungsländern ist in den letzten 15 Jahren in Mode gekommen, US-Dollar-Schulden mit variablem Zins aufzunehmen. Der Anteil der variabel verzinsten Schulden hat sich von 15 auf 30 Prozent verdoppelt.[13] Vor allem mit Beginn der Niedrigzinsphase nach der Finanzkrise hat der Trend an Fahrt gewonnen. Und tatsächlich war das Schuldenmachen dadurch jahrelang auch günstiger, solange die Inflation und die Zinsen in den USA niedrig waren. Doch heute geht die Wette nicht mehr auf. Das Ergebnis: Rund ein Drittel der Kredite ist schlagartig teurer geworden. Obendrauf kommt die Abwertung. US-Dollar und US-Staatsanleihen gelten weltweit als risikolose Anlage, als Anker des Finanzmarktes. In unsicheren Zeiten gehen Anleger raus aus dem Risiko, raus aus den Anleihen armer Länder und rein in den US-Dollar, rein in Anleihen aus den Vereinigten Staaten. Erst recht, wenn es dafür jetzt auch wieder Zinsen gibt. Der US-Dollar hat daher gegen fast alle anderen Währungen der Welt massiv an Wert gewonnen, außer tatsächlich gegen den russischen Rubel und den brasilianischen Real. Die Abwertung der heimischen Währungen in Entwicklungsländern macht die lebenswichtigen Importe in US-Dollar gerechnet teurer und dadurch für arme Länder unerschwinglich. Weil das die heimische Inflation befeuert und das Geschäftsmodell ins Wanken bringt, stufen Ratingagenturen die Anleihen dieser Länder als riskanter ein, was noch mehr Anleger verschreckt und die Risikoaufschläge ihrer Anleihen steigen lässt. Willkommen in der Todesspirale, die alte und neue Schulden für arme Länder immer teurer macht. Für Ghana etwa haben sich die Zinsen für dreimonatige Anleihen von März bis Juli 2022 verdoppelt. Je mehr US-Dollar für den Schuldendienst drauf gehen, desto weniger US-Dollar bleiben für andere Ausgaben, etwa für den Import von Treibstoff oder Medizin. Im Gegensatz zur eigenen Währung, die die landeseigene Zentralbank selbst erzeugen könnte, ist Fremdwährung nämlich immer knapp. Der Blick auf die Zins-Steuer-Quote der ärmsten Länder ist schockierend: Sri Lanka zahlt derzeit mit einer Quote von 115 Prozent mehr für Zinsen, als es an Steuern einnimmt. In Ghana und Ägypten sind die Zinsausgaben immerhin halb so hoch wie die Steuereinnahmen. Hohe Zinsen in Fremdwährung schneiden den Ländern die Luft zum Atmen ab. Zum Vergleich: In Deutschland belief sich die Quote 2021 auf historisch niedrige 2 Prozent.

Was Sri Lanka gerade erlebt, könnte dann auch in anderen Ländern passieren. Solange die Länder klein sind, ist die Ansteckungsgefahr einer Staatspleite nicht groß. Es droht also nicht gleich eine globale Finanzkrise. Trotzdem bedrohen Staats- und Wirtschaftskrisen Millionen Existenzen. Und sie wären eigentlich vermeidbar. Je aggressiver die FED ihre Zinsen anhebt und je länger die Weltwirtschaft durch Pandemie und Krieg gebeutelt bleibt, desto schlimmer werden die Verwerfungen und desto mehr Entwicklungsländer kommen ins Straucheln. Deutschland und die EU sollten sich international für Schuldenschnitte und Zinsstreckungen einsetzen und ohnehin mit mehr Geld eine wirklich progressive Entwicklungspolitik betreiben. Der IWF und die Ökonomenzunft hingegen sollten sich endlich eingestehen, dass die exportorientierte Entwicklungsstrategie gescheitert ist. Die neue Schuldenkrise ist ein weiterer Beweis dafür. Einer, der schmerzt und den es so eigentlich nicht mehr gebraucht hätte.

Kapitel VII
Von hier an anders

Der Wirtschaftskrieg zeigt in einem Brennglas die Fehler der deutschen Wirtschaftspolitik. Die Texte über die Bilanz von 16 Jahren Merkel müssten eigentlich neu geschrieben werden. Die wohl einfachste Einsicht: Deutschland hat sich zu abhängig von Russland gemacht. Wer abhängig ist, ist angreifbar. Abhängigkeit nicht nur, weil die Hälfte des importierten Erdgases aus Russland kam, sondern allem voran, weil die Infrastruktur fehlt, um auf Alternativen zu setzen. Russische Energie war günstig. Klar, günstige Energie hat Deutschland reicher gemacht und war zudem ein Standortvorteil für Unternehmen. Warum aber hat man nach der Krim-Annexion nicht die Zeichen der Zeit erkannt und die Infrastruktur auf Alternativen vorbereitet? Die Häfen erweitert, LNG-Terminals ausgebaut, in Wind- und Solarkraft investiert oder den Bau der Midi-Catalonia-Pipeline, über die Gas von Portugal und Spanien nach Frankreich und Deutschland hätte gepumpt werden können, unterstützt? Weil Deutschland und Europa *Geiz ist geil* Politik gemacht haben. Heute wissen wir alle: Geiz ist teuer! Jede Kilowattstunde Strom aus Wind und Sonne hätte geholfen, Gas zu sparen und Strom günstig zu halten. Die LNG-Terminals wären die Notfallversicherung gewesen. Schon die Großen Koalition hatte die Pläne in der Schublade, dann aber ist es am Geld gescheitert. In einer Talkshow sagte Scholz, er habe sich damals schon als Finanzminister dafür eingesetzt, nur habe sich niemand gefunden, der »das Investment am Ende machen« wollte.[1] LNG-Terminals galten als privatwirtschaftliche Projekte. Jedes Terminal hätte wohl rund eine halbe Milliarde Euro gekostet. Ein bisschen günstiger wäre der Ausbau der Midi-Catalonia-Pipeline gewesen. Im Vergleich zu den Milliarden, die jetzt für Gasumlage, Entlastungen und Firmenrettungen draufgehen und draufgehen werden, sind diese Beträge lächerlich klein. Wie es immer so ist: Vorsorge ist günstiger als Nachsorge, aber teurer als das Prinzip »es wird schon ohne gut gehen!« Robert Habeck versucht sein Bestes, den Ausbau von Erneuerbaren und LNG-Terminals nachzuholen. Das kommt aber viel zu spät. Ein anderes Beispiel: Die deutsche Schiene ist überlastet. Seit 1995 ist das Schienennetz geschrumpft, ja, richtig gelesen, geschrumpft. Fast drei Viertel des Güterverkehrs laufen über LKWs auf verstopften Autobahnen, nur 18 Prozent über die Schiene.[2] Der Personentransport ist schleppend und unzuverlässig. Das 9-Euro-Ticket hat den ÖPNV überlastet. Dank dem milliardenschweren Investitionsstau stecken Energie- und Verkehrswende in Deutschland in den Kinderschuhen. Schuldenbremse, schwarze Null und Geiz ist geil -Mentalität lassen grüßen. Wären wir bei der Energie- und Verkehrswende schon weiter, müssten wir uns nicht von Putin erpressen lassen, könnten viel souveräner Sanktionen erlassen und die Bevölkerung vor Inflation und Entbehrungen schützen. Mit Christian Lindner im Finanzministerium lässt sich die Schuldenbremse nicht grundsätzlich in Frage stellen. Mindestens aber scheint es notwendig, sie angesichts der Notlage auch 2023 noch einmal auszusetzen. Zu viel gibt es aufzuholen und wieder gut zu machen. Oder warum nicht ein großes Sondervermögen »Energiesicherheit« umsetzen, so wie es auch für die 100 Bundeswehrmilliarden arrangiert wurde? Wenn der politische Wille da ist, sind auch symbolisch hohe Finanzsumme kein Problem. Unter einem solchen Sondervermögen ließen sich

Infrastrukturinvestitionen in Beschaffung, Speicherung, Weiterleitung und möglichst effiziente Nutzung zusammenführen. Und obendrein könnte noch ein ganz anderer Fehler korrigiert werden: Nämlich der, die Kontrolle über kritische Infrastruktur in die Hand ausländischer Staatskonzerne zu geben, wie im Fall der Gasspeicher von Gazprom oder der PCK-Raffinerie von Rosneft. Strategische Industriepolitik kostet ein paar Milliarden Euro mehr im Staatshaushalt, aber bringt Sicherheit und sichert Wohlstand. Wenn die Fälle Gazprom und Rosneft nicht ausreichen, dringend zu hinterfragen, wo der Staat wieder mehr Kontrolle über kritische Infrastruktur für die Versorgung der Bevölkerung braucht, was dann?

Der Ausbau von Wind- und Solarkraft ist längst von reiner Klimapolitik zu vorausschauender Sicherheits- und Außenpolitik erklärt worden. Ebenso der Ausbau von Bus und Bahn oder die energetische Sanierung deutscher Gebäude. Hier ist man sich heute von CDU bis Linke einig. Das gilt es zu nutzen. Spätestens der Energiepreisschock zeigt: Durch erneuerbare Energien ließe sich auch einiges an Entlastungen und Sozialpolitik sparen. Die soziale Unwucht der Krise überfordert die Ampel regelrecht. Sie ist so sehr im Reagieren auf neue Kriegsentwicklungen und Folgeerscheinungen gefangen, dass an die Arbeit einer sicheren, grünen, wohlhabenden Zukunft kaum zu denken ist. Übrigens: Sparmaßnahmen gegen Mondpreise für Energie jetzt zu wirkungsvollem Schutz vor der Klimakatastrophe zu verklären, kostet gesellschaftliche Akzeptanz für wirklich ambitionierte Klimapolitik. Die hohen Energiepreise sind eine Schocktherapie, die viele in Resignation, Armut und Pleite führen, noch bevor sie sich umstellen können. Auch ein ambitionierter Umbau will gelenkt und koordiniert werden. Die Zeit ist reif für einen *Green New Deal* – eine historische Investitionsoffensive in ein grünes, unabhängiges, modernes Deutschland mit erstklassiger Infrastruktur. Millionen wichtige Jobs könnten dabei entstehen. Auch hier sollte der Staat mit großen Kampagnen einhaken, um Flaschenhälse bei Fachkräften zu vermeiden. Deutschland braucht mehr Heizungsbauer, Klimatechniker, Sanitärinstallateure, Industriemechaniker, Lokführer, Pflegekräfte und Lehrer. Mehr Geld, bessere Arbeitsbedingungen, höhere Anreize für Ausbildung und Umschulungen sind hier gefragt. Flankiert werden sollte das durch große Imagekampagnen. Um den gesellschaftlichen Zusammenhalt zu stärken, braucht es Großzügigkeit und Fairness in der Steuer- und Sozialpolitik. Bei den Entlastungspaketen hat wieder die *Geiz ist geil* Mentalität dominiert. Ganz Deutschland wurde zum Erbsenzähler, ob denn alle Maßnahmen auch zielgerichtet seien, aber zu selten das zu viel zu kleine Volumen der Hilfen hinterfragt. Symbolisch dafür stehen das 9-Euro-Ticket und der Tankrabatt. Die wurden nach drei Monaten wieder abgeschafft, obwohl der Energiepreisschock längst nicht ausgesessen ist. Die Pfennigfuchserei sollte einer Kultur der Großzügigkeit weichen, um Akzeptanz für den großen Umbau der Wirtschaft und Infrastruktur zu schaffen und um nach drei Jahren voller Enthaltsamkeit und Entbehrungen – erst Pandemie, dann Krieg – eine fortschreitende Entpolitisierung oder gar Aufwind der Rechten zu verhindern. Staatliche Knauserigkeit und Energiespartipps aus der Kategorie Katzenwäsche und »der Waschlappen ist eine brauchbare

Erfindung« von Politikern mit fünfstelligen Monatsgehältern bewirken das Gegenteil.[3]

Strategische Industriepolitik heißt, in Szenarien zu denken und auf den schlechtesten Fall vorbereitet zu sein. Anders als ein Unternehmen kann der Staat sich dabei auch Ineffizienzen leisten, weil er nicht profitabel sein muss. Gemeinwohl und Versorgungssicherheit der Bevölkerung müssen sich nicht Jahr für Jahr rechnen. Sie lohnen sich aber dann, wenn der Worst Case eintritt. Das gilt für Flutkatastrophen, Dürren und Waldbrände, die der Klimawandel bringt, genauso wie für politische Risiken und Abhängigkeiten im Welthandel. Was bei Russland schiefgegangen ist, droht sich bei Taiwan zu wiederholen. Zwei Drittel aller Mikrochips kommen aus Taiwan, bei der neuesten Chipgeneration sind es sogar 90 Prozent. Der Konflikt zwischen China und Taiwan brodelt. Ein Wirtschaftskrieg mit China hätte fatale Folgen. Deutschland und Europa müssen sich wappnen, denn auch bei Hightech-Produkten ist man mittlerweile abhängig. Chips sind der essentielle Knotenpunkt der Automatisierung und Digitalisierung. Die Ampel hat sich milliardenschwere Förderung der Chipindustrie in den Koalitionsvertrag geschrieben, die EU gar das sogenannte Europäische Chip-Gesetz erlassen, das die Branche mit 43 Milliarden Euro fördern soll. Der richtige Weg!

Ebenso braucht es eine deutlich ambitionierte Entwicklungspolitik. Der Welthandel wird stabiler, wenn Deutschland und Europa anderen Ländern bei der Entwicklung helfen. Und es ist auch in unserem ureigenen Interesse, dass die Entwicklung der ärmeren Länder nicht so braun und verschwenderisch verläuft wie unsere eigene. Deutschland sollte auf keine

Klimakonferenz mehr fahren, ohne Milliardensummen im Gepäck zu haben und das Geld für grüne Infrastrukturprojekte mit Technologietransfer anzubieten. Ärmeren Ländern eine grüne Entwicklung zu ermöglichen, ist nicht nur gut für die Klimaziele, sondern reduziert auch deren Abhängigkeit von Energieimporten aus autoritären Regimen wie Saudi-Arabien, Katar und Russland. Deren Macht speist sich vor allem daraus, die Energiequelle der Welt zu sein. Christian Lindner hat Recht, wenn er erneuerbare Energien als Freiheitsenergien bezeichnet. Sie lösen Deutschland aus dem Klammergriff der russischen Machtmaschine und können verhindern, dass andere Länder erst gar nicht dort hineinkommen. Ausgaben für Entwicklungszusammenarbeit sollten von der Schuldenbremse ausgenommen und der Etat deutlich aufgestockt werden. Erst recht die Milliarden Euro, die die Ukraine zum Wiederaufbau des zerbombten Landes brauchen wird. Übrigens: Je besser die deutsche Wirtschaft läuft, desto einfacher fällt es, großzügige Programme für die Ukraine mitzutragen. Bei der bisherigen Sanktionspolitik kam dieser Gedanke zu kurz.

Deutschland muss sein Image als Geldwäsche- und Oligarchenparadies loswerden. Das Kapitel »Müdes Oligarchenlächeln« war zum Kopfschütteln. Gerade weil die Sanktionen gegen die Putin-Elite die einzigen sind, die nicht die einfachen russischen Malocher treffen, die ihr bescheidenes Leben weit weg von Putins Machtapparat führen. Sondern eben genau die, die dort tief drinstecken und finanziell davon profitieren. Und natürlich, weil Deutschland als Geldwäscheparadies auch ein Segen für alle anderen schmutzigen Gelder und kriminellen

Geschäfte ist. Die Vorschläge dafür liegen auf dem Tisch: Barkäufe begrenzen; Grundbücher und Transparenzregister lückenlos erfassen, digitalisieren und bundesweit vernetzten; Polizei, Zoll, Geldwäsche-Aufsicht und Finanzverwaltung besser koordinieren, besser noch Kompetenzen in einer Bundesfinanzpolizei nach italienischem Vorbild bündeln; Whistleblower umfassender schützen; und ein Unternehmensstrafrecht einführen.

Es ist die Klasse der Malocher, der Ottonormalverbraucher, der Kümmerer, derer mit schmalen Geldbeuteln und der Abgehängten, die zu den Verlierern des Wirtschaftskrieges werden. Und zwar auf allen Ebenen. Je länger die Panzer rollen und die Sanktionsspirale gedreht wird, desto größer die Verluste. Vieles ist politisch aufzuarbeiten, vieles ist wiedergutzumachen. Und vieles muss ganz grundsätzlich anders gemacht werden. Statt Erbsenzählerei, Knauserigkeit und Verbohrtheit im Kleinen brauchen wir mehr Großzügigkeit, Ambition und Pragmatismus im Großen – und zwar am besten sofort.

Nachwort **von Heiner Flassbeck**

Tragische Ereignisse tragen oft den Keim für eine grundlegende Besserung in sich. In Osteuropa muss der Frieden kommen und er muss mit neuen Konzepten dauerhaft gesichert werden. Nach dreißig verlorenen Jahren haben die ehemaligen Transformationsländer Anspruch darauf, nicht weiter als Anhängsel des Westens betrachtet zu werden. Wer glaubt, es reiche aus, wieder nur die Aussicht zu bieten, sich dem Westen vollständig anzuschließen und sich den Konzepten des Westens zu ergeben, hat schon vor dreißig Jahren falsch gelegen und liegt auch heute fundamental falsch.

Viele sagen, der Konflikt zwischen Russland und Europa zeige, dass das Konzept »Wandel durch Handel« gescheitert sei. Das stimmt. Es ist aber nicht gescheitert, weil jemand ein anderes Prinzip erdacht hätte oder gar der alte Systemkonflikt wieder ausgebrochen wäre, sondern weil der Handel, den der Westen inklusive der EU-Kommission allen Transformationsländern angeboten hat, eine Mogelpackung war. Es gab ganz einfach zu wenig Wandel, weil der Handel zu ungeeigneten Bedingungen angeboten wurde. Der Fall des Eisernen Vorhangs hat in den Ländern des ehemaligen Ostblocks nicht die Verbesserungen ermöglicht, die von den westlichen Beratern und »Partnern« lauthals versprochen worden waren. Das hat Frustration erzeugt und Politiker hervorgebracht, die das einfache Modell vom Handel durch Wandel in Frage stellen und auf ihre nationalen Interessen pochen. Daraus folgt aber nicht, dass es keine Partnerschaft geben kann. Was man braucht, ist eine wirkliche Partnerschaft, nämlich eine Partnerschaft auf Augenhöhe. Nur das ist ein Friedensprojekt, für das es zu kämpfen lohnt. Oder wollen wir eine Mauer bauen, um Russland, das unmittelbar vor unserer Tür liegt, für hundert Jahre von der westlichen Welt abzuschotten? Der Systemkonflikt, man muss es alten kalten Kriegern ab und an sagen, existiert nicht mehr. Wir haben längst gewonnen. Aber wir waren es, die mit dem Sieg nichts Vernünftiges anzufangen wussten – außer daran Geld zu verdienen. Welchen kalten Krieg wollen wir jetzt führen? Einen zwischen Rohstoffproduzenten und ihren Kunden? Einen zwischen den Privilegierten, die schon immer privilegiert waren und denen, die es nie werden dürfen? Diesen Krieg haben wir schon innerhalb unserer Länder. Wollen wir ihn auf der internationalen Ebene, wo die Privilegierten bisher immer gewonnen haben, nochmals verschärfen, statt endlich unseren eigenen jahrhundertealten Parolen über Gleichheit und Gleichberechtigung zu folgen und ihn zu entschärfen?

Die EU-Kommission hat mit ihrer naiven Haltung, man müsse nur allen aufnahmewilligen Ländern die Chance bieten, Mitglied der EU zu werden, schon jetzt wieder ungeheuer viel Schaden angerichtet. Sie ist vorgeprescht, ohne ein tragfähiges Konzept zu haben. Gerade wenn die EU fast alle Länder als Mitgliedstaaten aufnimmt, die an die Grenzen Russlands stoßen, muss man auch ein Konzept zum kooperativen Umgang mit diesem großen und mächtigen Land haben, ganz gleich, wer dort an der Spitze des Staates steht. Konzeptionell müssen die mächtigen Mitgliedstaaten der Kommission klarmachen, dass der Beitritt zum europäischen Binnenmarkt nicht das zentrale Ziel der Kooperation der Länder sein darf. Der Binnenmarkt in seiner gegenwärtigen Verfassung überfordert schon Länder wie Frankreich oder Italien. Wie soll erst ein osteuropäisches Land damit zurechtkommen? Deutschland hat mit seinem Merkantilismus und seinen gewaltigen Leistungsbilanzüberschüssen, die von der Kommission seit Jahren hingenommen werden, die Grundidee des Binnenmarktes pervertiert, nämlich ein vollständig offener Markt für gleich starke Unternehmen und Regionen zu sein. Handel zwischen Nationalstaaten, die eigenständige Regierungen haben, darf niemals zur Einbahnstraße werden. Das gilt sowohl für die globalen Salden von Export und Import, das muss aber auch für die Unternehmensstrukturen gelten, mit denen sich jedes Land dem Handel stellen muss. Funktionierende industrielle und technologische Strukturen dürfen von keinem Land einfach der Arbeitsteilung geopfert werden, weil sie entscheidend sind für die Zukunftsaussichten der Bevölkerung, nämlich für die einzige Quelle des Wohlstandes, den Produktivitätsfortschritt.

Jedes Land muss innerhalb internationaler Regeln die Möglichkeit haben, Schlüsselindustrien zu schützen oder zu fördern, solange es sich noch nicht auf dem Wohlstandsniveau der reichsten Länder befindet. Alle erfolgreichen asiatischen Entwicklungsmodelle haben gezeigt, dass nur mit Hilfe des Staates wirkliches Aufholen möglich ist. Öffnung der Märkte ohne den Staat bedeutet nur, dass die ohnehin Mächtigen noch mächtiger werden. Das lächerliche Konstrukt der komparativen Vorteile gehört endgültig auf den Müllhaufen der Geschichte. Grundlegend für einen Neuanfang muss zudem die Einsicht sein, dass es vernünftigen Handel zwischen Staaten nicht ohne ein vernünftiges Währungssystem gibt. Währungsfragen dem Markt zu überlassen, war der größte der vielen wirtschaftspolitischen Fehler, die man nach dem Fall der Mauer gemacht hat. Russland war das größte und das wichtigste Land, dessen vollkommen naive politische Führung man in den 1990er Jahren in das eiskalte Wasser der internationalen Kapitalmärkte geworfen hat. Ohne die russische Währungskrise und das Totalversagen der Regierung Jelzin wäre Putin nicht so leicht an die Macht gekommen.

Die Währungsrelationen aller Länder müssen so gesteuert werden, dass sich kein Land gegenüber einem anderen Land absolute Vorteile erschleichen kann, was bedeutet, dass die realen Wechselkurse konstant sein müssen. Das ist das Ende des von der EU-Kommission und von Deutschland immer wieder beschworenen Wettbewerbs der Nationen. Der Vertrag von Lissabon von 2007, der sich auf die Wettbewerbsfähigkeit der EU insgesamt und auf die Wettbewerbsfähigkeit der Mitgliedsländer kapriziert hatte, war ein fataler Irrtum. Er hat genau zu dem Zeitpunkt, wo es noch nicht zu spät für Einsicht in die komplexen Zusammenhänge der internationalen Kooperation gewesen wäre, in die falsche Richtung geführt.

Das Prinzip des konstanten realen Wechselkurses muss außerhalb und innerhalb der Europäischen Währungsunion gelten. Jedem Land, das beitritt oder das assoziiert wird, muss die Garantie gegeben werden, dass der Wechselkurs seiner Währung mit tätiger Hilfe der EZB vor Spekulation geschützt und so bewertet wird, dass die Inflationsdifferenzen gegenüber der Europäischen Währungsunion ausgeglichen sind. Ein politischer Neuanfang in ganz Europa muss auch die eigene Haltung zu China klären. Der amerikanische Hegemonialanspruch mit seiner Tendenz, China schon deswegen zum großen Gegner zu stilisieren, weil es im Begriff ist, die USA wirtschaftlich zu überholen, darf für Europa niemals Vorbild werden. China ist groß, es wird noch größer werden und selbst wenn das Land noch viele Jahre von einer kommunistischen Partei regiert wird, muss man Wege finden, dauerhaft kooperativ miteinander umzugehen.

Prof. Heiner Flassbeck *war in den späten 1990ern Staatssekretär im Bundesfinanzministerium, zwischen 2003 und 2012 Chef-Volkswirt der Konferenz der Vereinten Nationen für Handel und Entwicklung und danach Honorarprofessor an der Universität Hamburg. Heute ist er als freier Publizist und Wirtschaftsforscher tätig.*

Dank

Gebührt Nina für ihre Liebe, ihre Rücksicht und ihren Zuspruch.

Gebührt Lukas Scholle, ohne dessen Impuls, Planung und Input es dieses Buch gar nicht geben würde.

Gebührt Carmen, Franziska und Justus für ihre Korrekturen am Text.

Gebührt Fabio und Heiner für ihre Beiträge.

Gebührt meiner Familie für den Rückhalt.

Gebührt allen, bei denen ich intellektuell in der Schuld stehe.

Gebührt der »Geld für die Welt« Community und ihrer Unterstützung.

Quellen

VORWORT

1 Hesse, Martin und Traufetter, Gerald: Ein Softwareunternehmen sorgt für Unruhe in der Berliner Politik. *Spiegel Online*, 19.11.2021.

KAPITEL I

1 Regierungserklärung von Bundeskanzler Olaf Scholz. *Die Bundesregierung*, 27. Februar 2022.

2 »Es ist ernst. Nehmen Sie es auch ernst«. *Tagesschau*, 18.03.2020.

3 Scharfe Worte und Sanktionen. *Tagesschau*, 22.02.2022.

4 Empörung im UN-Sicherheitsrat, »Sie fahren direkt zur Hölle, Herr Botschafter«. *Tagesschau*, 24.02.2022.

5 Die Vereinten Nationen: Ukraine – Security Council | War | United Nations | UNTV Live (23 Feb 2022) – Official. *Youtube*, https://www.youtube.com/watch?v=H5fcis5LfJ0, 24.02.2022.

6 Die Vereinten Nationen: Ukraine – Security Council | War | United Nations | UNTV Live (23 Feb 2022) – Official. Youtube, https://www.youtube.com/watch?v=H5fcis5LfJ0, 24.02.2022.

7 Die Vereinten Nationen: Ukraine – Security Council | War | United Nations | UNTV Live (23 Feb 2022) – Official. *Youtube*, https://www.youtube.com/watch?v=H5fcis5LfJ0, 24.02.2022.

8 Auswertung des Bamf, 610.000 geflüchtete Ukrainer in Deutschland. *ZDF Heute*, 05.05.2022.

9 Ukraine ordnet allgemeine Mobilmachung an. *Tagesschau*, 25.02.2022.

10 Die Videobotschaften des Wolodymyr Selenskyj im Wortlaut. *Zeit Online*, 24.02.2022.

11 Beschluss (GASP) 2022/266 des Rates vom 23. Februar 2022 über restriktive Maßnahmen als Reaktion auf die Anerkennung der nicht von der Regierung kontrollierten Gebiete der ukrainischen

Regionen Donezk und Luhansk und die Anordnung der Entsendung russischer Streitkräfte in diese Gebiete. *Europäischer Rat,* 23.03.2022.

12 Reaktion auf russischen Angriff: EU plant »massive Sanktionen«. *Tagesschau,* 24.02.2022.

13 Rede von Bundeskanzler Olaf Scholz zum Haushaltsgesetz 2022 vor dem Deutschen Bundestag am 23. März 2022 in Berlin. *Bundesregierung,* 23.03.2022.

14 Von Daniels, Justus; Jacobsen, Marlene und Peters, Jean: Über 10.000 Sanktionen gegen Russland – Eine Zwischenbilanz. *Correctiv,* 08.07.2022.

15 Einleitende Bemerkungen von Präsidentin von der Leyen auf der gemeinsamen Pressekonferenz mit Präsident Michel und Präsident Macron im Anschluss an die außerordentliche Tagung des Europäischen Rates vom 24. Februar 2022. *Europäische Kommission,* 24.02.2022.

16 Der Sprecher der Bundesregierung, Steffen Hebestreit, teilt mit: Verbündete schließen russische Banken aus SWIFT aus. *Bundesregierung,* 26.02.2022.

17 Wagner, Katharina: Russlands Zentralbankchefin: Loyal auch im Krieg. *Frankfurter Allgemeine Zeitung,* 07.07.2022.

18 Russia Central Banker Wanted Out Over Ukraine, Putin Said No. *Bloomberg News,* 23.03.2022.

19 Goldenzweig, Konstantin: Zentralbankchefin Elwira Nabiullina: »Ich habe Ökonomie und nicht Fäkalienreinigung studiert«, Die Frau, die Russland vor dem Kollaps bewahrt. *Handelsblatt,* 10.06.2022.

20 Henke, Judith: In acht Jahren zwischen Krim-Krise und Ukraine-Krieg nur sechsstellige Summe eingefroren. *Welt,* 21.04.2022.

21 Wegen Krim-Annexion: EU verhängt neue Sanktionen gegen Russland, *RND,* 11.10.2021.

22 Restriktive Maßnahmen der EU gegen Russland aufgrund der Krise in der Ukraine (seit 2014). *Europäischer Rat,* Stand 26.08.2022.

23 Kriener, Manfred: Energiegeschäft mit Russland: Die Gas-Connection. *taz,* 02.04.2022 und von Bösch, Frank: 1973: Energiewende nach Osten. *Zeit Online,* 10.10.2013.

24 Buch, Jürgen: Energieblockade 1990: Wie Moskau schon vor 32 Jahren Litauen das Gas abklemmte. *Der Spiegel,* 21.07.2022.

25 Bösch, Frank: 1973: Energiewende nach Osten. *Zeit Online,* 10.10.2013.

26 Wagner, Katharina: Gazprom-Chef Alexej Miller: Putins Mann fürs Gas. *Frankfurter Allgemeine Zeitung,* 16.10.2021.

27 Schwabe, Alexander: Russisch-ukrainische Energiekrise Gas-Krieg beendet, Misstrauen bleibt. *Der Spiegel,* 04.01.2006.

28 Güßgen, Florian: Gefährliche Abhängigkeit: Warum gehört Deutschlands größter Gasspeicher Gazprom? *Wirtschaftswoche,* 28.01.2022.

29 Bundespräsident: Steinmeier warnt vor großer Abhängigkeit von China. *Zeit Online,* 03.07.2022.

30 Faeser warnt vor radikalen Protesten wegen hoher Energiepreise. *Die Welt,* 18.07.2022.

31 Naumann, Florian: „Volksaufstände" in Deutschland bei Gas-Stopp? Baerbock lässt in Talk aufhorchen. *Merkur,* 22.07.2022.

KAPITEL II

1 Wo der Rubel rollt. *Forbes,* 08.06.2022.

2 Wo der Rubel rollt. *Forbes,* 08.06.2022.

3 Wo der Rubel rollt. *Forbes,* 08.06.2022.

4 Blechner, Notker: Von Aven bis Usmanow: Wer sind die sanktionierten Oligarchen? *Tagesschau,* 01.03.2022.

5 Staatlicher Energie-Lieferant: Wer hinter Rosneft steckt. *Tagesschau,* 20.05.2022.

6 Reich, Helmut und Driftschröer, Anna: Reich mit »nationalen Marken«: Welche Russen vom Rückzug des Westens profitieren. *Manager Magazin,* 04.07.2022.

7 Wilczynski, Martha: Russland und die Sanktionen, Improvisieren, abspecken, warten. *Tagesschau,* 24.07.2022.

8 Reich, Helmut und Driftschröer, Anna: Reich mit »nationalen Marken«: Welche Russen vom Rückzug des Westens profitieren. *Manager Magazin,* 04.07.2022.

9 Wöller, Jan-Martin: Ukraine-Konflikt: Diese Oligarchen stellen sich gegen Putins Krieg. *Capital,* 11.03.2022 und Die Oligarchenliste. *Forbes,* 14.06.2022.

10 Renke, David: Michail Fridman. *Tagesspiegel,* 02.03.2022.

11 Malcher, Ingo und Willeke, Stefan: Russischer Oligarch Oleg Deripaska: Putins bester Mann. *Zeit Online,* 26.07.2022 und Ungewöhnlich offene Kritik an Krieg in der Ukraine: Oligarch Deripaska nennt Invasion »kolossalen Fehler«. *Der Spiegel,* 28.06.2022.

12 Henke, Judith: Wirksamkeit von Sanktionen: In acht Jahren zwischen Krim-Krise und Ukraine-Krieg nur sechsstellige Summe eingefroren. *Die Welt,* 21.04.2022.

13 Klaus, Julia: Sanktionen gegen Russland: Deutsche Banken frieren 142.990.409,35 € ein. *ZDF Heute,* 27.05.2022.

14 Bühler, Alexander; Henke, Judith; Pfahler, Lennart und Tillack, Hans-Martin: Mangelhafte Sanktionsumsetzung: Warum Deutschland als Spielwiese für Oligarchen taugt. *Die Welt,* 12.03.2022.

15 Häufiggestellte Fragen zum Thema Finanzsanktionen. *Deutsche Bundesbank,* Stand 05.08.2022.

16 Durchführungsverordnung (EU) 2022/336 des Rates vom 28. Februar 2022 zur Durchführung der Verordnung (EU) Nr. 269/2014 über restriktive Maßnahmen angesichts von Handlungen, die die territoriale Unversehrtheit, Souveränität und Unabhängigkeit der Ukraine untergraben oder bedrohen. *Rat der Europäischen Union,* 28.02.2022.

17 Bühler, Alexander; Henke, Judith; Pfahler, Lennart und Tillack, Hans-Martin: Mangelhafte Sanktionsumsetzung: Warum Deutschland als Spielwiese für Oligarchen taugt. *Die Welt,* 12.03.2022.

18 Umsetzung der Russland-Sanktionen – Kurzüberblick. *Bundesfinanzministerium,* 18.03.2022.

19 Sanktionen gegen Russland: Bundesregierung plant Gesetz gegen Oligarchenvermögen. *Der Spiegel,* 08.04.2022.

20 Trotz Gesetzesverschärfung: Russische Oligarchen verschweigen weiter ihre Vermögenswerte in Deutschland. *Der Spiegel,* 09.08.2022.

21 Verordnung (EU) 2022/580 des Rates vom 8. April 2022 zur Änderung der Verordnung (EU) Nr. 269/2014 über restriktive Maßnahmen angesichts von Handlungen, die die territoriale Unversehrtheit, Souveränität und Unabhängigkeit der Ukraine untergraben oder bedrohen. *Amtsblatt der Europäischen Union,* 08.04.2022.

22 Durchsetzung der Sanktionen durch Intransparenz von wirtschaftlichem Eigentum stark behindert. *Transparency International,* 07.03.2022.

23 Neue Studie zu Geldwäsche – Politischer Wille zur Geldwäschebekämpfung bisher nicht ansatzweise ausreichend. *Transparency International,* 06.07.2021.

24 Zydra, Markus: Finanzkriminalität: »Deutschland gehört auf die schwarze Liste«. *Süddeutsche Zeitung,* 06.07.2021.

25 Sanktionsdurchsetzungsgesetz. *Bundesfinanzministerium,* 10.05.2022.

26 Piketty, Thomas: Westliche Eliten halten uns davon ab, Russlands Ultra-Reiche zu sanktionieren. *Der Freitag,* 30.03.2022.

KAPITEL III

1 External Sector Statistics. *Bank of Russia,* Stand: 30.08.2022.

2 Brüggmann, Mathias: Russlands Zentralbankchefin: „Wir raten von Euro und Dollar ab". *Handelsblatt,* 25.11.2019.

3 Russia hikes rates, introduces capital controls as sanctions bite. *Reuters,* 28.02.2022.

4 Bank of Russia's medium-term forecast. *Bank of Russia,* 29.04.2022.

5 Bank of Russia's medium-term forecast. *Bank of Russia,* 29.04.2022.

6 Sonnenfeld, Jeffrey; Tian, Steven; Sokolowski, Franek; Wyrebkowski, Michal und Kasprowicz, Mateusz: Business Retreats and Sanctions Are Crippling the Russian Economy. *SSRN,* 19.07.2022.

7 Von Daniels, Justus; Jacobsen, Marlene und Peters, Jean: Sanktionen gegen EU-Ableger russischer Banken: Deutschland setzte sich für Ausnahmen ein. *Correctiv,* 07.07.2022.

KAPITEL IV

1 Kohle-Embargo tritt in Kraft. *Tagesschau,* 11.08.2022.

2 Habeck: „Wir sind Wirtschaftskriegspartei". *ZDF Heute,* 30.03.2022.

3 Markus Lanz vom 31. März 2022. *ZDF,* 31.03.2022.

4 Jones, Marc: Sanctions significantly increase chance of Russia international debt default, analysts warn. *Reuters,* 02.03.2022.

5 Urmersbach, Bruno: Bruttoinlandsprodukt (BIP) von Russland bis 2027. *Internationaler Währungsfonds,* 25.04.2022.

6 Rudnicka, J.: Deutsche Importe aus Russland bis 2022. *Statistisches Bundesamt,* 24.08.2022.

7 Münchenberg, Jörg: Habeck (Grüne) zur Gaskrise: „Das wird Deutschland vor eine Zerreißprobe stellen". *Deutschlandfunk,* 10.07.2022.

8 Robert Habeck zu Russlandsanktionen und Auswirkungen auf die Wirtschaft. *Phoenix,* https://www.youtube.com/watch?v=OUBlcWptrBQ, 03.03.2022.

9 Energieembargo: Habeck warnt vor schweren Schäden, Energiewirtschaft besorgt. *Redaktionsnetzwerk Deutschland (RND),* 08.03.2022.

10 ZDF-Politbarometer: Mehrheit: Kein russisches Gas und Öl mehr, *ZDF Heute,* 11.03.2022.

11 Umfrage: 43 Prozent für Verzicht auf russisches Gas. *Onvista,* 05.04.2022.

12 Umfrage von Forsa: Angst vor Energie-Krise in Deutschland- Große Mehrheit gegen Gas-Boykott. *Focus,* 13.07.2022.

13 Die neue Acetylen-Anlage. *BASF,* 13.11.2020.

14 BASF-Chef warnt: Das bedeutet Gas-Boykott für deutsche Wirtschaft. *SWR,* 01.04.2022.

15 Wortprotokoll der 13. Sitzung. *Ausschuss für Klimaschutz und Energie*, 09.05.2022.

16 Wortprotokoll der 13. Sitzung. *Ausschuss für Klimaschutz und Energie,* 09.05.2022.

17 Böck, Hanno: Wie die Glasindustrie vom Erdgas abhängt. *Klimareporter*, 27.06.2022.

18 Bachmann, Rüdiger; Kuhn, Moritz; Peichl, Andreas et al.: Was wäre, wenn...? Die wirtschaftlichen Auswirkungen eines Importstopss russischer Energie auf Deutschland; *ECONtribute,* 07.03.2022.

19 Nienhaus, Lisa: Gas-Lieferstopp: Wie schlimm wird es?. *Zeit Online,* 22.06.2022.

20 Lok, Julian; Specht, Frank: Hohe Energiekosten: 16 Prozent der Unternehmen stoppen Produktion oder Schränken Geschäft ein. *Handelsblatt,* 25.07.2022.

21 Lok, Julian; Specht, Frank: Hohe Energiekosten: 16 Prozent der Unternehmen stoppen Produktion oder Schränken Geschäft ein. *Handelsblatt,* 25.07.2022.

22 Krebs, Tom: Auswirkungen eines Erdgasembargos auf die Gesamtwirtschaftliche Produktion in Deutschland. *Hans-Böckler-Stiftung*, 09.05.2022. // Zu den möglichen gesamtwirtschaftlichen Folgen eines Ukrainekriegs: Simulationsrechnungen zu einem verschärften Risikoszenario. *Bundesbank*, 07.04.2022. // Ein alternatives Szenario: EU ohne Energierohstoffe aus Russland. *Gemeinschaftsdiagnose*, 07.04.2022.

23 Krebs, Tom: Wie man die Auswirkungen eines Gasembargos nicht berechnen sollte. *Makronom*, 30.03.2022.

24 Wortprotokoll der 13. Sitzung. *Ausschuss für Klimaschutz und Energie*, 09.05.2022.

25 Dullien, Sebastian; Krebs, Tom: Russland-Sanktionen: Wer ein Energieembargo fordert, muss die Gefahr kennen. *Der Spiegel*, 12.03.2022.

26 Bachmann, Rüdiger; Kuhn, Moritz; Peichl, Andreas et al.: Was wäre, wenn…? Die wirtschaftlichen Auswirkungen eines Importstopss russischer Energie auf Deutschland; *ECONtribute*, 07.03.2022

27 Hüter, Michael: „Ein Embargo gefährdete Millionen deutsche Arbeitsplätze". *IW-Köln*, 25.03.2022.

28 Gas-Embargo- sinnvoll, richtig, dringend, notwendig?. *Fridays for Future*, 17.05.2022.

29 Groeneveld, Josh: Laut Habeck hat Deutschland seine Abhängigkeit vom russischem Gas deutlich reduziert – ein Blick hinter die Kulissen lässt daran Zweifel Aufkommen. *Business Insider*, 02.05.2022.

30 Wortprotokoll der 13. Sitzung. *Ausschuss für Klimaschutz und Energie*, 09.05.2022.

31 Nord-Stream-1-Pipeline: Gazprom halbiert Gaslieferung. *Tagesschau*, 25.07.2022.

32 Habeck warnt vor Einknicken vor Putin bei Nord Stream 2, *Zeitung für kommunale Wirtschaft*, 22.08.2022.

33 Scholz: „Putins Bluff" ist aufgeflogen. *ZDFheute*, 03.08.2022.

34 Wie Gazprom den Lieferstopp begründet. *Tagesschau,* 06.09.2022.

35 Gazprom meldet Milliardengewinn. *Tagesschau,* 31.08.2022.

36 Bauchmüller, Michael; Brössler, Daniel; Herrmann, Boris: Lockruf der Röhre. *Süddeutsche Zeitung,* 09.08.2022.

37 Bauchmüller, Michael; Brössler, Daniel; Herrmann, Boris: Lockruf der Röhre. *Süddeutsche Zeitung,* 09.08.2022.

38 Blome, Nikolaus; Schmitz, Gregor Peter: Gerhard Schröder: Pipeline Nord Stream 2 in Betrieb nehmen. *Stern,* 03.08.2022.

39 Der Arbeitsmarkt im Januar 2022. *Bundesagentur für Arbeit,* 01.02.2022.

40 Bundesministerium für Wirtschaft und Klimaschutz, *Antwort auf schriftliche Frage 119 im Juli,* 2022.

41 Pläne für Ostseehäfen: Zunächst. Aber Rohöl und Flüssiggas. *Zeit Online,* 13.07.2022.

42 Holdinghausen, Heike: Embargo gegen Russland: Auf Öl gebaut. *Taz,* 05.05.2022.

43 Wortprotokoll der 13. Sitzung. *Ausschuss für Klimaschutz und Energie,* 09.05.2022.

44 Metzner, Thorsten: „Grüne an die Ostfront": Proteste gegen Habeck- trotz Staatshilfe für Raffinerie in Schwedt. *Der Tagesspiegel,* 29.06.2022.

45 Bitumen-Produktion in Schwedt: Straßenbau-Engpässe durch Ölembargo befürchtet. *Ntv,* 10.05.2022.

46 Russia's Oil Revenue Jumps to $20 Billion in May, IEA Says. *Bloomberg,* 15.06.2022.

KAPITEL V

1 FDP erwägt Treuhandverwaltung der Raffinerie in Schwedt. *RP Online*, 09.05.2022.

2 Bücker, Till: Was wird aus Gazproms Deutschlandgeschäft?. *Tagesschau*, 05.04.2022.

3 Quasching, Volker auf *Twitter*, https://twitter.com/VQuaschning/status/1560292902546407426?s=20&t=BrZH5YFptZteIUVZ64PtBQ, 18.08.2022.

4 Bayaz, Danyal auf *Twitter*, https://twitter.com/DerDanyal/status/1560234824123785217?s=20&t=BrZH5YFptZteIUVZ64PtBQ, 18.08.2022.

5 Der Staat muss den Gaspreis deckeln. *Süddeutsche Zeitung*, 12.02.2022.

6 Stefan Schulz: So soll der Preisdeckel für Strom und Gas funktionieren. *Der Spiegel*, 11.03.2022.

7 Erdgas- und Stromdurchschnittspreise. Statistisches Bundesamt, 01.04.2022.

8 Ökonom Sébastien Dullien über Gaspreise: „Der Staat muss helfen". *Taz*, 23.02.2022.

9 Trotz Kritik: Tankrabatt kommt laut Umfrage überwiegend gut an. *Redaktionsnetzwerk Deutschland (RND)*, 12.06.2022.

10 Pläne des Wirtschaftsministers: Kartellrecht mit „Klauen und Zähnen". *Tagesschau*, 13.06.2022.

11 Pläne des Wirtschaftsministers: Kartellrecht mit „Klauen und Zähnen". *Tagesschau*, 13.06.2022.

12 Ölkonzerne geben Tankrabatt zu 85 bis 100 Prozent weiter. *Ifo Institut*, 14.06.2022.

13 Tankrabatt wird bisher größtenteils weitergegeben. *Leibniz-Institut für Wirtschaftsforschung*, 28.07.2022.

14 Ölkonzerne geben Tankrabatt zu 85 bis 100 Prozent weiter. *Ifo Institut,* 14.06.2022.

15 A 10-Point Plan to Reduce the European Union's Reliance on Russian Natural Gas. *Internationale Energieagentur,* 03.03.2022.

16 Trautvetter, Christoph; Kern-Fehrenbach, David: Kriegsgewinne besteuern. *Rosa Luxemburg Stiftung,*16.08.2022.

17 Dokumentation: Neue Übergewinnsteuer in Italien. *Wissenschaftliche Dienste Deutscher Bundestag,* 13.04.2022.

18 Grünen fordern Extrasteuer für Kriegsprofiteure. *Der Spiegel,* 02.05.2022.

19 Güßgen, Florian; Husmann, Nele: Rekordgewinne bei RWE: Muss der Staat jetzt eingreifen?. *WirtschaftsWoche*, 11.08.2022.

20 Witsch, Kathrin: Über 2000 Prozent: Strompreise springen auf Rekordhoch. *Handelsblatt*, 19.08.2022.

21 Löhr, Julia und Pennekamp, Johannes: Autopiloten abschalten. *FAZ, 31.08.2022.*

22 Ölembargo gegen Russland: Habeck schließt Benzinmangel im Osten nicht aus. *Redaktionsnetzwerk Deutschland (RND),* 05.05.2022.

23 Wilson, Tom: Big Oil on course for near-record $38bn in share buybacks, *Financial Times*, 20.02.2022.

24 Bernal, Patrick: Übergewinnsteuer: Lasst den Firmen ihren Gewinn. *Frankfurter Allgemeine Zeitung*, 09.05.2022.

25 Köppl, Monika. Twitter, https://twitter.com/monikaturyna/status/1522561529069068289?ref_src=twsrc%5Etfw, 06.05.2022.

26 Stock, Oliver: Konsequenzen für Amazon, Shell und Rheinmetall: „Brutal toxisch" – Anleger grausen sich vor Steuer für Kriegsgewinnler. *Focus*, 13.05.2022.

27 Rappsilber, Felix: Krisengewinner extra besteuern? FDP-Politikerin: „Es gibt keinen Übergewinn". *ZDFheute*, 18.08.2022.

28 Rappsilber, Felix: Krisengewinner extra besteuern? FDP-Politikerin: „Es gibt keinen Übergewinn“. *ZDFheute*, 18.08.2022.

29 Bundeskanzler Scholz: Wir müssen uns unterhaken. *Bundestag*, 06.07.2022.

30 Siemens stellt Russland-Geschäft ein. *SIEMENS*, 12.05.2022.

31 Obi kommt Enteignung in Russland zuvor. *Tagesschau*, 13.04.2022.

32 Rewe beendet Russland-Geschäft und konzentriert sich auf die EU. *Handelsblatt*, 19.05.2021.

33 Diese Firmmen verlassen Russland. *Tagesschau*,24.05.2022.

34 Stop Doing Business with Russia. *KSE Institute*, leave-russia.org, 31.08.2022.

35 Sonnenfeld, Jeffrey; Tian, Steven; Sokolowski, Franek et. Al.: Business Retreats and Sanctions Are Crippling the Russian Economy. *SSRN*, 20.07.2022.

36 Herrmann, Christian: Warum es in Russland wieder iPhones gibt. *Capital*, 09.07.2022.

37 Herrmann, Christian: Warum es in Russland wieder iPhones gibt. *Capital*, 09.07.2022.

38 Bundesfinanzminister Christian Lindner im Interview mit dem *Handelsblatt*. Bundesministerium der Finanzen, 04.08.2022.

39 Inflationsrate im Juli 2022 voraussichtlich +7,5%. *Statistisches Bundesamt*, 28.07.2022.

40 Anteil der Wohnkosten am verfügbaren Haushaltseinkommen. *Statistisches Bundesamt*, 29.10.2020.

41 Groß- und Einzelhandel. *Statistisches Bundesamt*. 01.08.2022.

42 Mehr als 40 Prozent der Mittelständler sehen ihre Existenz bedroht. *Der Spiegel*, 24.08.2022.

43 Habenicht, Georg: Lindner über Inflation: „Notenbanken sind sehr sehr sehr unabhängig“. *Finanzmarktwelt*, 25.05.2022.

44 Barlage, Britta: Wie entwickeln sich die Bauzinsen in der Baufinanzierung? Unsere Zins-Charts. *Interhyp*, 04.08.2022.

45 Inflationserwartungen: Studie zu Erwartungen von Privatpersonen in Deutschland. *Deutsche Bundesbank*, 12.08.2022.

46 DIW Wochenbericht: Hohe Energiepreise: Ärmere Haushalte werden trotz Entlastungspaketen stärker belastet als reichere Haushalte. Deutsches Institut für Wirtschaftsforschung (DIW), 26.04.2022.

47 Inflationsrate im Juli 2022 voraussichtlich +7,5%. *Statistisches Bundesamt*, 28.07.2022.

48 Bach, Stefan, Harnisch, Michelle und Isaak, Niklas: Verteilungswirkungen der Energiepolitik – Personelle Einkommensverteilung. *Deutsches Institut für Wirtschaftsforschung (DIW)*, 23.11.2018.

49 MillionärInnen unter dem Mikroskop. *Deutsches Institut für Wirtschaftsforschung (DIW)*, 17.07.2020.

50 Schuldneratlas Deutschland 2021. *Creditreform*, 20.11.2021.

51 Reimann, Anna: Armutsbericht des Paritätischen Gesamtverbandes: „Deutschland droht am unteren Rand auseinanderzubrechen". *Der Spiegel*, 29.06.2022.

52 Finanzexperten sehen kaum noch Spielraum fürs Sparen. *Zeit Online*, 21.08.2022.

53 Baumann, Matthias; Eckoldt, Matthias: Korrespondenten berichten über Arbeitslosengeld. *Deutschlandfunk Kultur*, 24.01.2020.

54 Armut, Arbeitslosigkeit – und Neuanfang. *Tagesschau*, 23.08.2022.

55 Jeder dritter Ukrainer geflohen, Unabhängigkeitsfeiern abgesagt. *Zeit Online*, 22.08.2022.

56 Ziesemer, Bernd: Kosten des Ukraine-Kriegs: Bilanz des Grauens. *Capital*, 24.08.2022.

KAPITEL VI

1 Bula, Niels: Verkauft Indien russisches Öl nach Europa. *MDR Aktuell*, 19.07.2022.

2 Weizenpreis: Stärkster Preissprung seit 13 Jahren. *Börse Online*, 28.02.2022.

3 Another perfect storm?. *IPES-Food*, 01.05.2022.

4 Klawitter, Nils: Hunger als Investment. *Der Spiegel*, 06.05.2022.

5 Another perfect storm?. *IPES-Food*, 01.05.2022.

6 Another perfect storm?. *IPES-Food*, 01.05.2022.

7 Roßmann, Robert: Putin nutzt Weizen als Faustpfand. *Süddeutsche Zeitung*, 29.05.2022.

8 Another perfect storm?. IPES-Food, 01.05.2022. & Im Nahen Osten schnellen die Lebensmittelpreise in die Höhe. *Tagesspiegel*, 01.04.2022.

9 Dr. Zinke, Olaf: Getreidepreise steigen auf breiter Front – Die Dürre dreht den Markt. *Agrarheute*, 24.08.2022.

10 Peters, Michael: Standpunkt: Spekulation mit Lebensmitteln eindämmen. *Finanzwende e.V.*, 31.05.2022.

11 Citigroup's Chuck Prince wants to keep dancing, and can you really blame him? *Time Business*, 10.07.2007.

12 Monatsbericht 95/22 zur Frühjahrstagung des internationalen Währungsfonds und der Weltbankgruppe. *Bundesministerium für Finanzen*, 01.05.2022.

13 Estevao, Marcello: Are we ready for the coming spate of debt crises?. *World Bank Blogs*, 28.03.2022.

KAPITEL VII

1 Zimmermann, Fritz: Tanker sucht Anschluss. *Zeit Online*, 20.08.2022.

2 Reisende befürchten Nachteile durch Güterzüge. *Tagesschau*, 16.08.2022.

3 Schmid, Andreas: Waschlappen statt Dusche: Kretzschmanns Energiespartipp entzürnt Linke – „unendlich abgehoben". *Merkur.de*, 24.08.2022.

GRAFIKEN

[Grafik 1] Kursentwicklung Euro/Rubel, Daten: *Bank of Russia.*

[Grafik 2] Die Forbes-Oligarchenliste (Auszug), Quelle: https://www.forbes.com/sites/giacomotognini/2022/04/07/the-forbes-ultimate-guide-to-russian-oligarchs.

[Grafik 3] Modernes Geldsystem (vereinfacht). Mehr dazu in meinem Buch »Mythos Geldknappheit«, das 2020 bei Schäffer-Poeschel erschien.

[Grafik 4] Leistungsbilanz Russland 2017–2022, Daten: *Bank of Russia.*

[Grafik 5] Russland Leistungsbilanzüberschuss, Daten: *Bank of Russia.*

[Grafik 6] Gasflüsse aus Russland in GWh/Tag 2022, Daten: *Bundesnetzagentur.*

[Grafik 7] Durchschnittskosten Super (E5), Super (E10), Diesel 2022, Daten: *Statistisches Bundesamt und Tankerkoenig.de.*

[Grafik 8] Preise für Superbenzin E10 in Euro pro Liter in Frankreich und Deutschland 2022, Daten: Patrick Thiel/RWI-Berechnungen auf Basis von Daten von Tankerkönig.de (D) und Le Prix des Carburants (FR).

[Grafik 9] Staatsanleihen (Laufzeit 10 Jahre) Rendite in %, Quelle: *Bundesbank* und *EZB.*

[Grafik 10] Weizenpreis in Euro, Quelle: *Weltbank* und *Börse Frankfurt.*

Brumaire